韶文化研究丛书编委会

岭南文化书系
韶文化研究丛书

历史上的韶关古道
——韶关古道文献资料辑要

莫昌龙　张　熊　赖井洋　许化鹏　编著

暨南大学出版社
JINAN UNIVERSITY PRESS
中国·广州

图书在版编目（CIP）数据

历史上的韶关古道：韶关古道文献资料辑要/莫昌龙，张熊，赖井洋，许化鹏编著. —广州：暨南大学出版社，2022.9
（岭南文化书系. 韶文化研究丛书）
ISBN 978 - 7 - 5668 - 3346 - 4

Ⅰ.①历…　Ⅱ.①莫…②张…③赖…④许…　Ⅲ.①古道—文化遗址—文献资料—韶关　Ⅳ.①K878.49

中国版本图书馆 CIP 数据核字（2022）第 002039 号

历史上的韶关古道——韶关古道文献资料辑要
LISHI SHANG DE SHAOGUAN GUDAO——SHAOGUAN GUDAO WENXIAN ZILIAO JIYAO
编著者：莫昌龙　张　熊　赖井洋　许化鹏

出 版 人：张晋升
项目统筹：苏彩桃
责任编辑：黄　斯
责任校对：刘舜怡　林玉翠　黄晓佳
责任印制：周一丹　郑玉婷

出版发行：暨南大学出版社（511443）
电　　话：总编室（8620）37332601
　　　　　营销部（8620）37332680　37332681　37332682　37332683
传　　真：（8620）37332660（办公室）　37332684（营销部）
网　　址：http：//www.jnupress.com
排　　版：广州市天河星辰文化发展部照排中心
印　　刷：韶关市新华宏达印务有限公司
开　　本：787mm×1092mm　1/16
印　　张：13.25
字　　数：215 千
版　　次：2022 年 9 月第 1 版
印　　次：2022 年 9 月第 1 次
定　　价：49.80 元

总　序

一

　　韶关历史悠久，文化底蕴深厚，源远流长，为岭南开发较早的地区之一。宋代乐史撰《太平寰宇记》所引《郡国志》言："韶州科斗劳水间有韶石，两石相对，大小略均，有似双阙……昔舜帝游此石，奏韶乐，因以名之。"其实，"韶"字来源于"舜帝南巡奏韶乐"的千古美妙传说早在隋唐时期就已流传。隋开皇九年（589），韶州以"韶"为州名，千百年来始终未改。此后，在中华大地上以"韶"命名的古城韶州成为岭南著名州府。迄今为止，韶关是唯一以"韶"命名的历史文化名城。

　　马坝人的发现证明了早在十多万年前，人类的祖先就在韶关这块古老的土地上繁衍生息。石峡文化遗址的发掘又告诉人们，在四五千年前，这片区域已经与长江流域在经济文化方面有了密切的联系，及至秦破百越、纳岭南，韶州成为岭南最早归属中央政权管辖和开发的地区之一。汉晋以降，珠玑先民持续南迁至珠江三角洲，衍成广府民系和广府文化。可以说，韶文化是岭南文化早期的一个主要源头。唐代著名文学家皇甫湜在为韶州作《韶阳楼记》时写道："岭南属州以百数，韶州为大。"韶关作为广东北大门及粤北历史文化中心，自古就发挥了传输中原文化、弘扬岭南文化的先进作用。

　　韶关自古为岭南重镇，又是人杰地灵之都、山川灵秀之域。唐初，禅宗南派创始人六祖惠能在韶州弘法近四十年，述成了第一部中国化的佛家经典《六祖坛经》，形成了著名的禅宗文化。南北朝时期以勇猛刚烈著称的风烈将军侯安都，唐开元盛世名相、以风度名扬天下的张九龄，学深刚毅、文采拔萃、以风采而著名的北宋政治家余靖，明代抗倭名将陈璘，清代著名思想家廖燕等，都是受韶文化滋养的土生土长的韶州人杰。唐代大文豪韩愈，北宋文学家苏东坡，南宋诗人杨万里、著名理学家朱熹、名臣文天祥，明代才子解缙、著名学者丘濬、理学家陈白沙、科学家徐光启、军事家袁崇焕，清代著名诗人王士禛、朱彝尊，以及民国时期革命先行者孙中山，中华人民共和国创建者毛泽东、朱德、陈毅等一大批名人都在韶关留下了千古流芳的诗文和历史足迹。在中华世纪坛上铭刻的一百多位对中国历史文化产生深刻影响的人中有两位外国人，其中有一位是被誉为"中西文化交流第一人"的意大利传教士利玛窦，他也曾经于明代在韶关活动六年，对西学东渐和东学西传作出了不可磨灭的贡献。

从古代相传"舜帝南巡奏韶乐"到岭南名州、历史文化名城，韶关经过代代相传，已经形成了岭南文化中不可或缺的重要组成部分——韶文化。因此，我们说，韶文化是指分布在粤北地区的、受历代行政区划和自然环境影响孕育滋生的一种有着较为突出特征的史志阶段的区域文化。简言之，韶关本土的历史文化就是韶文化。韶文化的核心是以"韶"为主的包容、和谐、善美的传统精神，其文化结构的主要元素是舜韶乐文化、客家文化、南禅宗佛教文化、历史名人文化、瑶族文化、矿冶文化、山区生态文化、红色革命文化等，在文化形态上既表现了与岭南文化的同一性，又表现出自然与人文各方面的多元性和独特性。正是由于以上在地域特征、自然生态、族源构成等方面显示出的诸多特殊性，以"韶"为主题的韶文化才得以确立，并在数千年的历史中不断融合发展。

二

韶文化是岭南文化中一个主要的文化类型。这个文化类型的特色在以石峡文化为代表的萌芽阶段已初现端倪，在秦代南越国及两汉以后步入发展阶段，曲江（又称曲红，因曲红冈得名）、始兴郡皆为当时岭南最重要的中心城市之一，特别是此地最富特色的以丹霞红岩为主的自然生态风光逐渐被人们发现，而且由于舜帝南巡，在岭南地区奏韶乐的历史传说，原名"曲红冈"的丹霞地貌被赋予"至美""至善"的韶乐精神，并命名为"韶石"："隋平陈，为韶州，以韶石为名。"（唐初梁载言《十道志》）至此，以"韶"为核心的优美的自然环境和善美和合的韶乐人文精神在粤北地区被有机地结合起来，韶

乐、韶石成为韶州这一地区最响亮的文化符号。基于地方行政区划和自然环境特殊性而形成的区域文化——韶文化，在保留了岭南文化一般特征的同时，逐渐在粤北展现出自己独特的文化结构、文化形态特征，主要表现在：

——舜帝韶乐文化。它不仅是韶关得名之源，而且有历史上一大批古建筑作为载体，以及隋唐以来历代史志和名人歌赋作为文献记录。韶乐的和谐善美精神在韶关地区的传播至少有千余年，是韶文化的精神内核，是统领其他文化要素的主导部分，也是区别于其他区域文化的重要地方特色。之所以把粤北地区的文化称为"韶文化"，其主要原因正在于此。

——汉族移民文化、粤北客家文化、瑶族文化、畲民文化构成了韶文化的民族民系主体。特别是持续南迁的珠玑移民构成了日后广府民系的主体，对岭南和东南亚的开发影响深远。

——发源于韶关的南禅宗佛教文化及其他宗教文化构成了韶文化精神层面的重要补充。南禅宗文化使佛教比较彻底地中国化，影响超出岭南，并传播到全国甚至全世界。

——历史上，粤北古道交通文化和名人文化突出。粤北是中原文化和岭南文化之间的主要通道、海上丝绸之路的陆上重要节点，而惠能、张九龄、余靖等都是岭南人杰，影响广泛。

——历史悠久的矿冶文化。韶关采矿历史久远、规模巨大，是世界上最早运用"淋铜法（湿法炼铜）"来大规模生产胆铜的地方。矿冶业延续至今，是韶关的重要经济命脉，也是韶关突出的城市文化特色和韶文化的突出特征。

——山区生态文化。地域居民秉承"天地同和"精神，在历史长河中与自然和谐相处，生态环境基本保持良好，是韶文化特色的显现，也是今后韶关发展的最重要的资源之一。

——以毛泽东、朱德、陈毅等人及抗战时期的广东省委在韶关的革命活动为代表的红色革命文化。此外，孙中山以韶关为根据地二次誓师北伐、抗战初期广东省省会北迁韶关等也都是宝贵的历史财富。

上述文化结构、文化形态特征是韶文化的主要内涵，也是我们开展韶文化研究的主要方向。

三

重视韶文化的研究、传承与弘扬，对岭南文化的传播与发展具有非常重要的意义。深入细致地挖掘和研究韶文化，可以有力地推动粤北历史文化研究的发展，推动地方人文历史与环境的良性互动，丰富人民群众的精神文化生活，深化岭南文化的固有内涵，促进岭南文化繁荣发展，为广东建设文化强省、韶关建设区域文化中心提供理论依据和文化支撑。有鉴于此，韶关市和韶关学院于 2009 年 11 月正式联合成立了韶文化研究院，现已拥有专职、兼职研究人员 40 多人，特聘文化顾问 10 人。研究院成立以来，在韶关学院和韶关市委宣传部、韶关市社会科学界联合会的领导与支持下，积极开展地方文化历史研究与传播工作，先后获准设立广东省张九龄研究中心、广东省韶文化研究基地。2012 年 7 月，经广东省委宣传部和广东省社会科学院发文，研究院升格为广东地方特色文化（韶文化）研究基地，成为全省首批九大特色文化研究基地之一。

本丛书即该基地的初期研究成果。丛书的规模暂不限定，计划先用三年时间陆续推出几批著作。目前选题以历史文化为主，专注于与韶关有关的人、事和物，今后将逐渐扩大研究范围。

感谢韶关学院的党政领导和韶关市委宣传部、韶关市社会科学界联合会对本丛书立项、研究撰写和出版发行的支持与资助。特别感谢本丛书的各位作者，正是由于他们的辛勤劳动和无私奉献，本丛书得以付梓面世。暨南大学出版社对本丛书的出版发行给予了帮助，在此一并感谢。

是为序。

韶关市韶文化研究院
韶关学院韶文化研究院
广东地方特色文化（韶文化）研究基地
2017 年 10 月

目 录

总 序……………………………………………………（001）

第一章　韶关古道概述 ……………………………………（001）
　　一、古陆道 …………………………………………（001）
　　二、古水道 …………………………………………（009）

第二章　韶关古道的历史作用 ……………………………（012）
　　一、粤北古道是军事之道 …………………………（012）
　　二、韶关古道是移民之道 …………………………（012）
　　三、韶关古道是商贸之道 …………………………（013）
　　四、韶关古道是文化传播之道 ……………………（014）
　　五、韶关古道是古代海陆丝路的对接通道 ………（014）

第三章　历代文献记载中的韶关古道 ……………………（016）
　　一、概况 ……………………………………………（016）
　　二、主要记载 ………………………………………（017）

第四章　历代名人笔下的韶关古道 ………………………（053）
　　一、概况 ……………………………………………（053）
　　二、主要名人诗词 …………………………………（053）

第五章　韶关古道上的遗址与遗迹 ………………………（090）
　　一、关隘、古城（附税关）………………………（090）
　　二、交通设施（驿馆、铺递等）…………………（094）
　　三、亭台、祠庙、寺观、书院 ……………………（112）

第六章　韶关古道上的故事与传说 ················· （117）

　　一、历史故事 ·································· （117）

　　二、人物故事 ·································· （128）

　　三、地方传说 ·································· （144）

附　录 ··· （151）

　　广东省南粤古驿道线路保护与利用总体规划（节选）

　　·· （151）

参考文献 ······································· （200）

第一章　韶关古道概述

　　韶关地处五岭南侧，境内有浈、武二水汇于韶关沙洲尾而成北江，自秦汉以降，境内有多条穿越南岭通往赣、湘，直至中原、江南的水、陆通道。这些通道概称为韶关古道。它们在承担秦汉以来的军事政治任务的同时，也承载着中原南迁移民的脚步、商品贸易和文化传播的使命。

　　今韶关境内自东而西分布着有史料记载、有据可考的古陆道、古水道主要有 11 条，其中古陆道有 8 条，分别是南雄乌迳古道、南亩古道、凌江古道、梅关古道，仁化城口古道，乐昌乐宜古道，乳源西京古道，翁源羊迳古道；古水道有 3 条，分别是浈江水道、武溪水路和北江水道。

一、古陆道

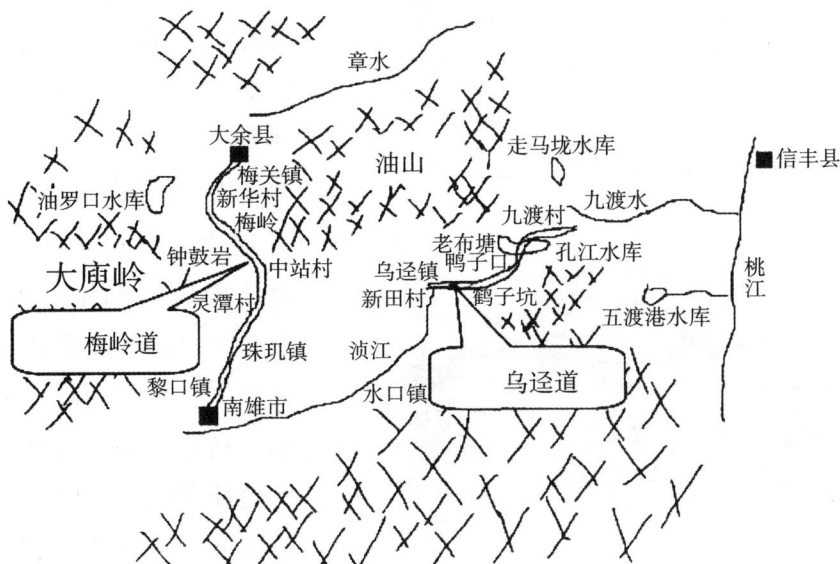

梅关古道与乌迳古道示意图

1. 乌迳古道

乌迳古道，古称乌迳路，是南雄东北进入江西信丰的通道，因其处在粤赣边的商贸圩市"乌迳"境内而得名。明嘉靖《南雄府志》记："乌迳路，通江西信丰，陆程二日，水程三四日，抵赣州大河。庾岭未开，南北通衢也。"明嘉靖《南雄府志》是今存最早的府志，由此可知，它对"乌迳路"的记载当为最早的文字记载。

乌迳古道大致路线为：西起南雄乌迳新田圩码头，经乌迳圩、田心、松木塘，北转鹤子坑、鸭子口、石迳圩、老布塘、犁木坵、焦坑俚，至江西信丰县九渡水码头转水运，全程为陆路，约50公里。路面宽2~3米，由鹅卵石和花岗岩砌成，可通牛车和马车。相较梅关古道而言，全程无高山阻隔，更为便捷，但是路程比梅关古道多出几倍。

乌迳古道沿昌水而成，北连江西章、桃二水，与赣江、长江相接，南通浈江，与梅关古道相连，是承接中原移民、粤盐赣粮贸易的重要通道。其作用在唐张九龄开辟梅关古道之前已凸显，谓之"庾岭未开，南北通衢也"。大庾岭新路开辟以后，其作用日微，明清时期又盛。明清时期的乌迳称"市"，古道上的新田圩码头有"日屯万担米，夜行百只船"之称。从明嘉靖《南雄府志》所载"庾岭未开，南北通衢也"推之，乌迳路是唐之前连通粤赣的水陆联运通道，也是古代粤北地域与赣南及江南地区相连接的古道之一。它存在的时间，要比中唐时期张九龄奉诏开凿的大庾岭新路要早。直至民国23年，雄信公路建成通车，乌迳路的作用衰微。

乌迳路的开辟时间及内在的历史元素未见史书记载。然而，细查乌迳域内客族的

七星世镇水城正门（乌迳古道沿途）

新田村牌坊（乌迳古道沿途）

族谱，新溪古村（今新田）和杜屋古村的建村与乌迳古道的存在有着很大的关系。

2. 南亩古道

南亩古道是古代南雄东北出江西的重要通道。南亩古道位于今南雄市东南部，依南亩水而成，因其贯穿南雄水口、南亩两镇，故有研究者亦把此道称为"水口—南亩古道"。

南亩古道东与新龙、界址相接，远而可达江西省信丰县；西与湖口镇相连，可至梅关古道；从南亩南下经中冷、长洞，可至江西省全南县陂头；接宝江水、南亩水，北汇浈江。南亩古道是乌迳古道域内南入江西龙南等地的交通要道，但其作用与影响较微。开辟时间待考。

鱼鲜村世盛堂牌坊（南亩古道沿途）

鱼鲜村王氏祠堂（南亩古道沿途）

水口古桥（南亩古道沿途）

3. 凌江古道

凌江古道依凌江而成，位于今南雄市西北部，是古南雄西北出仁化、湖南的重要通道，可与仁化城口古道相接。凌江，古称横浦水、楼船水，位于南雄市西北部，发源于百顺镇杨梅村的俚木山，流经澜河、富竹、密下水、陂头、莲塘，至市郊水西村与浈江汇合。凌江与浈江汇合处曾是汉武帝征南越时楼船将军杨仆的练兵处。凌江古道是南雄经全安镇、帽子峰、澜河至百顺，连接广东仁化、湖南汝城的交通要道。开辟时间待考。

古道于百顺镇境内有多条分支，域内有麦铁杖墓及黄屋城等历史古迹，并传承着"香火龙""丰收节"等习俗。

梅关古道地图

梅关

4. 梅关古道与大庾岭新路

梅关古道亦是古南雄东出江西的通道。梅关古道始辟于秦，最初主要用于军事，称"大庾岭路"；其"险绝不可登陟"，"载则曾不容轨，运则负之以背"。唐开元四年（716）冬，左拾遗张九龄奉诏开凿岭路、拓宽路面，在梅岭顶上凿通了一座长66.6米、高33米的大山坳，使梅关古道变成了"坦坦而方五轨，阒阒而走四通，转输以之化劳，高深为之失险"的大道，史称"大庾岭新路"。

白寿彝在《中国交通史》一书中指出，在唐代新开的道路中，"要以关内道的偏路为最长，大庾岭的山路为最要。大庾岭是一条由西而东的山脉。在未开新路前，这山似只有蜿蜒小径，供单身人崎岖地通过，为南北交通的阻碍不少。新路既开，自广州北上者，便可得到许多的便利"。大庾岭新路开通

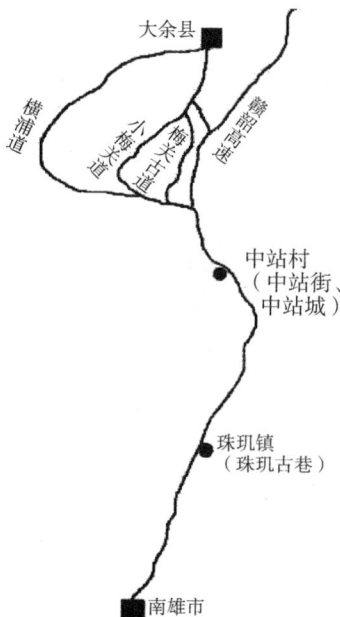

后，成为中唐以后南北的交通要道。

两宋时期，随着全国政治、经济中心的南移，南来北往的商旅有百分之七八十经过梅关古道，交通运输日渐繁忙。北往的货物主要是粤盐、海货及韶州岑水场（今曲江大宝山）的铜，南下的货物主要是茶、丝、瓷器和米谷，每天来往于古道的夫力不下千人。明代，梅关古道上设置了7条街（珠玑街、石塘街、里东街、灵潭街、中站街、火迳街、小岭街），茶楼客店，鳞次栉比，为商旅提供食宿方便。清代，外贸日益发展，由广州进出口的货物越来越多，古道交通更为繁忙。为了更好地保护新路和发挥它的作用，自唐以后历朝政府多次对大庾岭路进行修整。梅关古道，迄至清初，历800余年，古松夹道，形如虬龙，为古南雄之"官道虬龙"美景。

5. 城口古道

城口古道是古代粤、湘之间的重要通道，北行出三江口、过汝城，然后经耒水可至湖南长沙；或出三江口往西北行，可至湖南郴州；而沿古道南下则与浈水相通，出北江，可远至广州；东北行可至大庾岭之梅关古道、乌迳古道，通江西等地。

恩村码头门楼（城口古道沿途）

古道上曾建有古秦城和秦关。据明嘉靖《仁化县志》记载：仁化旧属曲江，禹贡扬州南境。秦平南粤时以任嚣为尉，嚣死，赵佗继之。秦灭，赵佗据南粤，筑城仁化，以壮横浦。城口古城即是赵佗进入岭南所筑的第一座城池，名曰"古秦城"，也称"赵佗城"或"任嚣城"。古城东起八角亭，南靠恩村水，东至老盐街，北至油坪。清代曾重修，有前后两门，前门与古道相连接，

古秦城门楼（城口古道沿途）

后门与城内街道相通。前门上有红砂石刻横匾一块，正中楷书横刻"古秦城"三字，右上款刻"嘉庆元年仲冬吉日"，左下款刻"合乡重修"。秦关是赵佗于古道上所设的古关隘。该关位于五里山大坳头的坳口，今关隘已毁，仅存石墙大半幅。

6. 乐宜古道

乐宜古道（又称宜乐古道）是岭南经韶州连通湖南、江西的古道。其起点为乐昌县城，经北乡圩，越沿溪山、九峰山，经蔚岭关、户昌山、黄圃司（庆云乡），进入湖南汝城，往东可达江西赣州；而在户昌山下向西过黄圃司，到老坪石接西京古道入湖南宜章。乐宜古道可在黄圃司的田头码头转罗家渡、九泷十八滩到乐昌，一般为水路（武溪水路），是水陆联运的古道。

关于乐宜古道的文字记载，《乐昌县志》记乐宜古道是"北宋时期，广东与中原地区的交通主干道之一。自县城北行，经矮岭、北乡、石窖子、沿溪山、九峰、羊牯岭（今两江）、上斜、蔚岭关、大屋场（今五里冲）、土佳寮、湾树背、户昌山、金鸡岭、老坪石，达湖南省宜章县，接郴（郴州）宜（宜章）古道，乐昌县境内100余公里"。乐宜古道在老坪石可接西京古道，也可接郴宜古道（郴宜古道即湘粤古道）。《乐昌文物志》记："宜乐古道，位于湖南宜章与广东乐昌县之间。相传秦汉时期就已开辟通行。公元660年，六祖从湖北黄梅山归，途经古道，过蔚岭关。"这从另一个角度说明了乐宜古道的存在。

这个记载虽然把乐宜古道开辟的时间往前推至秦代，同时也说明了这个时间只是一种"相传"，但是，如果把古道与秦征南越联系起来，古道在秦代就已经开辟也是可能的，只是其作用较小而已；而关于六祖从湖北黄梅求法后经乐宜古道返回韶州之记，则有待考证。

大桥镇观澜书院（西京古道沿途）

7. 西京古道

西京古道，古称"西京路"。西京路在大庾岭与骑田岭

及之间的山谷地带穿越，是大庾岭新路未开之前连通岭南与中原的重要交通线路，也是对接海陆丝路的重要孔道，以东汉至中唐年间（即梅关古道开通前）为盛。杜牧的"一骑红尘妃子笑，无人知是荔枝来"，即描写岭南佳果例贡与古道的关系。

"西京路"，自明至今的史志均有记载，关于"西京路"最早的文字记载是明万历二十九年至三十四年（1601—1606）由知县吴邦俊主修之《乳源县志》，后历代县、州志书均有记。"西京路"于乳源城有较多分支。

西京古道时间上以东汉卫飒于建武二年（26）"凿山通道五百余里"为始，中经历代修葺、加固、扩修而成。空间上则以英德浛洸为起点，中经曲江、乳源，至湖南宜章县城为终点，全程250多公里。北上至西京长安，南接浈阳峡栈道，直通番禺。西京古道是东汉时期开凿的、连通岭南与中原的重要交通线路，也是对接海陆丝路的重要通道。

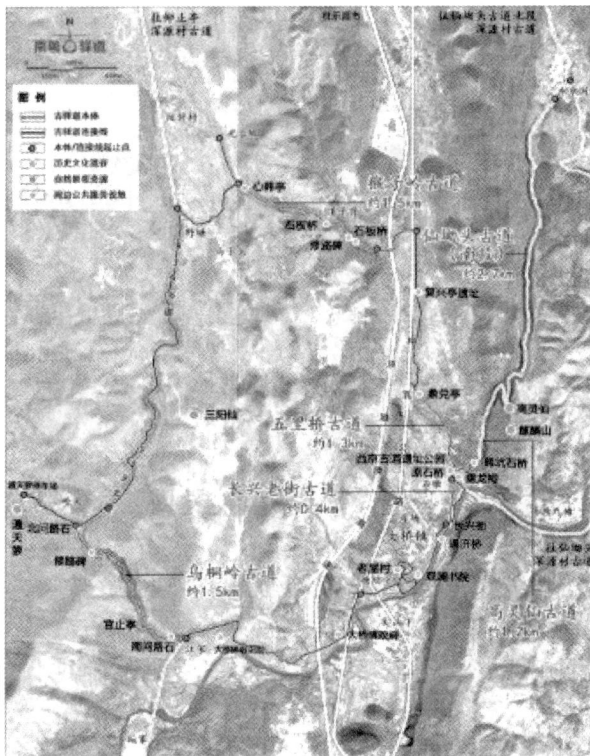

乳源大桥镇附近的西京古道

8. 羊迳古道

羊迳，翁源通往韶州府的主要古道之一，也称"羊迳桥路"，开辟于明弘治年间。

据《翁源县志》载："羊迳，县北五十里。两崖对峙，岑水中流，险峻曲折，有似羊肠，故名。所谓水可浸铜者即此也。明弘治间，知县顾节募工芟辟，万历间，知县姜子贞凿石重修，诸险阻处悉为坦夷。行者称便。"又载："半道有石门扼塞。崇正十一年，楚贼犯韶，知县朱景运监铁包重门二扇，立石栅数座，拨乡兵防御。"羊迳路是翁源出南华寺、抵韶州的主要道路，也是古代韶州往南、经官渡至广州的陆上通道之一，曾有"官路"之称。

清乾隆《翁源县志》卷七《艺文志》载有原任阳江县知县蒙文伯北上京师参与补选，路经翁源，访广文韦君，撰有《重修羊迳路记》。与羊迳相通的古道有东山迳、祥符迳、铁寨迳、太平迳、梅花迳、茶藤迳、桂花迳、陂子迳、象狮迳等。

嘉庆《翁源县志》对与羊迳相通的古道的记载

二、古水道

1. "南来车马北来船"的浈江水道

浈江，古称保水、始兴水，唐嗣圣元年（684）在其上游设浈昌县（现南雄市），改称浈水。浈水，由源自江西信丰的昌水，流经南雄乌迳，于湖口汇源于梅岭大人寨之浈水，至南雄城南汇源于百顺帽子峰的凌水而成，至韶关城南（沙洲尾）与武水合为北江，为北江上游之主要干流，全长211公里，集雨总面积7 554平方公里。今韶关人多称之为东河、东江、浈江。浈江古水道则是指由浈江干流对接北江水路的通道，它自南雄乌迳新田圩码头，下通韶关、番禺，入珠江。浈江古水道，通航时间早、通航能力大，是沟通岭南、岭北的重要通道之一，而与浈江古水道上游联运的陆路通道，便是乌迳古道与梅关古道。

元鼎五年（前112）秋，汉武帝为平南越吕嘉之乱，命主爵都尉杨仆为楼船将军，出豫章，下横浦。杨仆奉诏后，率楼船水师溯赣江至南安，弃舟渡岭，在浈、凌两江汇合处造船练兵，备战一年多，于元鼎六年（前111）冬下浈江，与伏波将军会师石门，进军番禺，一举而平吕嘉之乱。

唐代，自开元四年张九龄奉诏开凿大庾岭新路后，浈江便成为沟通岭南、岭北，连接长江、珠江的主要航道。它将海外及广东的"齿革羽毛之殷，鱼盐蜃蛤之利，上足以备府库之用，下足以赡江淮之求"。商贸往来，景象繁荣。

南宋初，由于胡（苏）妃事件而引发的惊恐，闽、粤、赣、湘边的社会动乱，南迁至珠玑巷移民的增多及自然灾害的影响，导致了罗贵率三十三姓九十七家珠玑巷人南迁。罗贵一行，"以竹结筏，浮浈水而下，至连州水口，遇风伐散，溺毙男女无数，至广属香山县黄角大良，各投土人草屋安歇，分寻居住，成聚落焉"。由此可知，浈江古水道是古代尤其是宋后中原移民南迁之路。

2. "武溪何毒淫"与武溪水路

武江，古时称虎溪、泷水、武水，也有称肆水、三泷水、虎水、乐昌水，唐时改名为武溪。武溪发源于湖南省临武县三峰岭北麓，流

经湖南省的临武、宜章、郴县、桂阳、汝城等五县和广东省的乐昌、乳源、曲江，沿途有人民河、斜江河、高安水、腊水河、水东河等五条支流注入，于韶关市区沙洲尾与浈水合流，是北江上游的重要干流，干流全长260公里，集水面积7 079平方公里。今韶关人多称之为西河、武江。

关于武溪，郦道元《水经注》中载："武溪水出临武县西北桐柏山，东南流，右合溱水，乱流东南迳临武县西，谓之武溪。"又记："武溪水又南入重山，山名蓝豪，广圆五百里，悉曲江县界。崖峻险阻，岩岭干天，交柯云蔚，霾天晦景，谓之泷中。悬湍回注，崩浪震山，名之泷水。东至曲江县安聂邑东，屈西南流。泷水又南出峡，谓之泷口。西岸有任将军城，南海都尉任嚣所筑也。嚣死，尉佗自龙川始居之。东岸有任将军庙。"此记大体说明了武溪流向及其险峻的情况。五代马缟《古今注》曾记，东汉马援门生爰寄生善笛，马援临武溪，作"滔滔武溪一何深，鸟飞不渡，兽不能临。嗟哉！武溪何毒淫"之《武溪深》歌以和之，这是古代名人入粤的第一篇作品。

武溪水路开凿于东汉。时东汉桂阳郡太守周憬，以德化为治，他以"夷高填下"的方法开凿武溪，由是小溪乃平直，下合浈水，时人称便；于是，大道允通利，抱布贸丝，交易而至。屈大均在《广东新语》卷二中分析："当时东岭未开（即大庾岭），入粤者多由此二道。即使南安（大庾岭道）有守，而精骑间道从郴、桂（即郴州、桂阳）直趋，可以径薄韶阳，横断南北也。"其在军事上亦有重要的作用，所以东汉时期曾进行过多次的整治。改善后的武溪水路，也进一步担负起经济运输的任务。

3. 北江水道

北江水道是指由浈江、武江于韶州沙洲尾汇成南北水上通道。自秦汉时期，武江和连江便是湘粤物资运输的重要通道，北江成为珠江三角洲北上中原的必经之路，是岭南通往中原的重要航线。

北江水道的主要支流有武江、浈江、翁江、连江、绥江等，尤以连江较长。北江干流通航河段自韶关市沙洲尾至三水河口，长258公里。其中，韶关市区至英德连江口124公里，航道水深0.8米，航道宽15米，通航50吨船舶；连江口至三水河口134公里，航道水深1米，航道宽20米，通航100吨船舶。北江航道自汉代开凿骑田岭路和唐代凿通大庾岭路后，已成为中原沟通岭南、通往海外的重要通道，也是海陆丝路联结的重要纽带。

　　北江自北而南贯穿粤北地区，由于北江流经地区多为石灰岩地貌，两岸高山峡谷耸立，谷地和盆地散落其间，峡谷受江水冲刷比较严重，江心多为暗石险礁，有时还会出现崩崖，有悬石下落，加上水流湍急，所以历代都要对北江险要地段进行疏凿，或疏浚江道，或开凿新路。航道整治多集中于明清时期，以武水六泷和北江浈阳三峡为主。直至今天，北江水路的航运作用仍然是巨大的。

第二章　韶关古道的历史作用

一、粤北古道是军事之道

虽然岭南地域古代已有人类的活动，也是古代南越（百越）各族的生息之地，其与岭北、中原各部族的交往早在商、周时期便已开始，但是，岭南地域正式纳入北方政权的控制当由秦代开始。可以说，粤北古道的开辟最早是为了军事需要。这主要表现为秦三征南越设三郡、汉平吕嘉之乱设九郡、汉光武帝渡海击交趾等。随后各代用兵都与韶关古道相关。

二、韶关古道是移民之道

秦前，岭南的广大区域是百越各族姓的聚居地，百越各族在这片被北方汉人视为荒蛮化外之地生息、繁衍。《广东省志》指出："先秦，今广东境内居住有南越、西瓯、骆越、闽越等史称'百越'或'百粤'诸族的先民。"秦统一岭南后，经略岭南，大批中原人迁到岭南，开启了中原人与百越人"杂居其间"的局面。于是，这些百越人在与从中原迁徙而来的汉人的生产、生活交往中，"乃稍知言语，渐见礼化……于是教其耕稼，制为冠履，初设媒聘，始知姻娶，建立学校，导之礼仪"，出现了《汉书·地理志》所载的"百越杂处，各有种姓"的民族交汇与融合的局面。秦代，秦始皇对岭南的三次军事用兵实际上也是对岭南实施移民的开始，这种移民实质上是一种军事移民。

在古代之南雄州境（今南雄），梅关古道与珠玑巷相接，其承接北方移民南迁的时间早、次数多，发挥着重要的作用。自秦汉至宋，经大庾岭路落籍珠玑巷的北方汉人较多，以致珠玑巷地域人口激增，而宋代胡妃事件直接导致了罗贵率珠玑巷三十三姓九十七家，沿浈江、北江南迁珠江流域，在珠三角一带形成了以珠玑巷为"祖宗故居"和"七百年前桑梓地"的客家族群。乌迳古道域属赣、粤交界之地，古道本身就是沟通粤、赣之要道，其地势低洼、多丘陵，往南沿昌水可接浈江、北江，可通韶州、广州，向北接桃江、赣江通中原地区和江南地区，自然资源丰富，域内相对安定，故此，吸引了众多移民迁此生息。乌迳古道域内的客家移民，迁入时间多为魏晋、唐宋和明清三个时期。西京古道与梅关古道、珠玑巷客家移民的一个不同点，表现为韶关客家人于清代入川的移民，以乳源、乐昌、仁化为多，开国元帅朱德的家族也是该时期从乳源迁入四川仪陇的。

伴随着汉族客家移民卜居韶关古道地域，原居岭北的瑶族也在隋唐之后陆续迁入该地域，形成了以乳源为中心的过山瑶"小集中，大分散"的分布局面。

三、韶关古道是商贸之道

古道上的商贸发展中较著名的主要是古道上的铜运、粤盐北运、湘赣粮米南输及古道域内的农产品贸易。

唐之前，因大庾岭新路未开，除军事行动外，入粤多取骑田岭山道和西京古道。唐开元四年（716），左拾遗张九龄奉诏开"大庾岭新道"。新道修成后，"坦坦而方五轨，阗阗而走四通，转输以之化劳，高深为之失险"。而且，"海外诸国，日以通商，齿革羽毛之殷，鱼盐蜃蛤之利，上足以备府库之用，下足以赡江淮之求"。原来险峻的山路，整治成荡荡坦途，极大地方便商旅转输。大庾岭新道的开凿，使广州—清远—浈阳（今广东英德）—韶州—浈昌—大庾，进而入赣水，通过长江水系接连大运河，从而贯通南北的水运通道。

经由北江水路运输至南雄过大庾岭路的商品，尤其是粤盐北运日益增多，明天顺年间，每年经由北江水路运输至南雄过大庾岭路行销到江西一带的广盐近千万斤之多。天顺二年（1458）两广巡抚叶盛上奏朝廷，获准于保昌县（南雄府附郭）城南太平桥置关榷盐，叫太平桥关，亦称盐关。康熙八年（1669）太平关从南雄迁到韶州，设在韶州城东浈水边，仍称太平桥关，又称东关。后相继设立的税关有武水西的遇仙桥关、浈江边的旱关以及设于英德的洤洸关，四个关口由太平关总辖，有"一关四口"之称。太平关四税口控制了出入粤北的各主要水陆商贸运输通道，从而使太平关成为清代广东最大的内河税关，由此也成为"韶关"地名来源的一个重要缘由。

四、韶关古道是文化传播之道

远古的南越之地，虽然早有人类的活动，但与中原文明的发展相比，被视为"刀耕火种""人畜不蕃"的"瘴疠之乡"和"声教不及"之地。伴随自秦以来历代移民的到来，中原先进的文化促进了南越社会的发展。这主要表现为历史上的两晋、唐末和宋代三次"衣冠南渡"，为韶关地域及岭南带来了中原的文化；唐代惠能六祖北上黄梅学法回归岭南，则带来了影响广阔的禅宗文化。鉴真东渡、"西学东渐"及利玛窦传教等海外文化，从广州一路北传而至京师，均与韶关古道有着密切的关系。

五、韶关古道是古代海陆丝路的对接通道

对接，就是沟通。粤北古道（包括韶关古道）在对岭南与岭北的政治、经济、文化等方面的沟通中，起着重要的作用。

岭南地区与其他地区相比，其突出特点是濒临海洋。广州与海外的联系十分紧密，海外贸易十分发达，出洋的船只和航海的来舶频繁，各种珠宝、香药和山珍海货皆由此入。海上获利极巨，这就极大地促进了岭南乃至中国海外贸易的发展。而粤北所处的地理位置决定了其自古以来就成了南北之交通要塞。千余年来，经过历代各族人民的艰苦努力，粤北古道的相继开通，使韶州成为岭南沟通中原、江南，沟通珠江水系与长江水系的重要交通枢纽，粤北古道也成了对接海陆丝路的重要通道。虽然古代韶州境内的 11 条通道开通时间不一且各具特

点，但它们在军事、政治、移民、商贸、文化或朝贡等方面都起着重要的作用。

　　总之，韶关不仅是粤北千百年来的政治中心，也是沟通南北的交通枢纽。历史上的韶关及韶关古道，在南北的交流中起着重要的作用。

第二章　韶关古道的历史作用

第三章　历代文献记载中的韶关古道

一、概况

与韶关古道相关的文献，最主要的有四类：

第一类为地理史籍。其一为地方志，韶关地方志目前存世的有30余种，基本上为明清两代修撰。宋元方志仅有少数文字保存于类书中，流传至今。地方志对韶关境内古道的开凿、维护、具体路线都有详细记载，是研究韶关古道最为重要的文献。其二为历代地理总志，传世的有李泰《括地志辑校》、李吉甫《元和郡县图志》、乐史《太平寰宇记》、王存《元丰九域志》、欧阳忞《舆地广记》、王象之《舆地纪胜》、祝穆《方舆胜览》、孛兰肹《元一统志》、李贤《大明一统志》、顾祖禹《读史方舆纪要》、顾炎武《肇域志》、穆彰阿《大清一统志》。依据修撰原则，地理总志一般须参考地方志，有方志存世的时段，其史料价值有限，但对于宋元至明前期而言，由于无方志传世，地理总志则具有独特价值。其三为路程书，是随着古代商品经济兴起、地域流动频繁而出现的旅行指南书。路程书不仅记载沿途的驿站、里程，也顺带记载沿线的物产、风土人情等。代表著作有洪武官修《寰宇通衢》、黄汴《一统路程图记》、程春宇《士商类要》。

第二类为正史，部分人物的传记保留了古人开凿、维护古道的情况。如《后汉书》卷76《卫飒传》记载卫飒在桂阳太守任上开凿道路，为韶关境内古道之最早记载。

第三类为石刻材料，各古道沿途均有为数不少的碑刻，为研究古

道之珍贵史料，目前仅整理出部分内容，今后有必要作进一步的系统整理。

第四类为古人文集。此类文献浩若烟海，不易爬梳剔抉。重要者有两种：一种是韶籍人士的文集，如张九龄、余靖、廖燕文集中多有关涉韶关古道的诗文。另一种为外籍人士的文集，这类人士因仕宦、定居或途经韶关，在其文集中也保留了韶关古道的信息，特别是保存在文集中的旅行日记，最有价值。如林则徐在道光十九年（1839）赴广东查禁鸦片、道光二十一年（1841）撤职北归，两次途经韶关，在其日记中详细记载了沿途的地名等内容，大体上能反映当时韶关的交通概况。

二、主要记载

1. 乌迳古道

乌迳路。（注：通江西信丰，陆程二日，水程三四日，抵赣州大河。庾岭未开，南北通衢也。嘉靖壬寅，吉安商民郭嘉万等告：从本府严塘河下装载盐引，新开山路至南安小明里河，非雄民便。）

——嘉靖《南雄府志》卷下

胡永成《开路六难议》。（注：其一，事不可以两利本府。既是南安之人以开路，必强乌迳之民以塞路。而平昔以载驮为业者，须尽数逐遣，而后利可尽归于南安。不然小明里之路虽开无益也。然则，乌迳之民奚罪焉？其二，必将本府原设太平桥改建下流一二里间，方可济事。盖桥不改，则关防无所，私盐盛行，军饷日耗，国计转虚。且百年成规，一旦改作，数千金之费，无从而出也。其三，必须别处保昌料价。盖乌迳牙盐及沿河盐店不

乌迳古道沿途茶亭

下一二百户，因此盐利岁纳牙税银千两，抵补前料。设使桥既下移，盐往西行，此辈俱不获利，又岂肯虚赔前税，势必派于保昌之民。昌民方困于虚粮，又复以此加之，是安人受利，雄人受害，本府所不忍也。其四，必须奏设巡检衙门于佛岭尖峰，以司盘诘。盖乌迳、庾岭有路，则平田、红梅巡司并设，建置之意微矣。今查此路西通湖广，北通江西，南通广东，若巡司不设，则奸细交通得以自由，万一生变，咎将谁归？其五，山川丘陵，国险所系。其佛岭、南泷、李婆凹等处，既系悬崖绝壁，则路径擅难轻开。闻知正德间四川夔州地方新开盐路，后闻于朝，将守土官吏抵罪。夫此路一开，不过南安盐牙、店家倍专其利而已，至于军饷全无干系，万一事体非宜，本府先任其责，是又有所畏而不敢也。其六，行盐之地，河必深广，路必平旷。本府东河固小，较之西河，深广颇过之。梅关一带固非旷野，较之佛岭、南泷，平旷颇过之。千百年来，水陆通行，公私俱便。今乃率尔告开新路，恐求利未得，而先有开路之费，商人本心殆不然矣。况沿途俱系纳粮田地，而以为人马通衢，居民甚不心愿。某忝守土，若弃地与人以成其登陇之私，亦恐得罪于民也。）

——嘉靖《南雄府志》卷下

乌迳，路通江西信丰。庾岭未开时南北通衢也。嘉靖壬寅，吉安奸商籍权贵，欲更开山路，至南安小明里河，雄民不便，知府胡永成作六难折之。其议遂寝。

——《肇域志·广东·南雄府》

乌迳路。（注：通江西信丰，陆程二日，水程三四日抵赣州大河。庾岭未开，为南北通衢。）

——康熙《保昌县志》卷3

邻郡有贵豪，欲别开岭路牟重利，使奸商告当道，而实阴主之。将行矣，亟悉利害条六难以上，事得寝。

——道光《直隶南雄州志》卷3

乌迳路在州东大黄里，路通江西信丰县，明置土黄巡司于此。

——《大清一统志》卷560《南雄州》

乌迳路，通江西信丰，陆程二日，水程三四日，抵赣州大河。庾岭未开，南北通衢也。

——道光《直隶南雄州志》卷10

2. 梅关古道（附浈江水路）

（1）道路的开凿和维护。

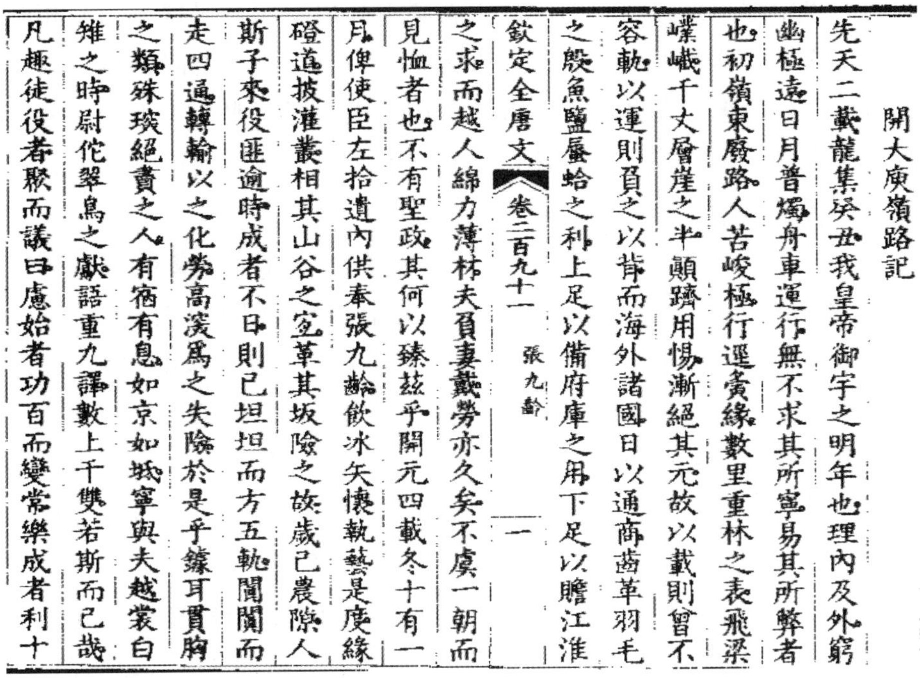

開大庾嶺路記

先天二載龍集癸丑我皇帝御宇之明年也理內及外窮幽極遠日月普燭舟車運行無不求其所寧易其所弊者也初嶺東廢路人苦峻極行逕夤緣數里重林之表飛梁嶫嶻千丈層崖之半顛躋用惕漸絕其元故以載則曾不容軌以運則負之以背而海外諸國日以通商齒革羽毛之殷魚鹽蜃蛤之利上足以備府庫之用下足以贍江淮

欽定全唐文 卷二百九十一 張九齡 一

之求而越人綿力薄林夫負妻戴勞亦久矣不虞一朝而見恤者也不有聖政其何以臻茲乎開元四載冬十有一月俾使臣左拾遺內供奉張九齡飲冰矢懷執藝是度緣磴道披灌叢相其山谷之宜革其坂險之故歲已農隙人斯子來役匪逾時成者不日則已坦坦而方五軌闐闐而走四通轉輸以之化勞高深爲之失險於是乎鐻耳貫胸之類殊琛絕賮之人有宿有息如京如坻寧與夫越裳白雉之時尉佗翠鳥之獻語重九譯數上千雙若斯而已哉凡趣徒役者聚而議曰慮始者功百而變常樂成者利十

张九龄《开大庾岭路记》

张九龄《开凿大庾岭路序》：先天二载，龙集癸丑，我皇帝御宇之明年也，理内及外，穷幽极远，日月普烛，舟车运行，无不求其所宁，易其所弊者也。初岭东废路，人苦峻极，行迳夤缘，数里重林之表；飞梁嶫巘，千丈层崖之半。颠跻用惕，渐绝其元，故以载则曾不容轨，以运则负之以背。而海外诸国，日以通商，齿革羽毛之殷，鱼盐蜃蛤之利，上足以备府库之用，下足以赡江淮之求。而越人绵力薄材，夫负妻戴，劳亦久矣，不虞一朝而见恤者也，不有圣政，其何以臻兹乎？开元四载，冬十有一月，俾使臣左拾遗内供奉张九龄，饮冰矢怀，执艺是度，缘磴道，披灌丛，相其山谷之宜，革其坂险之故。岁已农隙，人斯子来，役匪逾时，成者不日，则已坦坦而方五轨，阗阗而走四通，转输以之化劳，高深为之失险。于是乎镰耳贯胸之类，殊琛绝赆之人，有宿有息，如京如坻，宁与夫越裳白雉之时，尉佗翠鸟之献，语重九译，数上千双，若斯而已哉。凡趣徒役者，聚而议曰：虑始者功百而变常，乐

成者利十而易业,一隅何幸?二者尽就。况启而未通,通而未有,斯事之盛,皆我国家玄泽寝远,绝垠胥洎,古所不载,宁可默而无述也!盍刊石立纪,以贻来裔。是以追之琢之,树之不朽。

给事中魏山公苏诜踬而铭曰:石崴嵬兮山崖崖,嵌峛峷崿兮相蔽亏。槎峷屺兮莽芊芊,噫兹路兮不记年。大圣作兮万物睹,惠吾人兮道复古。役斯来兮力其成,石既攻兮山可平。怀荒服兮走上京,通万商兮重九译。车屯轨兮马齐迹,招孔翠兮来齿革。伊使臣之光兮,将永永而无敫。

——《张九龄集校注》卷17

(韶州始兴县)有大庾岭新路,开元十七年,诏张九龄开。

——《新唐书》卷43《地理志》

浈昌县,下。西南至州陆路二百三十里。光宅元年,析始兴北界置浈昌县。北当驿路,南临浈水。

——《元和郡县图志》卷34《韶州》

卢之翰任广州,无廉称,以策有干名,拜职方员外郎、直史馆,命代之,赐金紫。广、英路自吉河趣板步二百里,当盛夏时瘴起,行旅死者十八九。策请由英州大源洞伐山开道,直抵曲江,人以为便。

——《宋史》卷307《凌策传》

(许申)天禧初,知韶州……令驿程夹道植松榕数万,遂成茂林,行旅便之。

——《大清一统志》卷444《韶州府》

越数岁,稍起知南安军,提点江西刑狱,提举虔州盐。自大庾岭下南至广,驿路荒远,室庐稀疏,往来无所芘。挺兄抗时为广东转运使,乃相与谋,课民植松夹道,以休行者。

——《宋史》卷328《蔡挺传》

官道松,宋嘉祐八年,本路漕使蔡公抗奉圣旨,上自保昌梅岭,下至始兴暖水铺,夹道种松数千株,高耸霄汉,盘虬葱翠。前贤题诗云:六月火云烧满道,绿荫清里度行人。至今茂盛,人咸思公之惠。

——《永乐大典》卷665引《南雄路志》

国朝正统丙寅,知府郑述砌岭路九十余里,补植路松。成化己丑,知府江璞修。正德甲戌,布政使吴廷举属知府李吉增植松梅万五千余株。

——嘉靖《南雄府志》卷下

宋嘉祐癸卯，广南东路转运使蔡抗漕广，兄挺详刑江西，陶甓各甃其境。（注：南路广一丈三尺，长三百二十五丈；北路广八尺，长一百九丈。）署其表曰"梅关"。元泰定乙丑路总管，亦马都丁，至元戊寅杨益，各增植松梅。

——嘉靖《南雄府志》卷下

大庾岭路。（注：唐开元丙辰，内供奉张九龄奉诏开凿。宋嘉祐癸卯，广南东路转运使蔡抗漕广，兄挺详刑江西，陶甓各甃其境。署其表曰梅关。元泰定乙丑路总管亦马都丁、至元戊寅杨益各增植松梅。明正统丙寅，知府郑述砌岭头九十余里，补植路松。正德甲戌，布政使吴廷举、知府李吉增植松梅五千余株。）

——康熙《保昌县志》卷6

唐张九龄奉诏开凿，至嘉祐中，造甄甓砌成路。

——《大清一统志》卷560《南雄州》

宋嘉祐癸卯（1063）广南东路转运使蔡抗漕广，兄挺提刑江西，陶甓各甃其境，署其表曰"梅关"，以分江广之界。

——道光《直隶南雄州志》卷10

丘濬《唐丞相张文献公开凿大庾岭碑阴记》：岭南自秦时入中国，至于唐八百八十有八年，丞相张文献公始钟光岳全气而生于曲江之湄。时唐高宗咸亨四年癸酉也。公生七岁，即知属文。十三，以书干广州刺史王方庆，是时已为张燕公所知。年三十五登进士第，授校书郎。盖公长于武后时，不欲仕女主。至中宗复辟之三年始出也。元宗即位之初，又策道侔伊吕科，为左拾遗内供奉。开元四年，承诏开大庾岭路。《唐书·地理志》谓开路在十七年，非也，当以公序文为是。燕公于开元十三年荐公可备顾问。明年，燕公卒，元宗思其言，召公为秘书少监、集贤院学士知院事。会赐渤海诏书命，无足为者，召公为之。被诏辄成，迁工部侍郎、知制诰，寻迁中书侍郎。是岁，又拜同中书门下平章政事，又进中书令，与李林甫、裴耀卿并相。林甫无学术，见公文雅，为玄宗所知，内忌之，竟为所倾而罢，公在相位甫三年耳。俄以周子谅事，出为荆州长史，卒年六十有八。公之气节文章，治功相业，着在信史，百世共知。自公生后，大岭以南，山川烨烨有光气。士生是邦，北仕于中州，不为海内士大夫所鄙夷者，以有公也。凡生岭海之间，与夫宦游于斯土者，经公所生之乡，行公所辟

之路，而不知所以起敬起慕，其非夫哉。

予生岭海极南之间，在公既薨之后六百又八十年，甫知读书，即得韶郡所刻《千秋金鉴录》读之，已灼知其为伪。既而即史考之，史臣仅著其名而不载其言，意其遗文必具也。求之偏方下邑，无所谓《曲江集》者。年二十七，始道此上京师游太学，遍求之两京藏书家亦无有也。三十四登进士第，选读书中秘见《曲江集》列名馆阁群书目中。然木天之中，卷帙充栋，检寻良艰。计求诸掌故，凡积十有六寒暑，至成化己丑始得之。乃并与余襄公《武溪集》手自录出。是岁丁内艰，南还道韶，适乡友涂君应旻倅是郡，因语及之，留刻于郡斋。公之遗文，至是始传于人间。窃睹集中有公所作《开大庾路序》，而苏铣为之铭，意公此文当时必有碑刻，岁久倾圮磨灭。今陈迹如故而遗刻不存，岂非大缺典欤？每遇士夫之官广南，势力可为者，辄为浼其伐石镌文，以复当时之旧，诺之而食言者多矣。

今上即位之三年，岭北袁君庆祥由秋官属擢广东按察司佥事，奉敕提督雄、韶等府兵备。临行别予，予复申前语。君曰：诺哉。又明年，以书抵予，谓近得碑石于英山，磨砻已就，将求善书者录公序文及苏氏之铭，刻诸其阳，属予一言识其阴。于乎！天地大势，起自西北而趋于东南，大庾岭分衡岳之一支，东出横亘江广之间。自此之南，以极于海岛，奇材珍货出焉。战国以前未始通中国也，秦时始谪徙中原民戍五岭，汉武帝始遣将分路下南粤。楼船将军杨仆出豫章，下浈水，疑即此途也。然序文谓岭东路废，人苦峻极，行径夤缘，数里重林之表，千丈层崖之下。意者大岭迤东，旧别有一途。公既登朝，始建议相山谷之宜，革阪险之故，以开兹路也欤。兹路既开，然后五岭以南之人才出矣，财货通矣，中朝之声教日远矣，遐陬之风俗日变矣，公之功于是为大。后之人循其途而履其迹，息肩于古松之阴，寓目于新亭之下。读公之遗文，想公之风度，又岂徒若晋人望岘山而思羊叔子哉。虽公之功固大而著，然使千载之下，往来之人，临公遗迹，而知开凿之功真出于公无疑，传诵感戴于无穷，盖亦有赖于斯碑之重建焉。佥事君之功，亦不可以不纪也。君字德征，赣之雩都人，其家去此百里而远，盖在岭之北也。君在太学时，常建言国计，大有补于时用，是名闻远近。今持宪节于岭南，声誉籍籍以起，其进盖未可量也，予虽家岭之南，然去此几二千里。年逾公薨之岁，始见知于当宁，而

日薄西山，无能为也。所以追前人之芳躅，而振发其声华者，不无望于岭南北后来之俊彦，而于金宪君盖惓惓焉。予也幼有志尚，友古人，而于乡衮尤所注意。今年七十有二矣，将归首丘，素愿乃酬，岂非平生一快事哉！不胜欣幸，勉为书之，畀以刻焉。

——道光《直隶南雄州志》卷 19

觉罗吉庆《捐修梅岭石路补种松梅记》：梅岭为五岭之一，粤之门户也。秦曰梅岭，以梅锅得名。汉曰庾岭，以庾胜得名。要其祖祝融而界南讹，磅礴郁积，蔚为天之南库，则无古今一也。由保昌北行六十里至红梅驿，驿去岭才三十里，一路冈峦绵亘，岩磴纡迴，至岭则一□哆悬，两峰夹峙，盖唐丞相张文献公所凿也。岭南北有松有梅，相传都数百年物。余以乾隆丙辰岁，奉命督粤，道由斯岭。问所谓偃盖之松，屈干之梅，无有存焉者，而岭石荦确，沙水冲啮，舆台、商旅与夫担夫、樵竖，登顿甚疲。夫以文献公之风度，辉映江山，出其心力，为乡邦凿山种树，宜乎垂庇无穷。后之官斯土者，不知爱惜保护，一任耕锄樵斧，斩伐无遗。而线路崎嵚，亦不一加修治。古今人不相及，何以若是耶？愁焉于心。会有西粤兵事，未遂修举。戊午夏秋，述职往返，复经斯地。时碣石同知袁澍署南雄府事。余乃捐白金千两，交该署守，庀材鸠工，修整岭路，并于路旁种植松梅，以资荫憩。今据报，自郡城五里山至岭头交界坊止，俱已修垫平坦，插种松梅，长发成阴，请撰文勒石，以纪其事。余疆吏也。恭逢皇上仁圣文武，海隅日出，罔不率俾，粤之神皋奥区，胸荡沧溟，背负台峤，其民敦庞，蕃庶岛夷，占风测水而来，宝贝杂遝于是乎萃。乃以门户之地，道路不治，林木无荫，岂惟废坠昔人手泽，且非所以宣昭荡平，缮修疆圉也。余之为此，盖以举吾职耳。谓取悦于行道乎哉。是为记。嘉庆四年五月，两广总督长白觉罗吉庆撰。广东按察使吴县吴俊书。

——道光《直隶南雄州志》卷 21

（2）具体路线、里程。

大庾岭，一名东峤山，即汉塞上也，在县东北一百七十二里。从此至水道所极，越之北疆也……本名塞上，汉伐南越，有监军姓庾城于此地，众军皆受庾节度，故名大庾。五岭之戍中，此最在东，故曰东峤。

——《元和郡县图志》卷 34《韶州》

大庾岭。（注：在府城西南二十五里，磅礴高耸，南接南雄。初

岭路峻，唐张九龄开凿新路，两壁峭立，中涂坦夷，其上多梅，又名梅岭。岭表有关曰梅关，置官兵守之。或传梅福曾隐于此岭上。）

——《大明一统志》卷58《南安府》

（大庾岭）府北六十里。一名东峤，以在五岭最东也。汉初为南越之北塞，武帝讨南越时，有将军庾姓者筑城于此，因名大庾岭。由豫章趋岭南，此为襟喉之道。唐开元四年诏张九龄开新道于此，自是益为坦途。大庾而东南四十里又有小庾岭，间道所经也。

——《读史方舆纪要》卷102

梅岭，在府北三十里。即五岭之一也。一曰东峤，以其当五岭之东也。上有横浦关，即古入关之路也。汉初高帝以将军梅鋗戍此，故名梅岭。后令裨将庾胜戍守，复名庾岭。

——《肇域志·广东·南雄府》

清人意见：按诸说则古之大庾岭，应在今县西北，近江西崇义县界，今所谓大庾岭……九龄所谓岭东废路也。

——《大清一统志》卷560《南雄州》

横浦马驿，（一百二十里至）凌江水马驿，（九十里至）黄塘水马驿，（一百里至）平圃水马驿，（一百里至）芙蓉水马驿，（一百里至）濛㳇水马驿，（一百里至）清溪水马驿，（一百里至）浈阳水马驿，（一百二十里至）横石矶水马驿。

——洪武官修《寰宇通衢》

横浦驿（过大庾岭，即梅岭。六十里）中站。（即红梅关。六十里）南雄府（保昌县）凌江驿。（下水，九十里）黄塘驿。（并属府。乙百里）平圃驿。（属曲江。乙百里）韶州府（曲江县）芙蓉驿。（乙百里）濛㳇驿。（属曲江。乙百里）清溪驿。（属英德。乙百里）浈阳驿。（英德县。乙百廿里）横石驿。

——黄汴：《一统路程图记》卷1

南安府。（大庾县横浦驿。共一百二十里，起旱，过梅岭。唐开元，张九龄辟而广之，有祠。六十里至）中站。（巡司。即红梅关。六十里至）南雄府。（保昌县凌江驿。客货在此报税、搭船。下水，九十里至）黄塘驿。（下有银箸滩，湾极险。五十里）始兴江口。（下水，船泊此买柴。至广州一百里）。平圃驿。（一百里）韶州府。（曲江县芙蓉驿。东至六祖南华寺。有神福。一百二十里至）濛㳇驿。

（下有牛尿滩，极险。一百里）清溪驿。（下有角滩险。一百里至）英德县。（浈阳驿。有夜船至省城。一百里至）浈阳峡。

——程春宇：《士商类要》卷1

真阳峡一百里英德县，滇阳驲出石山，可供清玩，省城有夜船。一百里清溪驿，下水有角滩，险。一百里濛浬驿，下水有牛尿滩，极险。一百二十里韶州府，有神福，东至六祖南华寺。韶关。客货在此报税，有水二条，乐昌县通西关，南雄府通东关。

韶州府曲江县，一百里平浦驿，一百里始兴江口，下水船泊此，买柴火，去广城用。五十里横塘驿，下水有银箸滩湾，极险。九十里南雄府，客货至此起岸，上行通梅岭。如进广搭船，下水直至广州府。南雄府保昌县六十里中站，有巡司，即梅关。六十里南安府，共一百二十里，起旱通梅岭，唐张九龄拓而广之，有祠。梅岭即大庾岭，江广交界处。

——《周行备览》卷2

其在东者有三：一为沙井路，自广州城发船，经佛山，经清远县，经峡山，经连州江口，经英德县，韶州府属。至韶州府城，换船。换始兴三板船，亦名浅水船，若小舟，轻装，亦有自省城径至南雄者。度太平关，即韶州府东关。经始兴江口至南雄州，登陆人行，由行发夫挑行李，自乘爬山虎，用四人抬之，跟人乘兜子。度大庾岭至江西南安府大庾县人行，由行写（舟周）子船，即会昌三板船。经南康县至赣州府换船，南安行写船，多要客，雇至江西省城。度赣州府东关，经十八滩。一为中江路，亦称浙河路。自广州城起程，度韶关，度大庾岭，度赣关，至江西省城。广州城至此，俱与走沙井、走长江者同路。

——林佰桐：《公车见闻录》

初十日五鼓，起，主人市井气掂斤播两，共用钱十四千四百，雇竹轿一、竹兜三、行李一千六百斤，天明乃行。石子砌道，饭肆沿街，担货、扛舆、壮夫、健妇叠肩接踵，鱼贯横行。五里入山，十里渐陟，又五里峭石壁立，鸟道生开，想梅鋗当年，功在千秋矣！顶为梅关，进关属广东南雄界，右关帝祠，左灵封古寺。寺旁张文献公祠，入瞻谒，冠珮俨然，如见端凝风度。从此下山十里，新路口平如席，夹道苍松翠扑须眉，凉生襟袖，青峰环映，峭石离奇，左峰尤胜，二十里红梅打尖，吉相国添植稚梅，皆成老干，七年遗爱，廿载栽培，抚树怀人，倍增甘棠之恋。七十里入南雄州城，红灯上市，明月满街，登太平桥，江中桥影，桥上江声，倚柱徘徊，水壶擢魄。过桥下，会元

选行。十一日，雇中河头船一，价纹银二十八两，顺流南下，故乡风景，处处关情，水浅搁舟，沙怒语山，凹转舵月，回眸，奇境、奇诗时时遇之。四十里泊古六墟，瑟瑟秋风，罗帏微动，孤枕生凉，梦回觅被。十二日入始兴界，九十里至江口，溪河异派，清浊分流，水深可用橹，四十里泊三江水。十三日，三十里至韶州曲江属平圃司，山形怪怪奇奇，环如城，平如台笕，而孤出者如烛拱，而中空者如桥，其余如鼓、如旂擎玉女盆，挂司徒帽，效技呈材，无美不备。七十里至曲江县，泊关桥。十四日辰，初过关。次日中秋，需犒仆从，买鸡肉、姜藕。已正行一百一十里至大江口，再下为英德界，三十里过弹子矶，双峰插云矶，旁石弹礌硪，激波溯湃。

——史善长：《东还纪略》

（3）商品运输。

岭南陆运香药入京，诏（刘）蒙正往规画。蒙正请自广、韶江沂流至南雄；由大庾岭步运至南安军，凡三铺，铺给卒三十人；复由水路输送。

——《宋史》卷263《刘熙古传附蒙正》

先是岭南输香药，以邮置卒万人，分铺二百，负檐抵京师，且以烦役为患。诏策规制之，策请陆运至南安，泛舟而北，止役卒八百，大省转送之费。

——《宋史》卷307《凌策传》

（4）名人古道行迹。

【唐】李翱由长安赴任广州

行经路线：虔州—灵应山居（虔州境内）—大庾岭—浈昌—灵屯西岭（韶石）—灵鹫山居（曲江）—韶州—始兴公室（韶州）—东荫山、浈阳峡—清远峡—广州。

李翱《来南录》：壬戌，至虔州。己丑，与韩泰安平渡江，游灵应山居。辛未，上大庾岭。明日，至浈昌。癸酉，上灵屯西岭，见韶石。甲戌，宿灵鹫山居。六月乙亥朔，至韶州。丙子，至始兴公室。戊寅，入东荫山，看大竹笋如婴儿，过浈阳峡。己卯，宿清远峡山。癸未，至广州。

——《全唐文》卷638

【宋】杨万里由临安赴任广东提刑

行经路线：大庾岭，题云封寺（二月十九日）—南雄驿（二月二

十三日由南雄出发）—建封寺—连鱼滩—韶州—赤水渴尾滩。相关资料参考第三章所收杨万里相关诗文。

【明】嘉靖十九年湛若水致仕由京返乡

行经路线：赣州—南康县—梅岭—韶州—清溪驿—五羊驿（广州）。

（嘉靖十九年八月）二十四日，早发至宿于赣州……二十五日在赣台南，李都宪公显、兵备宪副孙君裕同燕于行台。午发，由陆行，过九牛，宿于南康县……九月初一日，早度梅岭，亚卿刘梅国与太守林君介送饯于梅关挂角寺。予谒张文献公祠，遂同观白猿洞……未刻，与梅国、林守分于南北，是暮至宿于总府。初五日，至精舍行窝，谒濂溪先生书院，谒文献祠、忠襄余公祠。是日，符太守邀游芙蓉山……是日卓午，再燕于燕誉楼，有诗。夜宿于行窝。初八日，返舟，是暮至清溪驿作息……十三日，早发，巳刻，抵五羊驿，谒文庙，谒白沙先师祠。

—— 《湛甘泉先生文集》卷26《归去纪行略》

【清】孙廷铨南行至广州路线

（十一月）丙戌，过大庾岭，次南雄府保昌县。粤有五岭，此其最东，故称东峤，在大庾县南，岝崿横云，斗上斗下，初陟弥望，荒冈登将，川略靡靡，阡陌二十里外。乃□峰侧立，隔树见行人远从举土度。将至岭，更成□壁，横亘岭头，凿石开径，然后得通。岭上有古云封寺，寺有大鉴禅师卓锡泉，涓涓出凿中。分岭两□，漱石长鸣。岭西下深溪，广肆砂树，平连一一小□起溪中，怪石横烟悉同翠黛，长松被阪三十里。过红梅司，又历武侯祠，乃平一，岭南北顿殊，凉□矣，故注又称此岭凉热山。

己丑，下涟溪，即大庾峤水之南津也。注谓其下船路名涟溪，涟水南流注于东溪，东溪亦曰东江，或曲江、武溪称北江，故此各东耳，次修仁水口。

庚寅，次始兴江口，东江水带始兴县□名。始兴江水侧有鼻天子城，不传何氏。王隐《晋书》谓鼻墟盖象所付，今此城不可复识。舟人于乱山中指似彷佛，惟蔓草荒冈，错杂苦竹，盖历古逾远，倾圮渐尽矣。愚谓虞帝推恩厥弟，当裂土中原，此地岭表荒墟，南近瘴海，虽分符建国，何殊放流。且欲源源而来，无乃国君、道长，后人多好

兴县界一百五十里西抵乳源县界六十里南抵
英德县界一百一十里北抵仁化县界八十五里
东西广二百一十里南北袤一百九十五里东抵始
自府境则东至南雄府始兴县界……
北至湖广郴州界二百五十里……
至京师七千八百……站北陆路南雄府至……
三……至京师七千八百……里

《韶州府志》关于韶州至广州等地里程的记载

异闻，承声附说，难为征也。始兴近县有泉水黑曰墨江，中多石墨可画，眉北流注江。辛卯，次五羊山。

壬辰，江介多见怪山，一峰最峻，上戴韶石。注记：韶石高百仞，广圆五里，两石对柱，相去一里，大小略均似双阙。言舜南巡，作乐其上。又古老言：昔有二仙，分而憩之，自尔年丰弥纪。然韶石前后怪石相望，直若危柱，削若堵墙，圆若廪囷，半削若篋瓜，首尾翘翘似舟航，方幅如布帆，廉起如檐宇，皆兀石孤棱，栖烟带树，左右舟樯青青未了。次曲江县，韶州府治。

癸巳，东江过曲江县城南，西得武溪水，乃成始兴大江。按注武水出临武县桐柏山，东南流，右合溱水，又东南，左合黄冷溪水，又过蓝豪山，则崖壁峻岨，岩岭干天，交柯云蔚，霾天晦景，悬湍迥注，崩浪震山，谓之泷水。迳曲江县东，盖泷中有曲江旧县，是则泷武合流矣。曲江县南三十里，江左有削崖，壁直，洞穴梯连时见烟墨。山下有曹溪东来注江，萧梁之世有胡僧泛舶此溪，闻异香，谓上流必有胜地，遂乃开山栖寻，谓百七十年当有异僧来此演法，其后果有大鉴禅师传衣南归，于溪源立宝林寺，沙门称为六祖者也。寺去江三十里，禅栖者萃焉。次濛浬。

甲午过观音岩，次英德县。始兴江上多悬崖，此岩特为灵，峭削立逾百丈，洞口去江五丈余。岩穴深广，坐卧千人，上有石楼，相去如到江，从石罅间木石相衔，栏干而上，仰穿裂石上穹窿，窥见天光，□通户牖。江云洲草，历历槛前，钟乳寻丈，慕洞口皆有杰形，成就自然，刻划髤塑亦所不及，布满岩壁。□人士其间，故由当其目矣。

——孙廷铨：《南征纪略》卷2

【清】1656年（顺治十三年）荷兰使团赴北京途经韶关路线

（1656年）三月二十四日，我们到达小城英德，并在此停泊，上岸过夜。该城显得古朴美观，位于河左岸一道突出的河湾旁。城区呈方形，环行需一刻钟，有一道高墙环绕。郊区很大，看来很漂亮。港湾的入口处有一座九层宝塔，造得特别精巧。英德距清远县二百二十里，我们看见河两岸风光秀丽，人烟稠密。河水到此非常湍急，拖船夫看来无能为力，无法跟上其他的船。我们撤下了几个筋疲力尽的拖船夫，换上别人，努力向前。在日落时分，船撞上锐利的礁石，穿透了船底。船舱很快地进满江水，若非我们的上帝奇迹般地保佑，我们就难逃沉舟厄运了。

当天（三月二十五日），我们经过著名的观音岩庙，它造在河边一堵石壁的凹处，只有坐船才能前往。

三月二十七日下午，我们来到一个漂亮的地方，在那里更换疲惫的拖船夫。夜里，此地骤起狂风暴雨，我们一艘戎克船的船桅被吹折，落在水里，使整艘船撞向岸边，几有破裂危险。这艘船上载有要赠送给皇帝的礼物。幸好有上帝保佑，人们也一齐努力，终于成功地使那艘船能再度被驾驶。次日，我们驶过几艘残破的船骸，这些船都是在强风中搁浅或被摧毁的，人货俱殁。

三月二十九日，二位使臣和全体船队都在韶州城前面停泊。该城也位于一道突出的河湾旁，在河左边距河岸不远的地方，一面傍河，一面靠山。城东河对岸，我们看见一个房舍非常漂亮的郊区，河中一个小洲上建有一座五层宝塔。韶州城墙高大坚固，用砖头砌成，有炮位，但城墙前没有护城壕。城里大部分房舍在战争中被夷为平地。

我们傍城墙搭起帐篷，该城长官前来亲切欢迎使臣，并带来食品赠送给我们，这些礼物不列入呈报皇帝的账单中，二位使臣就收下了，并回赠一些珍品古玩给他。该城商业兴旺，也适应航运业发展，距英德三百里，但其辖区包括英德。天亮时，我们得到新的拖船夫以后，就继续出发。途经一片山地，鞑靼人称之为五马头山区，也经过了风景奇丽的始兴县。

四月四日，我们在南雄登岸，在山脚下一块合适的地方搭起帐篷。该城距韶州三百里，城池建得很好。绕城墙一周约需一小时。城墙配有坚固的炮位和垛堞。特别是沿河的城墙，尤其坚固。河面上有一座跨河高桥，夜晚就用锁链封锁起来。当地的长官非常客气地接待二位使臣，并立即安排我们翻越山岭。由于我们有很多行李货物，当我们把货从船上卸下时，发现需要九百人来搬运行李。

次日，那位长官设宴邀请二位使臣，宴请的方式很奇特，菜肴也很可口。二位使臣依照中国习俗，用信封装起六两银子赐给家仆和唱戏助兴的戏旦们。最后一道菜上来时，二位使臣把信封交给主人，请他赏与下人，这些主人也毫不拒绝地收下了。在该城，我们看见有几家的房子在门楣上用金字刻着耶稣的名字。

所有翻山的准备工作就绪后，（我们费了很大的周折）二位使臣于四月八日带着一部分要献给皇帝的礼物，在一百五十名士兵的护卫下，骑马先行出发。我们其余人则于次日晨九时，带着剩余的行李离开南雄。一路上经过一些风景秀丽奇特的地方。当我们经过某座山的一座庙时，已越过南雄地面，广东省界到此为止。日出前二个小时，我们来到南安县境，两位使臣就住宿在河边的一座舒适的房子里。

四月九日，我们到达南安城。该城距南雄八十里。

（1657年）一月十九日，使臣阁下离开此地，在三十名士兵护卫下攀越那座高山，于夜间很晚时来到南雄城里的一座大客栈。这座客栈归广东老藩王所有，店主每月要缴给老藩王二十五两银子。我们在此地又把行李装到船上，于二十一日出发。途中经过几座瀑布、五马头山区和始兴县的几道山岭，于二十四日来到了韶州。因为我们已驶过峡谷和礁石地带，所以人们在此地通常又可将船桅竖起，扬帆前进了。

一月二十五日，我们经过那座有名的寺庙——观音岩。这座庙建在一块高大的岩石下的一个阴暗的山洞里。二十六日，我们经过浈阳峡，于当天深夜到达小城清远住宿。次日清晨，我们又离开此地。在三水附近，我们看见遍地的军帐、披挂整齐的战马和很多整装待发的鞑靼士兵。

——《荷使初访中国记》

【清】康熙二十四年王士□祭南海神庙

（康熙二十四年正月）二十七日。南安府有两城，夹章水。由水南城过横浦关，陂陀而上，至云封寺，山势渐高；螺旋而上，二里许，双壁巉巉，中通一线，为梅关，庾岭最高处。峡尽有兰若，曰挂角寺，

寺有张文献公祠、六祖堂。稍下，有卓锡泉，长浦水出焉，南流入于浈水。按图经，挂角寺即古云封寺，今岭北别有云封，盖出傅会。庾岭之南，奇峰秀石，松杉映蔚，若瞩林园。始见榕树。食腰站，晚次南雄府保昌县，入广东境。

二十八日。胡中允会恩孟纶来。食后，过孟纶，遂登舟。浈水，即《水经注》之溎溪也，又名大庾峤水。晚泊修仁水口。二十九日。次黄桥，野泊。三十日。过鼻天子城始兴江口。始兴水亦名东溪，西合浈水，又有墨江水来注之，浈水至此始成巨津。晚次三江口，野泊。二月初一日，辛卯。曲江道中多怪山，形貌诡特，不可殚名；往往有巨石插入江水，舟宛转避之。潼溪自仁化来会。溪中有丹霞山别传寺，澹归禅师所创。过韶石，两石对峙，曰"双阙"，又有凤阁、左右球门等，凡三十六石。孙文定公《南征记》曰："韶石前后，怪石相望，直若危柱，削若堵墙，圆若廪囷，半削如齵瓜，首尾翘翘似舟航，方幅如布帆，廉起如檐宇。"约略尽之。城北三里许，皇冈山有舜祠。晚次韶州府曲江县，县令秦熙祚遗《曲江公文集》《曹溪通志》。夜，大风雨。

初二日。微雨。曲江城西南，武溪水自乐昌来，注于浈水，即马文渊所谓"武溪毒淫"者也。武溪中有三泷，韩退之《泷吏》诗："南行逾六旬，始下昌乐泷。"今曰韩泷。午霁，过白芒，有石壁临江，甚奇，壁上镌"回龙"大字。晚次襄衣渡，野泊。

初三日。十里，过曹溪，水与漳溪合流，西入浈江。东去群山四合，白云翁然。距南华六祖道场三十里，过濛涅，登月华寺，谒智药三藏真身。过弹子矶，悬崖千仞，如洞如厂，斧凿镌镂跃，拟于鬼神。晡登观音岩；峭壁俯江，拾级可五丈余，有洞然开豁，中祠观音大士；危栏架壑，左右石壁。束炬前导，三折至绝顶，下临无地，岩巅钟乳倒垂，下幕洞口；岩根复有一洞，深窈黝黑，水出其中，注江不绝。归舟，见新月。泊东岸。

初四日。过英德县，古英州，宋唐质肃、洪忠宣二公皆尝谪此。岑水自东北来，入浈。县令陆君荣登来，先兄东亭同年。城南三里，石壁桀立相望，嵌窦玲珑，藻缋不及，曰蛾眉冈。入浈阳峡，峡长二十里，潭潭可畏，明嘉靖间韶守符锡缘山架栈，今犹有存者。峡尽，洭水自西北来，入浈，即洸水也。传称：湟水合溱水，南过中宿县，出湟浦关。今洸口实诸水入浈之会矣。《酉阳杂俎》谓："含洭县翁水东岸有圣鼓杖，误以篙触辄患疟。"又三十里，野泊。

——王士禛：《粤行三志·南来志》

【清】康熙二十四年王士□北返路线

（康熙二十四年四月）十五日。雨。过大庙峡，谒贞惠夫人祠。有宋嘉定碑，称："神虞氏，英州人，生能抗黄巢之锋，死能制峒寇之暴。"盖唐人也。庙门黄杨树二，大数围。午晴。晚次浈阳峡口。

十六日。雨。过浈阳峡、四山出云，一水湍悍。过英德县，陆令荣登搂哉遗英石数枚。浈水骤涨。晚次猫儿石。

十七日。过观音岩，不登。乘江涨望之，缥缈如神山。过龙头影山，未及观音岩之半，而山脚插江，玲珑悉如洞户，亦一奇也。晚次清溪。雨竟日，甚寒。

十八日。雨。过弹子矶。英德濒江诸山，观音岩第一，此几次之，龙头影山又次之。午晴。晚次濛浬。

十九日。雨。自濛浬至曹溪，山行仅二十里，雨泞无舆马，不果往。午后稍晴，过曹溪水口，次白芒。

二十日。次韶州府曲江县，易舟。曲江令秦熙祚遗余襄公《武溪集》，嘉靖间副使刘稳所刻，有宋尚书屯田郎中周源序，凡二十卷。雨竟日。

二十一日。雨。浈水大涨。过韶石，次平圃。韶通判吴璧送《澹归禅师文集》至。

二十二日。晴。午次始兴江口。县去江口十八里，候纤夫，入夜始至。舟中阅《澹归集》，诗笔雄肆，可谓辩才。晚次修仁水口，范云赋诗处，旧有三枫亭。

二十三日。晴。次菱塘。二十四日。浈水石流清浅，晴三日，舟已胶不可行，或推之，或挽之。晡次南雄府保昌县，宿西竺菴。二十五日。舆行，过大庾岭，观六祖卓锡泉。晡次江西南安府大庾县。

——王士禛：《粤行三志·北归志》

【清】嘉庆十九年张始然赴京会试

行经路线：翁源—三华镇张年店—黄陂—黄竹濑—神前泷—英德—河头—乌石—韶州—煤陇—平浦—鸡婆石—黄塘汛—三峰塔—南雄—越大庾岭。

（嘉庆十九年）三月初五，自（翁源）家出发，舟行，夜宿三华

镇张年店……初八过黄陂至黄竹濑……初九日至神前泷……初十日至英德，因北江水涨未行……十二日逆水至河头住……十三日住乌石，十四日至韶州，住南门……十七日，船由韶州出发，开船至煤陇住……十八日，住平浦……十九日至鸡婆石住……廿日，住黄塘汛……廿一日，至三峰塔下，廿二日，至南雄……廿三日，由南雄出发，翻越大庾岭。

——抄本《张始然上京会试日记》

【清】 道光十九年林则徐赴广东禁烟

途经韶关路线：梅关塘（南雄州界）—新路口—中站—槐花塘—里东塘—石塘—沙水塘—光脑塘—新铺塘—南雄州城—山枫汛—白营塘—修仁塘—丹铺塘—古六墟—小水塘—草铺—都安水塘—黄塘—大坑口—罗围塘—始兴江口—罗碑塘—总铺—太平铺（入仁化）—新庄水塘—鸡笼滩—滴水塘—平圃驿—乱石汛—仁化江口—湾头塘—占羊州—黄浪水塘—刹古庙—喇石坝—韶州府城—太平关—石灰坪—官滩汛—白芒—车头汛—铜鼓石汛（乳源水口）—孟州坝—白土汛—黄茅峡—白沙汛—界滩—乌石—濛浬司—赖家村—高桥—凤田（即弹子矶）—沙口汛—清溪汛—西湾坑（亦名新旺）—龙头影—高碑塘—观音岩—朗罟汛—望夫冈—太平坑—猫儿石—莱洲头—英德县。

（道光十九年正月）十九日，丙辰（3月4日）。阴晴相间。早晨就陆行，十里黄泥港，即望罗亭。又十里乱石铺，又五里梅岭塘。上山行，十里至梅关塘，入粤东南雄州界。过岭以后，俱平路矣。署州牧刘倅湜，山西阳城人，辛酉举，己巳甲，河南令，捐升知府，补池州，因案革降。捐通判，未补缺。将卸事矣，与新署牧陈道坦，陕西南郑，甲戌进士，曾任上元令，升通州。丁忧起复，分发来粤，升运同，革职捐复俱来迓。南雄协赵承德，曾任安徽抚标中衡亦来。俱接晤，即别去。又十里新路口，又十里中站饭。其旅馆曰来雁亭，阮芸台所题也。饭罢仍行，十里槐花塘，又十里里东塘，又十里石塘，又十里沙水塘，又十里光脑塘，又十里新铺塘，又十里南雄州城。入东门，出小南门，又出太平门，过桥，州有两重城。至水马头行馆饭，已向晚矣。是日行百二十里，实止八十余里。由此赴省皆下水，惟韶关以上水浅，只可坐小舟，俟过韶关，大舟乃可行。是晚候行李到齐，二鼓登小舟，即开行。十里山枫汛，又十里白营塘，又十里修仁塘，又十里丹铺塘，又十里古六墟，又十里小水塘，又十里草铺，又十里都安水塘，又十里黄塘。计彻夜行九十里。

二十日，丁巳（3月5日）。阴，微雨。十里大坑口，俗谓之天子地。又十里罗围塘。韶州镇穆治安莫邦、南韶道杨畲田九畹、韶州府周松岩、寿龄，山东蓬莱，戊午举，教习知县，曾任直隶保定府，通永道，缘事降，捐。署曲江县邵、宗胃，顺天宁河，乙酉举，癸巳，乙未甲。始兴县李、延福，云南文山人，乙酉举，丙申即用。卸署仁化县陈昂，浙江义乌人，辛卯举，丙申即用。俱先后来见。又十里罗围塘，又十里始兴江口，距县城旱路二十里。又十里罗碑塘，又十里总铺，又十里太平铺，入仁化界。又十里新庄水塘，又十五里鸡笼滩，又十里滴水塘，又十里平圃驿。有巡检驻扎。时已二鼓，因水溜，有石滩，遂泊此。是日遇卜光河都转士云由此赴邛。

二十一日，戊午（3月6日）。晴。五鼓开行，十里乱石汛，又十里仁化江口，又十里湾头塘，又十里占羊州，又十里黄浪水塘，又十里刹古庙，又十里喇石坝，又十里韶州府城，过太平关，南韶道所管，其西又有遇仙关，由乐昌往湖南宜章之路。镇、道来舟，登岸答拜之。家苏门之子棻赴皖过此来见。自此以下水深，遂换大船，即开。十里石灰坪，十里官滩汛，又十里白芒，又十里车头汛，又十里铜鼓石汛，乳源水口。又五里孟州坝，又十里白土汛，又十里黄茅峡，又十里白沙汛，又十里界滩，又十里乌石，又十里濛浬司，尚有老濛浬，距此十里有巡检，即大坑口。又五里赖家村。是日已行二百里。

二十二日，己未（3月7日），阴。五鼓行，十里高桥，十里凤田，即弹子矶。十里沙口汛，十里清溪汛，十里西湾坑，亦名新旺。十里龙头影，十里高碑塘，十里观音岩，岩上有天然观音，登岸瞻礼，即回舟。十里朗嵒汛，十里望夫冈，十里太平坑，十里猫儿石，有汪湾汛。十里莱洲头，十里英德县，署县事苏牧棻，陕西，甲子，辛未同年，曾任河南延津令。告病，起复捐免，坐补选广东令。连次丁忧，以获盗升州牧，仍来候补。来迎。又十里游丝塘，十里波罗坑，十里须【浈】阳峡，进峡后两山夹峙。十里连州水口，十里玛瑙矶，只五里。十里黄土坑，只三里。十里搅坑塘，十八里大章沙，十里小章沙，十里黎水洞，即蚊虫营。十里大庙汛有香炉峡。十里三叉塘，又曰牛皮塘，山上有石鼓。十里横石汛，十里樟木洞，十里太平角，十里黄江汛，十里探塘此等处有黄桐水口、新开湾等名。十里琶江口，十里白庙汛，有飞来寺。十里大塝底，土名七星江。十里清远县，已达旦矣。

【清】道光二十一年林则徐北返

途经韶关路线：游丝塘—英德县—莱洲、江湾、大平坑、望夫冈、朗罟汛—观音岩—高碑塘、龙头影、新旺汛、清溪汛—沙口汛—凤田、高桥、老濛浬、乌石四汛—濛浬司、介塘—白沙—黄茅峡、白土汛、孟州坝、乳源水口—车头汛—官滩—韶州城—喇石坝—湾头水塘—湾头旱塘—獭古庙—仁化江口—南石汛—平圃驿—滴水塘—鸡笼滩—新庄水塘、太平铺、总铺、罗牌塘—始兴江口—罗围塘—天子地—斜塘—三江口—黄塘—马子澳—都安水塘—小水塘—古六墟—修仁塘—白营塘—山枫汛—南雄州—新铺—光脑—沙水—石塘—襄东—槐花—中站—新路口—梅关—乱石铺（进入江西界）—望罗亭—南安府。

二十日，甲戌（5月10日）。阴晴相间，仍北风。黎明曳纤行，过游丝塘，已刻过英德县，署县令黄桂圃培灿来见，遂别去。韩清由南雄来，知寓中于十六日得闻赴浙之信，已整行装以待矣。午后过莱洲、江湾、大平坑、望夫冈、朗罟汛，晚泊观音岩。约行八十余里。

二十一日，乙亥（5月11日）。阴。北风，天仍寒。黎明曳纤行，过高碑塘、龙头影、新旺汛、清溪汛，晚过沙口汛泊。按路程只行五十里，据舟人云行六十余里。

二十二日，丙子（5月12日）。阴。黎明行，颇得南风，过凤田、高桥、老濛浬、乌石四汛。舟儿于十九日由南雄来，昨日在韶州候一日，未得信，今晨放船而下，午刻到此，遂移至余船，其坐来小船，仍令随上韶关。适余船帆杆折断，停舟修整，约逾两时，始复开行。过濛浬司、介塘，晚泊白沙。是日计行七十里。

二十三日，丁丑（5月13日）。四鼓以后，雷雨数阵，天明稍晴，东风。曳纤行，过黄茅峡、白土汛、孟州坝、乳源水口。上午大雨一阵。雨后过车头汛，遇抚辕折弁回省，作怡悦亭抚军一书寄之。阅邸钞，知此次会试中额较上科略增数名，通榜共二百人，福建额定八名；散馆在闰三月十六日；文秋潭相国孚逝世，赠太保，入祀贤良祠，亲临赐奠；蔡玉山家珏放衡永道。是晚泊官滩。计行六十里，距韶关尚有二十余里。

二十四日，戊寅（5 月 14 日）。早晨晴，开舟。裘子和晋昌寓曲江城内风度楼，与曲江优贡许九霞炳章同来见，韶州道府杨畬田、周松岩，代理曲江令李尧臣及各营将备先后来，俱接晤。是日上游水发，骤长数尺，韶关之下，水势湍急，挽舟甚滞，自晨至晡仅行二十余里。酉刻过关，舟儿入城看怡抚军之少君惠甫，吉昌，与裘子和同寓风度楼。并答拜杨畬田。夜未开舟。三鼓雨。

二十五日，己卯（5 月 15 日）。阴晴相间。黎明开舟，十里喇石坝，十里湾头水塘，又十里湾头旱塘。午后颇得南风，挂帆行，十五里獭古庙，十里仁化江口，其地山峦突兀，河势弯环，仍须曳纤，俗称有九防十三抛，又有五马归槽之象。又十五里南石汛泊。是日约行七十里。晚有微雨。

二十六日，庚辰（5 月 16 日）。晴，天暖。早发，河势较昨日更为弯曲，沙石尤多。午过平圃驿，虽得南风，亦须负纤。又过滴水塘，晚泊鸡笼滩。是日仅行四十余里。翁源令赵质民义追送至此，因留舟中晚饭。

二十七日，辛巳（5 月 17 日）。早发，阴晴相间，兼有微雨。过新庄水塘、太平铺、总铺、罗牌塘，晚至始兴江口泊，计行五十里。莫令春晖来迎，并送馔。是日见水势渐退，恐舟难进，莫令备言由陆之便，余拟以肩舆先赴南雄。

二十八日，壬午（5 月 18 日）。黎明，整肩舆行李，雇夫十六名，带陈珊、刘升登陆，莫、赵二令俱别去。行五里过渡，又五里罗围塘，又十里天子地，又十里斜塘，又十里三江口，又十里黄塘，遇雨一阵。又三里马子澳，村市颇盛，莫令遣人至此，借赖氏典铺内具膳。南雄冯署牧晋恩、拴署协住俱迎至此，即在赖宅见之。饭后行，又遇雨。十里都安水塘，又十里小水塘，在此下游各塘皆韶镇辖，上游各塘皆南雄协辖。又十里古六墟，人家大。冯署牧于王氏典铺内设茶，小坐复行，雨势愈大。十里修仁塘，又十里白营塘，又五里山枫汛，又五里抵南雄州，入横木巷寓中住。是日陆路尚平，舆人谓有一百二十里，实止八十余里，惟遇雨甚滑难行，行李亦尽沾湿，然河水却长两三尺矣。

二十九日，癸未（5 月 19 日）。晴。早晨接见冯署州、拴署协及员弁数人。上午许令乃蕃过此，亦来见。即往各处答之。

三十日，甲申（5 月 20 日）。晴。早晨遣陈珊带小艇往探行李船。

巳刻舟儿由修仁铺坐小艇来寓。午后各船俱到，检行李，定于翌日过岭。

四月朔日，乙酉（5月21日）。晴，辰刻出东门，行十里新铺，又十里光脑，又十里沙水，冯牧遣人设茶，在关帝庙小坐，候各肩舆到齐复行。十里石塘，又十里襄东，又十里槐花，又十里中站，有来雁亭。冯牧设饭，食罢已过未正矣。是时小满。又行，十里新路口，十里梅关，试步至岭上，入江西大庾县界，谒武圣庙及张文献祠。大庾张令运昭，贵州人，曾任广西佐贰。来迓，即在祠中接见。又十里乱石铺，又十里望罗亭，又十里南安府，已薄暮。赵竹泉方伯驻南安办粮台，与南安守吴诵孙式芬、坐补建昌守董秋渔斯福、史郡丞麟善、孟悴逢印、清江李令世琦、东乡铭令岳、坐补永新县郑令长昕、候补令祁启尊俱来迓。是夕各往答之，在竹泉处晚饭。南雄冯署牧、拴署协俱亲送至此，晤谈而别。

——《林则徐全集》第九册《日记》

（5）梅关古道的历史地位及作用。

余靖《韶州真水馆记》

凡广东西之通道有三，出零陵下离水者由桂州，出豫章下真水者由韶州，出桂阳下武水者亦由韶州。无虑之官峤南，自京都沿汴绝淮，由堰道入漕渠，溯大江，度梅岭，下真水，至南海之东、西江者，唯岭道九十里为马上之役，余皆篙工楫人之劳，全家坐而致万里。故之峤南虽三道，下真水者十七八焉。

——余靖：《韶州真水馆记》，《武溪集校笺》卷5

兹路既开，然后五岭以南之人才出矣，财货通矣，中朝之声教日远矣，遐陬之风俗日变矣。

——丘濬：《唐丞相张文献公开凿大庾岭碑阴记》

知府曾望宏诗《大庾岭路》：雄人共怨曲江公，何似当年路不通。苦暑苦寒还苦饿，长担官货血肩红。

——嘉靖《南雄府志》卷下

3. 城口古道

城口隘，在县北九十里，路通湖广，恩村巡司领之。

——同治《韶州府志》卷14

仁化属境，城口距县几百里，幅员广博，居民稠密，镇以巡司。其地接楚之郴、桂、衡、岳，南枕粤之韶岭象郡，冠盖车马辐辏道途者，日以千百计。诚哉！仁之通衢也。

——同治《韶州府志》卷14

恩村蒙氏家庙（城口古道沿途）

4. 乐宜古道（附武江水道）

（1）古道的开凿与维护。

（乐昌）县南临武溪水，当郴州往韶州驿。

——《太平寰宇记》卷 159

（泷水）有新泷、腰泷、垂泷之名，曰三泷水，皆周府君昕所凿，甚险峻。亦名韩泷，以唐韩愈尝过此也。元邑人张思智任本县尹，始凿新泷东西路。嘉靖二十年署邑推官郑文锡复凿之，今为坦道。

——《读史方舆纪要》卷 102

元至正初，始凿新泷西路；明正德中，凿东路；嘉靖间知府符锡沿江开凿，叠石为径，以便行人。

——《大清一统志》卷 444《韶州》

自郴南至韶北有八泷，皆急险不可入。南中轻舟迅疾，可入此水者，名曰泷舟，善游者为泷夫。《舆地纪胜》：有三泷水，源出湖广莽山，与乐昌分界，曰新泷、垂泷、腰泷。《明统志》：三泷在乐昌县西六十里。《乐昌县志》：三泷以韩愈所经，亦曰韩泷，后以险处颇多，又增三名，曰崩泷、金泷、白茫泷，谓之六泷，又东南下岐门滩，峻急如瞿塘，下经乐昌县南入曲江界。

——《大清一统志》卷 444《韶州》

（2）具体路线、里程。

沿溪山，在县北五十里，周四十里。下有溪，曰沿溪。

——《肇域志·广东·韶州府》

沿溪山在九峰南，山有九嶂，多古木，涧水回合，为溪路通郴州。

——同治《韶州府志》卷 12

铜锣偏隘，在县北三十里，路通郴州，九峰司领之。

——同治《韶州府志》卷 14

蓝豪山，县西北六十里，三泷之水经焉。广圆五百里，崖岭峻阻，谓之泷中。

——《水经注》卷 39

杨古岭，在县西北八十里。高五十余仞。路通郴、桂。

杨古岭（注：在乐昌县西北八十里，路通宜章，为入粤要路。又十里为蔚岭，高出云汉，周约三十里，亦通宜章。）

——《大清一统志》卷 444《韶州》

杨古岭，县西北八十里，高五十余仞，路通宜章，为入粤要路。

——同治《韶州府志》卷12

蔚岭，在县西北九十里。联络三泷，高拂云汉，径通郴、桂。

——《肇域志·广东·韶州府》

蔚岭，县西北九十里，高出云汉，周约三十里，通宜章，上有甘泉。

——同治《韶州府志》卷12

塘口隘，在县西北一百五十里，路通宜章罗家渡。

——同治《韶州府志》卷14

三泷水，在西六十里。源出湖南莽山，南合武水，曰新泷，曰腰泷，曰垂泷。垂泷最险，亦名卢溪，飞湍奔濑，响震山谷。汉太守周昕所开。

——《肇域志·广东·韶州府》

郴州陆路五十里至良田，又五十里至宜章县，雇小船，仅装十石。至管浦又换桑船，装二十石。至乐昌县二百里，至韶州府入浈江，去两广。

——黄汴：《一统路程图记》卷7

广东韶州府过小岭由湖广汉口水陆程

韶州府曲江县，郡之首县也。城南三十里南华寺，唐仪凤间惠能传黄梅衣钵，居此。应识为南宗六祖。元和十年，赐谥大鉴禅师，今衣钵、真身、舂米石、初祖鞋一只、诏一道、降龙塔、伏虎亭、卓锡泉、避难石、古迹尚存。大鉴寺在府城恩览坊，为六祖建创。资福寺，在九成坊，宋嘉泰开创。廷祥寺，在湘江门，宋时廨宇壮丽，经楼有五百罗汉像，栎精巧从。韶州府城内转西关至。芙蓉驿出西门外，西江过。遇仙关，凡船至此，入户部投单，待官出放关……试船滩、黄冈滩，左有人家，右有寺。龟头石滩，五里。下坑尾，五里。靖村，人家在右，可泊船。墨丰滩、横石滩、犁头步，五里。双合滩，水浅甚。莲塘村，在右。沙园村，防盗，十里至。犁壁滩，崩峰头，五里。九思滩，五里。下园村，多人家。长路滩，厢廊村，柴最贱。龙门石，五里。绵普，十五里。磨面滩，五里。高坪，五里。黄村营，芙蓉驿六十里至。黄村，神福六十里至。乐昌县，在右江，西河直进。土产毛茶、苎麻、茶油。五里。上龟滩，十里。猫见滩，极大，最险。小汀滩，大汀滩，大船至此，多打驳。小瘟滩，水紧。大瘟滩，十里。扫帚滩，石峡滩，东十五里至。照镜石，梳妆台，杨溪，十里。鱼梁滩，安口村，在右江十里。背抗村，白石滩，李田村，大寨滩，东乡水口，长犁村，水步滩，十里……屏斗滩，十里。牛轭滩，十里……塔头庙，五里。牛屎

滩，五里至。**乐昌**，韶州府乐昌县一百二十里至平石东关起行，过。**白沙湾，沙堤市**，至此雇泷船，有经纪写船主人，只有一家，先上部挂号，挨班轮输，客在韶州完饷后，即从旱路往乐昌挂号，不然恐客船多难以等候也。泷船每只只载十八担，要明秤定价，一两六钱，九六色写至宜章内，要纹银二钱作单钱，交官收。如装载人者，大约一两四五钱之间。乐昌上水至坪石，须三日。白沙、坪石系船家住处，每船神福肉一斤，无酒。埠头历年包，当止。人有携货，只宜派定每只船货若干，行李若干，俱要写明单上，将一单与他执单装货，留一单在身，临时装货填注某号、船户某人，其要票总收在身，罗渡司缴票一张，约银三钱。客人自备米菜搭他火，食乃方便。若其泷大险者，客要登埗待上泷讫，然后回船。衣服可多着一二件。古云，泷上无七月也。入峡防冷，过。**鹅公石**，在河中。**张滩**，十里。**小浅滩**，有石。**虎口**，十里。**奇门滩**，产绵花。**白范泷**，极大，最险。**平石冈**，十里。**湖滩**，最险。**金泷**，有石。**得鱼津**，上有山。**小园滩**，上有庙。**大园滩**，十里。**穿腰滩**，笔架石。**九峰水口**，十里至。**梅泷**，大河。**牛腿滩**，有大石。**白鸡滩**，十里。**滫泷**，有庙。**梅丽滩，新泷**，十里。**韩泷**，有韩文公庙。**罗渡巡司**，截角，用银二钱，木个船家出。**田家水口**，人塘村出麻绵布。**礭铺**，十里。**淡步村**，有人家。**马头寨**，十里。**金鸡山**，极大，十里至。**白沙水口**，十里。**蓬塘口**，自平石村通计六十里至湖广宜章县。猪肉价贱，土产绵花、东机布、大莲肉。宜章县湖广郴州属。大人家广东乐昌写泷船至此，换小驳单船。泷船一只换单船二只，八外银四五钱之间，驳至宜章，俱系乐昌原泷船户包营写船付，须讲定。此处起岸，往宜章三十里，多有人在路，走去宜章。与主人家讲定，发脚，西行五里。**塘口村**，与平石相去不远，亦出泷船并小驳，十里至。**临武县**，湖广衡州府属。进东江水口，左边大水口，往临武县；右边小水口，入宜章县东五里。

——《周行备览》卷6

一为汉口路，自广州城发船，经清远县，经英德县，韶州府属。至韶州府城换船，换乐昌浅水船，亦名渔船。亦有小舟轻载自省城径至乐昌者。度遇仙关，即韶州府西关。至乐昌县换泷船，泷船，包剥船在价内。经韩泷，至平石换单船，即剥船。至宜章县，湖南郴州府属，登陆入行，由行发夫挑行李。

——林佰桐：《公车见闻录》

（3）名人古道行迹。

【唐】韩愈于元和十四年贬任潮州刺史

行经路线：由郴州沿武江而下，经昌乐泷、临泷寺至韶州，再赴潮州。相关资料参见第四章收录的韩愈《泷吏》《题临泷寺》等诗。

附：武江水道

《桂阳太守周憬功勋铭》：桂阳太守周府君者，徐州下邳人也。讳憬，字君光。体性敦仁，天姿笃厚。行兴闺门，名高州里，举孝廉，拜尚书侍郎，迁汝南、固始相，遂拜桂阳……郡又与南海接比，商旅所臻，自瀑亭至乎曲红，壹由此水……下迄安聂，六泷作难。湍濑潺潺，泫沄潺潺。虽《诗》称"百川沸腾，高岸为谷，深谷为陵"，盖莫若斯。天轨所经，恶得已改。其下注也，若奔车失辔，狂牛无縻，□勿充忽，胪睦不相知。及其上也，则群辈相随，檀柁提携，唱号慷慨，沉深不前，其成败也。非徒丧宝玩、陨珍奇、替珠贝、流象犀也。往古来今，变甚终矣。于是，府君乃思夏后之遗训，施应龙之画，伤行旅之悲穷，哀舟人困厄，感蜀守冰，珍绝犁魋，嘉夫昧渊，永用夷易。乃命良吏，将帅壮夫，排颓盘石投之穷壑，夷高填下，凿截回曲，弭水之邪性，顺导其经脉，断破淈之电波，弱阳侯之汹涌。由是小溪乃平直，大道允通利，抱布贸丝，交易而至。升涉周旋，功万于前。

——《隶释·隶续》卷4

《桂阳太守周憬功勋铭》中关于开凿武溪的记载

武溪水出临武县西北桐柏山，东南流，右合溱水，乱流东南迳临武县西，谓之武溪……武溪水又南入重山，山名蓝豪，广圆五百里，悉曲江县界。崖峻险阻，岩岭干天，交柯云蔚，霾天晦景，谓之泷中。悬湍回注，崩浪震山，名之泷水。东至曲江县安聂邑东，屈西南流。泷水又南出峡，谓之泷口。西岸有任将军城，南海都尉任嚣所筑也。嚣死，尉佗自龙川始居之。东岸有任将军庙。

——《水经注》卷38

三泷水出韶州府乐昌县监豪山。旧曰新泷、曰腰泷、曰垂泷，皆汉周府君所开。后以韩文公过此赋《泷吏》诗，易名韩泷。上流西岸有周府君祠，以文公配食。泷水即马伏波武溪水也。又云源出湖南王禽之山，汉郭苍周府君碑云："仰王禽兮又崎危，俯泷渊兮怛以悲。"都穆《金薤琳琅》云，东广汉碑绝少，所有惟斯碑而已。

——王士禛：《皇华纪闻》卷3《韩泷》

5. 西京古道

（1）开凿及维护的记载。

先是含洭、浈阳、曲江三县，越之故地。（注：含洭故城在今广州含洭县东。浈阳，今广州县也。曲江，韶州县也。）武帝平之，内属桂阳。民居深山，滨溪谷，习其风土，不出田租。去郡远者，或且千里。吏事往来，辄发民乘船，名曰"传役"。每一吏出，徭及数家，百姓苦之。飒乃凿山通道五百余里，列亭传，置邮驿。于是役省劳息，奸吏杜绝。

——《后汉书》卷76《卫飒传》

西京路。（注：县西由大富路上腊岭，谓之西京路。出腊岭，过风关，下至燕口，相传唐武德间开，岁久蓁芜。嘉靖十二年，义民刘俊等以石砌坦。万历三十三年，知县吴邦俊斩榛锄石，自腊岭至百余里。）

——万历《乳源县志》卷3

西京古道猴子岭段

西京古道猴子岭段

西京路。（注：县西。由大富路上腊岭，谓之西京路。由腊岭，过风关，下至燕口，相传唐武德间开，岁久蓁芜。嘉靖十二年，义民刘俊等以石为砌坦。万历三十三年，知县吴邦俊益阔大之，斩计二百余里许，楚粤之人往来称便。）吴邦俊曰：西京路，旧传唐武德年间，未必然也。唐太宗建京太原。岭南朝贡俱从大庾，至元宗时，张相国开梅岭，西京之名何取焉。意者，元宗幸蜀，南粤使者或由此朝贡，肇此名耶？韩昌黎之潮阳所经，曰秦岭，曰蓝关，曰祭泷文，大约亦由此途出，但以武丰梯为秦岭，风门关为蓝关，则未敢信然。当是时，乳邑尚属乐昌。昌黎畏乐昌三泷之险，取道于兹欤？姑记之，以备参考。

——万历《乳源县志》卷4

南关洲头街旧名西京古道。

——同治《韶州府志》卷14

西京路，县西由大富桥上腊岭谓之西京路，由腊岭过风关下至燕口，相传唐武德间开，岁久蓁芜。嘉靖十二年，义民刘俊等以石砌坦。万历三十三年，知县吴邦俊斩蓁锄石，自腊岭至宜章计二百余里。

——同治《韶州府志》卷14

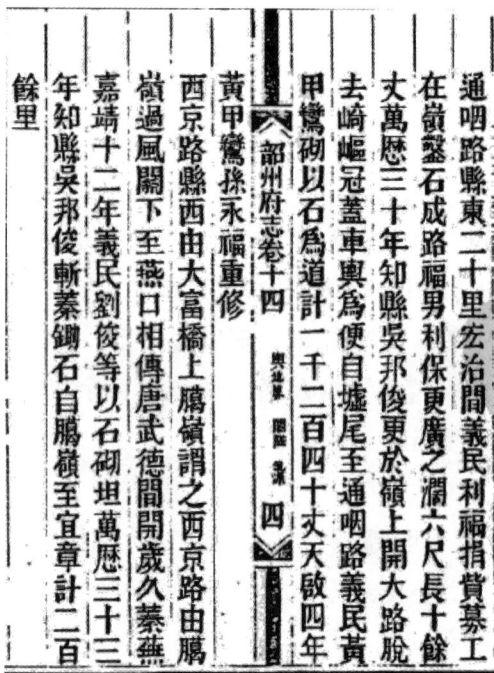

同治《韶州府志》中有关西京古道的记载

（2）具体路线、里程。

西线（通宜章道路）

腊岭，《曲江志》：乳源县西五里，壁立峭拔，系崇信、兴新二乡驿路，为五岭之一。

——《永乐大典》卷 11980 引《元一统志》

腊岭，在县西五里。高四百余仞，周三十里。

——《肇域志·广东·韶州府》

腊岭。（注：县西南七里，壁立峭状，高四百余仞，周三十里。郴州骑田岭为五岭之一，此其支也。夏月风寒如腊，故名。）

——万历《乳源县志》卷 3

腊岭，县西五里，壁立峭拔，郴州骑田岭为五岭之一，此其分支，夏寒如腊，故名。

——同治《韶州府志》卷 12

风门关，在县西风门山下。

——《读史方舆纪要》卷 102

风门山，在县西十五里。两山夹峙，一径中通。

——《肇域志·广东·韶州府》

风门山。（注：县西十五里，两山夹峙，一径中通，古西京路，夏日多风，故名。）

——万历《乳源县志》卷 3

风门关，在县西南十五里腊岭上。

——同治《韶州府志》卷 14

小梅关，在县西三十里。

——《读史方舆纪要》卷 102

小梅关，在县西北二十里，地名马头泗，旧传开元前西京古道。

——同治《韶州府志》卷 14

平隘，在县西梅花洞，路通宜章。

——同治《韶州府志》卷 14

黄金隘，在县西，路通宜章。

——同治《韶州府志》卷 14

关春岭。（注：县西二百四十五里。一路通宜章，即古西京道，一路通管埠。）

——万历《乳源县志》卷 4

关春岭，在县西二百二十里，路通宜章，即古入京之道。

——《读史方舆纪要》卷102

关春岭，在县西二百四十五里，路通宜章。

——《肇域志·广东·韶州府》

关春岭。（注：在乳源县西北一百七十里，俗名官村岭，东通管埠，北通宜章，左有梅花峒。）

——《大清一统志》卷444《韶州》

关春岭，在城西二百四十里，旁有梅花峒，路通宜章，即古西京路，一通管埠。

——同治《韶州府志》卷12

梯头岭，在乳源县西北，出桂阳路，经此登级如梯。

——《永乐大典》卷11980引《乳源县志》

梯云岭。（注：县西五十里，高百余仞，升蹑如梯，接梅花通湖广宜章。石上残碑，字藓蚀，讹不可读，俗呼梯上梯下。相传韩愈曾经此。康熙元年，知县裘秉钫建昌黎祠其上。）

——万历《乳源县志》卷4

梯云岭。（注：在乳源县西北五十里，高百余仞……路接梅花峒，通宜章县。）

——《大清一统志》卷444《韶州》

梯云岭，即蓝关，县西五十里，高出云汉，升蹑如梯，路通宜章，石壁残碑，讹不可读，上有韩昌黎祠。

——同治《韶州府志》卷12

梯云岭古道（西京古道沿途）

梯云祠（西京古道沿途）

心韩亭（西京古道沿途）

仰止亭（西京古道沿途）

郭宏缵《记略》：梅辽上三都，崇山峻岭，凭险持危如梯头，一径尤巉峭崎岖，只身而上，伛偻而攀，害之大者；有暴负隅，丸泥可封，害之小者。往来行李陟降为艰，余思欲开凿之，而有志未逮也。康熙改元之吉，裴明府始捐资开凿，遂成坦途，征纪于余曰：自不佞承乏以来，改创文庙，修城浚池，稽理津渡，诸所废坠，其必具举，夙兴夜寐，惟请共此位耳。但《周礼》有司险掌，周知山林川泽之阻，而达其道路，则梯头之阻孰为大焉？而道路之达，孰当先焉？此司土者之责也。今不佞已铲其险而达其阻矣！此君之所未逮而不佞勉之，惟君悉此地之情形，故为记，莫君若也。余唯唯然。余不工谀，惟道其宝耳。是役也，有三善焉：险阻既达，不轨消萌，功在社稷，一善也；道路既平，往来自适，德在来世，二善也；催征输纳，六里均一，便在赋役，三善也。即向所谓害之大者，丸泥可封；害之小者，陟降为艰。今日去其害而观其美矣。

——同治《韶州府志》卷12

梯云岭路，岭高百仞，盘曲险峻。康熙元年知县裴秉钫捐资开凿，遂成坦途。

——康熙《乳源县志》卷4

龙溪公馆。（注：在乳源县西北四十里，又三十里至均丰，又三十里至白牛坪，又四十里至梅花峒，又十五里至武阳司，皆有公馆。又十五里入宜章县界，皆明万历三十六年，巡按李应魁置。）

——《大清一统志》卷444《韶州》

西北山口。（注：乳水所出，两岸峭壁，中有樵路，蜿蜒如线，危石断涧，险阻崎岖。知县马骝捐俸鸠工浚壑疏通，往来无陟岭之苦焉。）

——康熙《乳源县志》卷3

通咽路。（注：县东二十里。弘治间，义民利福捐赀募工，在岭凿石成路。福男利保更广之，阔六尺，长十余丈。万历三十年，知县吴邦俊更于岭上开大路，脱去崎岖，冠盖车舆为便。自墟尾至通咽路，义民黄鸾砌以石，为道计一千二百四十余丈。天启四年，知县黄甲鸾孙永福重修。）

——康熙《乳源县志》卷 3

东线（连接乐宜古道）

企冈岭隘，在（乐昌）县西南五里，路通乳源。

——同治《韶州府志》卷 14

九斗岭隘，在（乐昌）县南二十里，路通乳源。

——同治《韶州府志》卷 14

6. 翁源县境内的重要道路

羊迳古道

羊迳，县北五十里。两崖对峙，岑水中流，险峻曲折，有似羊肠，故名。所谓水可浸铜者即此也。明弘治间，知县顾节募工芟辟，万历间，知县姜子贞凿石重修，诸险阻处悉为坦夷。行者称便。半道有石门扼塞。崇正十一年，楚贼犯韶，知县朱景运监铁包重门二扇，立石栅数座，拨乡兵防御。

——康熙《翁源县志》卷 4

羊迳，县北七十五里。两崖对峙，岑水中流，石迳二十余里，险峭曲折，不亚羊肠。旧志：岭南每深山穷谷，中通一路，即谓之迳。县境万山环合，两壁屹峙，以迳名者甚众，羊迳其最著者。

——《读史方舆纪要》卷 102

羊迳山（注：在翁源县西北五十里。两崖对峙，岑水中流，石迳二十余里，险峭曲折，不亚羊肠。明弘治间凿石为坦道，半道有石门扼塞，可以拒守。旧志：岭南每深山穷谷，中通一路，则谓之迳。县境万山环合，以迳名者甚众，而羊迳最著。）

——《大清一统志》卷 444

东山迳

在翁源县东十里，石壁险峻，明嘉靖中，知府符锡命乡人开凿，往来便之。

——《大清一统志》卷 444

象狮迳

在县东一百里，路通连平州。

——《大清一统志》卷 444

茶藤迳

一名青山径，在县南十里，长七十三里，路通龙门县。

——《大清一统志》卷 444

祥符迳

俗名鹅公嫩，在县西北四十里，路通英德县。

——《大清一统志》卷 444

大平迳

在县西北五十里，长二十里，路通曲江县。

——《大清一统志》卷 444

陂子迳

在县北三十里，长三十里。

——《大清一统志》卷 444

铁寨迳

在县东北四十里，长十五里。

——《大清一统志》卷 444

桂花迳

在县东北一百里，长五里，皆路通始兴县。

——《大清一统志》卷 444

猿藤迳

狮子岭，在县东南二十里，旧名猿藤。

——《肇域志·广东·韶州府》

县东三十里又有猿藤迳，亦深险。

——《读史方舆纪要》卷 102

人头迳、花瓶迳

县东李村有人头迳、花瓶迳，路通惠州府长宁县。

——《读史方舆纪要》卷 102

7. 北江水道

皋石山（注：在英德县南十五里。一名浈阳峡。《始兴记》：梁、鲜二水口，下流有浈阳峡，长二十余里。山岭纡郁，丛流曲勃。《水经注》：溱水西南，历皋口、太尉二山之间，是曰浈阳峡，两岸杰秀，壁立亏天。昔尝凿石架阁，令两岸相接。《元和志》：浈阳峡，一名皋石山，在县南二十五里，岸壁千仞，猿狄所不能游。《舆地纪胜》：有团山，即真阳峡。又有牯牛石，在县南十九里真阳峡中。真水为峡山所束，两石相抄，水势湍急，名抄子滩。其下又有矶石横截，为行舟之害。宋嘉祐六年，转运使荣諲开峡至洸口，作栈道七十余间。至明嘉靖四年，垒石修复旧栈，水陆便之。）

——《大清一统志》卷 444

《重开浈阳大庙清远三峡路桥记》：皇帝七年，平南王奉命帅师取粤平之。越十有三年，为康熙元年，天下一统，百废俱兴。独念王师入粤时，所经浈阳、大庙诸峡，崎岖天险，水陆阻梗，爰命章京某某暨僧某董工开凿。经始于壬寅春正月，落成于冬十一月，于是士众咸欲勒石以彰王功，乃属某记事。其事在峡，故专记峡。

峡有三，自北而下羊城，则浈阳为首。自南而出岭表，则清远为首。迤逦四百余里，两崖对峙，一水中流，猿鸟莫逾，虽樵叟篙师，履之莫不惊怛失色。天盖设此以难人者，夫人莫不畏难而趋易，是以望险而退。若遇事变之来，视其要害，为之一往直前入其中，心定而神不眩。事虽难而我未尝易视之，久之而谡然已解者皆是也，如王治峡之事亦可以念矣。峡内惟眠羊、狮子、抄子诸滩，号称最险，而钓鱼台尤为险绝，亏蔽倒景，喷薄日月。陆行则峰峦插天，石芒峭发，人行其上，则眼花旋转，栗栗然有性命之惧。水行则渊深莫测，蛟龙潜藏，怪石怒伏，遇春涨暴至，则波涛汹涌，雷轰鼎沸，舟楫停泊，候水涸然后敢发。王乃命某等沿岸设法攫实补虚，陆平而水之势亦杀，于是向之险阻尽成坦途，而舟人行旅，担负牵挽，直行无虞，皆讴歌喜跃，诵王之功不衰。

呜呼！王自航海归诚，统数十万之众，奏天子命征伐四方，经历山川舟车之险不知凡几。今入粤岭，溯其所自来，渡黄河，涉鄱阳，逾大小金山，度梅关，下浈水，靡不遇坚而摧，值风涛榛莽，虎豹龙蛇，山魈水怪之出没，皆望风而潜遁消灭也。况兹峡为域内之险，有

不荡平而廓清者耶？宜其不数月而奏效者，王之功其可歌也已。先是韶郡太守符公，中丞戴公前后略为修葺，皆不若此举之大备。开浈阳大道一十有七里，为桥二十有三；大庙五里，为桥六；清远三十有七里，为桥三十有四，立亭记名其上。浈阳之北有黄茅峡，路坦工易，不记。独记其大者，镌于峡之东石壁。

——《廖燕全集》卷7

自英德至清远，历浈阳、大庙、中宿三峡。浈阳最险，一名皋石，长二十里，猿鸟莫逾。中有钓鱼台、牯牛石，尤险恶。嘉靖初，韶州府通判符锡，于南山石壁得宋嘉祐《新开峡山栈路记》。遂募众开凿，叠石桥十二，行旅便之，惟钓鱼台未竟。未几迁太常簿，历太仆丞，复出守韶州。乃再募工，煅之以火，淬以油醋，石应手碎。乃垒石构栈，护以曲阑，固以铁絚，今犹有存者。锡治韶多善政，曾修韶志，雅有体裁。

——王士禛：《皇华纪闻》卷4《浈阳峡栈》

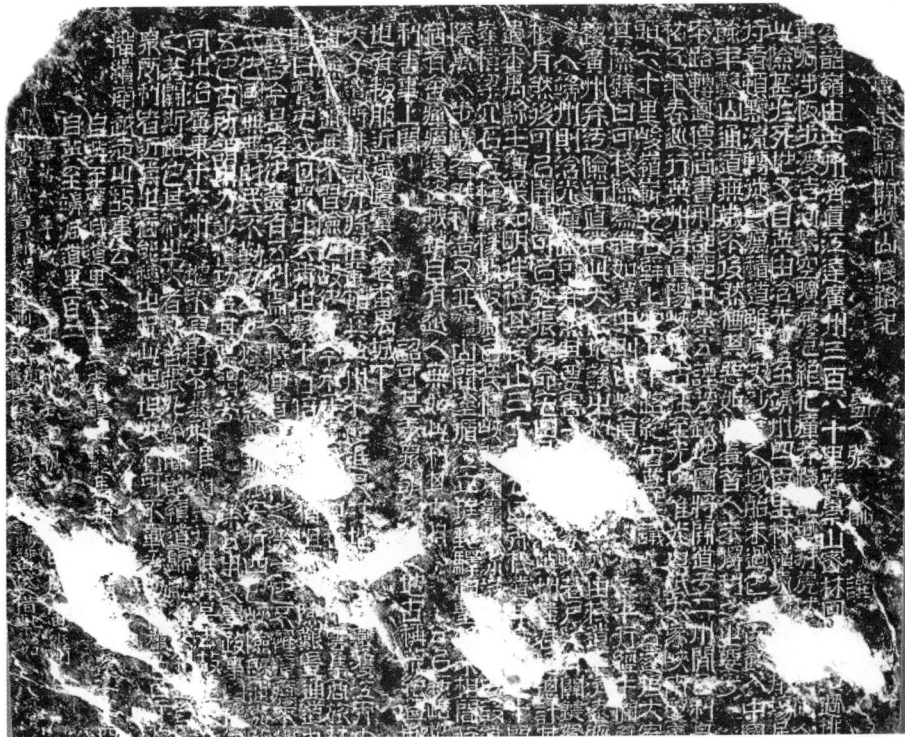

英德《新开峡山栈路记》拓片

阮元《英清峡凿路造桥记》：广东英德、清远两县峡江为各省通行之要路，自宋嘉祐六年转运使荣諲始开峡山栈道，明嘉靖四年府判符锡曾修，十五年兵备道吴宪复加修治，国朝康熙初元，平南王重修，历今百有余岁，芜圮极矣。行旅负纤之人，陟倾崖，援竹木，历水石，莫不履险而畏其阻也。道光五年，元议修通之，乃于阅兵韶州时往来亲督勒丈，于三百七十余里之中分为南、中、北三段。南段自清远县白庙起，至英德县细庙角止，元率盐运司翟公名锦观督盐商治之。中段自英德县大庙峡起，至新旺汛止，上驷院卿督理粤海关达公名达三率洋商治之。北段自英德箭迳山起，至弹子矶止，广东巡抚成公名成格率南韶连道衍公名衍庆治之。凡平治道路两万四千四百余丈，修造桥梁一百四十五处，凿崖石，迭栈级，伐竹木，六年秋，工始毕，用银四万九千两有奇。每年冬，查勘修补一次，以为例。时元将往滇池，书此以记其岁月工段，待后入视此程式耳。

——《揅经室续集》卷2

第四章　历代名人笔下的韶关古道

一、概况

本章主要辑录历代名人有关韶关古道的诗词。就来源而言，其途有二：一是流传至今的古人总集、别集，此为最主要来源；二是辑录自地方志。按惯例，地方志一般都辟有艺文一目，收录与本地相关的诗文。部分名人因文集失传，赖地方志才得以保留部分诗文，弥足珍贵。

随着中国政治、经济、文化重心的东移，梅关古道在韶关诸多古道中脱颖而出，成为国家级主干道，其余古道仅为区域间道路。各古道的不同地位也在诗词的数量上有所反映，表现出极不均衡。就编者所见，乌迳古道、城口古道并无相关诗词，与梅关古道相关诗词最为丰富，几可独立成书，本书仅选择其具有代表性者。

二、主要名人诗词

1. 乌迳古道

暂未见。

2. 梅关古道

【唐】宋之问《早发大庾岭》：晨跻大庾险，驿鞍驰复息。雾露昼未开，浩途不可测。嵚起华夷界，信为造化力。歇鞍问徒旅，乡关在西北。出门怨别家，登岭恨辞国。自惟勖忠孝，斯罪懵所得。皇明颇照洗，廷议日纷惑。兄弟远沦居，妻子成异域。羽翮伤已毁，童幼怜未识。踟蹰恋北顾，亭午晞雾色。春暖阴梅花，瘴回阳鸟翼。含沙缘涧聚，吻草依林植。适蛮悲疾首，怀巩泪沾臆。感谢鹓鹭朝，勤修魑魅职。生还倘非远，誓拟酬恩德。

——《全唐诗》卷 51

【唐】宋之问《题大庾岭北驿》：阳月南飞雁，传闻至此回。我行殊未已，何日复归来。江静潮初落，林昏瘴不开。明朝望乡处，应见陇头梅。

——《全唐诗》卷 52

【唐】宋之问《度大庾岭》：度岭方辞国，停轺一望家。魂随南翥鸟，泪尽北枝花。山雨初含霁，江云欲变霞。但令归有日，不敢恨长沙。

——《全唐诗》卷 52

【唐】张说《喜度岭》：东汉兴唐历，南河复禹谋。宁知瘴疠地，生入帝皇州。雷雨苏虫蛰，春阳放学鸠。迥沿炎海畔，登降闽山陬。岭路分中夏，川源得上流。见花便独笑，看草即忘忧。自始居重译，天星已再周。乡关绝归望，亲戚不相求。弃杖枯还植，穷鳞涸更浮。道消黄鹤去，运启白驹留。江妾晨炊黍，津童夜棹舟。盛明良可遇，莫后洛城游。

——《全唐诗》卷 88

【唐】张九龄《浈阳峡》：行舟傍越岑，窈窕越溪深。水暗先秋冷，山晴当昼阴。重林间五色，对壁耸千寻。惜此生遐远，谁知造化心。

——《张九龄集校注》卷 3

【唐】张九龄《初发曲江溪中》：溪流清且深，松石复阴临。正尔可嘉处，胡为无赏心。我犹不忍别，物亦有缘侵。自匪常行迈，谁能知此音。

——《张九龄集校注》卷 3

【唐】张九龄《自始兴溪夜上赴岭》：尝蓄名山意，兹为世网牵。征途屡及此，初服已非然。日落青岩际，溪行绿筱边。去舟乘月后，归鸟息人前。数曲迷幽嶂，连圻触暗泉。深林风绪结，遥夜客情悬。非梗胡为泛，无膏亦自煎。不知于役者，相乐在何年。

——《张九龄集校注》卷 3

【唐】韩愈《从潮州量移袁州，张韶州端公以诗相贺，因酬之》：明时远逐事何如，遇赦移官罪未除。北望诇令随塞雁，南迁才免葬江鱼。将经贵郡烦留客，先惠高文谢起予。暂欲系船韶石下，上宾虞舜整冠裾。

——《全唐诗》卷 344

【唐】徐浩《唐尚书右丞相中书令张公神道碑》：封章直言，不协时宰，方属辞满，拂衣告归。太夫人在堂，承顺左右，孝养之至，闾里化焉。始兴北岭，峭险巉绝；大庾南谷，坦然平易。公乃献状，诏委开通，曾不浃时，行可方轨。特拜左补阙。

——《全唐文》卷 440

【唐】许浑《南海府罢归京口经大庾岭赠张明府》：楼船旌斾极天涯，一剑从军两鬓华。回日眼明河畔草，去时肠断岭头花。陶诗尽写行过县，张赋初成卧到家。官满知君有归处，姑苏台上旧烟霞。

——《全唐诗》卷 534

【宋】章得象《放钵石》：石上曾经转钵盂，石边南北路崎岖。行人见石空嗟叹，还识西来意也无？

——《大明一统志》卷 80《南雄府》

【宋】李纲《庾岭》：谁言庾岭极荒遐，夹道青松释梵家。暍暑北归遵海上，无因一为折梅花。

——《全宋诗》卷 1564

【宋】杨万里《二月十九日度大庾岭题云封寺四首》（一）：梅山未到未教休，到得梅山始欲愁。知道望乡看不见，也须一步一回头。

【宋】杨万里《二月十九日度大庾岭题云封寺四首》（二）：小立峰头望故乡，故乡不见只苍苍。客心恨杀云遮却，不道无云即断肠。

【宋】杨万里《二月十九日度大庾岭题云封寺四首》（三）：梅叶成阴梅子肥，梅花应恨我来迟。明年若寄江西信，莫折南枝折北枝。

【宋】杨万里《二月十九日度大庾岭题云封寺四首》（四）：行者南来今几春，一回举似一回新。钵盂夺得知何用？不怕梅花解笑人。

——《杨万里集笺校》卷 15

【宋】杨万里《题南雄驿外计堂》：携家度岭夜乘槎，小泊凌江水北涯。二月山城无菜把，一年春事又杨花。举头海国星辰近，回顾梅山草树遮。客子相逢闻好语，看山咫尺到南华。

——《杨万里集笺校》卷15

【宋】杨万里《二月二十三日南雄解舟二首》（一）：昨夜新雷九地鸣，今朝春涨一篙清。顺流更借江风便，此去韶州只两程。

【宋】杨万里《二月二十三日南雄解舟二首》（二）：水没蒲芽尚有梢，风吹屋角半无茅。急滩未到先闻浪，枯树遥看只见巢。

——《杨万里集笺校》卷15

【宋】杨万里《过建封寺下连鱼滩（二首）》（一）：江收众水赴单槽，石壁当流斗雪涛。将取危舟飞过去，黄头郎只雨三篙。

【宋】杨万里《过建封寺下连鱼滩（二首）》（二）：梦里篙师忽叫滩，老夫惊杀起来看。前船过尽知无虑，末后孤舟胆自寒。

——《杨万里集笺校》卷17

【宋】杨万里《憩楹塘驿二首》（一）：夹路黄茅与树齐，人行茅里似山鸡。长松不与遮西日，却送清阴过隔溪。

【宋】杨万里《憩楹塘驿二首》（二）：松鸣竹啸响千崖，为底炎蒸吹不开。自是笋舆趋北去，薰风不是不南来。

——《杨万里集笺校》卷16

【宋】杨万里《明发韶州过赤水渴尾滩》：船下惊滩浪政喧，花汀水退走沙痕。一峰忽自云端出，只见孤尖不见根。

——《杨万里集笺校》卷15

【宋】杨万里《过郑步》：渐有人家松桂丛，韶州山水胜南雄。未须青惜峰峦过，过了诸峰得好峰。

——《杨万里集笺校》卷15

【宋】吕定《度大庾岭》：凿破鸿蒙一窍通，至今传说九龄功。天垂瘴雨蛮烟外，路入炎荒火树中。万里关河瞻北极，两行旌旆过南雄。鹧鸪声里端阳近，榕树青青荔子红。

——《全宋诗》卷2652

【宋】李昂英《雨行梅关二首》（一）：浓岚四合冻云痴，水墨连屏斗崛奇。冲雨此行风景别，满山翠滴水帘垂。

【宋】李昂英《雨行梅关二首》（二）：通宵雨滴急催梅，枝北枝

南晓尽开。多谢花神好看客，随车十里雪香来。

——《全宋诗》第 62 册

【宋】英州司寇女《题梅岭佛祠壁并序》：妾幼年侍父任英州司寇，既代归。父以大庾本有梅岭之号，今荡然无一株，遂市三十本，植于道之左右，因留诗于寺壁。今随夫任端溪复至此寺，诗已为圬镘所覆，即命墨于故处。滇江今日掌刑回，上得梅山不见梅。辍俸买栽三十树，清香留与雪中开。

——彭乘：《墨客挥犀》卷 4

【元】伯颜《度梅关》：马首经从庾岭归，王师到处悉平夷。担头不带江南物，只插梅花一两枝。

——道光《直隶南雄州志》卷 17

【元】朱善《自黄塘赴渡江驿》：岭南之水疾于马，发迹来从庾岭下。数道交流成巨川，势若建瓴峡中泻。奔流到海那复回，石山夹送高崔嵬。熊蹲虎踞龙凤跃，上有好鸟鸣喈喈。广东之女颜如花，广东之酒酌流霞。我惟独寝仍独醒，长年在路犹在家。寄语少年游侠客，好德如坚无好色。宴安酖毒古所戒，莫使时人笑昏惑。

——《全元诗》第 55 册

【元】朱善《庾岭道中》：篮舆过岭十余里，霁日凉风始称心。好树远山浮翠色，乔松夹道接清阴。涧泉澄石声鸣玉，山鸟娱人色染金。车载驴驮来络绎，遥知满橐尽南琼。

——《全元诗》第 55 册

【元】朱善《凌江驿记事》：忆昨度岭来，避雨长松下。今日度岭归，阴复如昔者。轻烟淡淡浮，细雨蒙蒙洒。淅淅谷风生，泠泠石泉泻。乔木正夹道，香稻尤在野。行行逾两舍，相邀同下马。檐头酒一壶，细酌香浮斝。思昔盍簪时，制作离骚雅。宫征声相宜，曲高和弥寡。造物于我辈，亦似不相拾。不使炎热侵，暂以清凉假。此景颇称人，秉笔自模写。

——《全元诗》第 55 册

【元】朱善《度庾岭》：昔人浪说岭头梅，今日登临亦快哉。江水滔滔从北去，使车奕奕向南来。观音阁下惟青草，丞相祠前尽绿苔。日暮偶遇贤太守，相从公馆乐衔杯。

——《全元诗》第 55 册

【元】刘崧《度梅岭》：江广东西此路分，千峰迢递入层云。山川元气有关隔，风土殊方异见闻。驷马安车宜并驾，六丁栈道可齐勋。

曲江祠古苍松在，长锁烟霞五色文。

——《全元诗》第 61 册

【元】林弼《庾岭》：石棱左右山将合，涧响东西水自分。通道人思唐宰相，提兵谁识汉将军。满林梅熟黄垂雨，夹道齐炉雪满篷。无限衡门携幼意，菊松三迳老秋风。

——《全元诗》第 63 册

【元】班世杰《张文献公祠》：韶阳城郭白云关，贤相祠堂杳霭间。阶下莓苔春未老，庭前松柏鹤空还。千秋独悟呈金鉴，十载先知恨禄山。黄阁勋名昭汗简，曲江流水日潺潺。

——《全元诗》第 66 册

【明】吕诚《大庾岭留题二首》（一）：晨兴散策云封寺，岩岫天开紫翠图。一水南来分百粤，大江东下入三吴。

【明】吕诚《大庾岭留题二首》（二）：霜旭开晴晓出关，冲寒驴子猬攒攒。西风百里南雄道，绿树丹枫满意看。

——《全元诗》第 60 册

【明】吕诚《洪武辛亥南归重渡梅关二首》（一）：去年窜逐下南溟，万里归来鬓已星。望入西川天一发，香炉长绕九江青。

【明】吕诚《洪武辛亥南归重渡梅关二首》（二）：归路篮舆鹤背青，保昌东下过长亭。今朝又向梅关度，此是江南第一程。

——《全元诗》第 60 册

【明】乌斯道《过大庾岭》：昔年南去入梅关，今出梅关又北还。瘴疠偶然全朽骨，梅花不必笑衰颜。泉探卓锡寒松底，碑读荒祠荔子间。更立西风凝望久，五云飞处是钟山。

——《全元诗》第 60 册

【明】汪广洋《过梅关》：春深长忆出秦关，寒拥貂裘马上还。今日入关春更浅，野花红白草斓斑。

——《全元诗》第 56 册

【明】汪广洋《晓发凌江》：苦竹坡头啼鹧鸪，淡烟疏雨暗平芜。过关喜得江风便，日日推篷看画图。

——《全元诗》第 56 册

【明】陈进《庾岭寒梅》：岁暮江南意若何，琼瑶枝上觉春多。罗浮有梦啼青鸟，玉宇无尘倚素娥。自古松筠同节操，由来鼎鼐待调和。

可人怀抱清如水，楚调应裁白雪歌。

——道光《直隶南雄州志》卷17

【明】丘濬《文献祠》：平生梦想曲江公，五百年来间气钟。行客不知经世业，往来惟羡道傍松。

——道光《直隶南雄州志》卷17

【明】丘濬《题梅岭》：马蹄车催夜尚行，从教林外鹧鸪鸣。世人若有移山力，岭海多年地已平。

——道光《直隶南雄州志》卷17

【明】丘濬《大庾岭路松》：相国祠前下马行，望中真是黑松林。林边一曲长流水，照见孤臣一片心。

——道光《直隶南雄州志》卷17

【明】陈献章《云封寺有曲江遗像戏题》：尝疑大块本全浑，不受人间斧凿痕。今日云封禅寺里，曲江遗像任尘昏。

——《陈献章集》卷6

【明】陈献章《度岭》：天地风云会有辰，开元可是欠经纶。千寻松下看流水，十八年中度岭人。

——《陈献章集》卷6

【明】吴廷举《云封寺》：肩舆缓缓度云封，已见星河灿碧空。午夜脚头惊乱板，岁寒心事寄乔松。静依僧榻眠真稳，高视人寰梦亦雄。行废本来吾有命，伯寮徒尔恼天公。

——道光《直隶南雄州志》卷17

【明】吴廷举《重修文献祠二首》（一）：庾关红翠斗鲜新，采采梅花迎送神。八百年来祠下过，爱公谁是继公人。

【明】吴廷举《重修文献祠二首》（二）：庾岭新营丞相祠，两年三度拜公时。明堂正合千年栋，手植高松未厌迟。

——道光《直隶南雄州志》卷17

【明】吴廷举《大庾岭路松四首》（一）：庾岭千章引路松，世传栽自曲江公。狂飙野火仍斤斧，八百年来剩几丛。

【明】吴廷举《大庾岭路松四首》（二）：梅岭修修百里途，征夫夏月汗如珠。独惭无泽留南国，种得青松一万株。

【明】吴廷举《大庾岭路松四首》（三）：十年两度手栽松，大者遮头小并胸。官府肯严樵牧禁，明禋载启大夫封。

【明】吴廷举《大庾岭路松四首》（四）：梅岭无梅已百年，暗香疏影阁吟笺。东湖颇有西湖兴，分得南枝插路边。

【明】吴廷举《谒文献祠》：岭海于公百世师，云封我得拜新祠。玉环恩爱生无策，金鉴谋猷始见奇。斧凿贤劳山径稳，往来尸祝礼文宜。老松挺挺风霜道，想像明堂正色时。

【明】何维柏《度大庾岭》：梅关山色旧，蒲石未寒盟。古木堪垂钓，江门好濯缨。片云浮世界，孤月澹沧溟。八极神游远，悠悠得此生。

【明】王大用《放钵石》：尚忆当年一点灯，碓头消息夜三更。本来既道原无物，竞钵争衣作么生。

【明】陈进《官道虬松》：轩腾浑似角雌雄，势卷岩峦几万重。焦尾曾经雷电擘，修鳞多历雪霜封。枝头挂月珠光射，叶底流云翠沫浓。我有丹心怀补报，功名何日梦相逢。

【明】湛若水《观庾岭白猿洞》：振衣千仞出梅扃，万仞铁桥归濯缨。异类莫言无感应，白猿出洞也来迎。

【明】湛若水《文献祠》：文献凿庾岭，功与九河同。河凿免鱼鳖，岭凿免兵锋。无险不负固，割据无奸雄。广民永安堵，要领保善终。岂惟保善终，风气亦渐通。文运日以昌，中土争污隆。有功弘王化，无田俎豆空。家徒千顷者，过此无赧容。

【明】曾望宏《大庾岭路》：雄人共怨曲江公，何似当年路不通。苦暑苦寒还苦饿，长担官货血肩红。

【明】黄佐《过岭瞻望张丞相祠》：蹇蹇宗臣起海涯，荆州南去为谁家。鼓鼙尘里青骡远，鹰隼风前紫燕斜。揭日声华垂宇宙，格天英采在云霞。十年旧路生秋草，长忆寒梅绕树花。

【明】郭棐《初冬过梅岭》：削岭嵯峨压碧空，纷纷霜叶下丹枫。越王经略炎荒处，丞相祠堂霄汉中。日落栖乌喧古树，天高飞旆溯回风。凭舆几度频来往，犹忆含香侍紫宫。

——道光《直隶南雄州志》卷17

【明】郭棐《岭头谒文献祠》：丞相祠高庾岭阳，绿槐翠柏郁苍苍。当年风度云霄迥，异代丹青日月光。古栋流霞虚掩映，画帘飞鹤晚回翔。重来趋谒心殊愧，勋业无成鬓已霜。

——道光《直隶南雄州志》卷17

【明】欧大任《晚霁过梅关》：千峰收积雨，迢递出梅关。日向猿声落，人从鸟道还。中原开障塞，南海控瓯蛮。万国来王会，秋风战马闲。

——道光《直隶南雄州志》卷17

【明】欧大任《岭上谒张文献祠》：南人谁爱立，公始相开元。忠岂酬金鉴，恩空下剑门。衣冠通德里，桑梓曲江园。父老修秦腊，还来奠桂尊。

——道光《直隶南雄州志》卷17

【明】欧大任《雪中过大庾岭》：横浦关门路，秦时塞上沙。高楼吹玉笛，片片是梅花。

——道光《直隶南雄州志》卷17

【明】区大相《岭上见梅花》：梅岭候偏宜，梅花岭上窥。报瑶人去远，踏雪马行迟。驿使春前发，乡心笛里知。已从关路北，犹觅向南枝。

——道光《直隶南雄州志》卷17

【明】区大相《自大庾度岭》：肩舆历翠微，马首十年违。旧垒仍余壁，新松又几围。林香木犀发，山晚翠禽飞。莫问符缑在，关云拥传归。

——道光《直隶南雄州志》卷17

【明】汤显祖《秋发庾岭》：枫叶沾秋影，凉蝉隐夕晖。梧云初晻霭，花露欲霏微。岭色随行棹，江光满客衣。徘徊今夜月，孤鹊正南飞。

——《汤显祖集》卷11

【明】黄儒炳《归度庾关》：汉塞雄千古，庾关阻万重。已看青霭

绝，更倩白云封。鸟道盘纤径，龙鳞剥古松。北游曾挽辂，往复忆行踪。

——道光《直隶南雄州志》卷17

【明】袁崇焕《度庾岭》：客路过庾岭，乡关渐已违。江山原不改，世事近来非。瑟岂齐门惯，人宁狗监稀。驱车从此去，莫作旧时归。

——《袁督师遗集》卷3

【明】袁崇焕《归庾岭步前韵》：功名劳十载，心迹渐依违。忍说还山是，难言出塞非。主恩天地重，臣遇古今稀。数卷封章外，浑然旧日归。

——《袁督师遗集》卷3

【清】李栖凤《过梅岭有怀》：千重云树万重山，叱驭南来不惮艰。庾岭风烟终有异，粤关书札寄难还。旧游亲友俱星散，新过村郊独泪潸。惟有朝廷恩义重，凛遵简命抚南蛮。

——道光《直隶南雄州志》卷17

【清】沈皞日《放钵石》：乔林亘长冈，阳坡当大道。山阿郁蔓萝，曲涧浮荇藻。傍有片石存，古风未云渺。徘徊不忍去，安事慕蓬岛。

——道光《直隶南雄州志》卷17

【清】王廷璧《度岭》：风物真初见，嶔奇一叹嗟。白流鹨鹈鸟，红绽杜鹃花。远霭疑新瘴，村讴送暮笳。停车聊借问，遮莫是天涯。

——道光《直隶南雄州志》卷17

【清】查培继《大庾岭》：庾岭深秋上，篮舆竟日移。九龄碑尚识，陆贾石能知。榕辨蛮乡树，松疑泰岱枝。劳劳不可问，此意语安期。

——道光《直隶南雄州志》卷17

【清】查培继《过岭感怀》：奏凯将军方度岭，似闻群丑又纵横。穷檐力尽难供役，开府心虚只请兵。雨雪转漕舟不绝，关河榷税水难清。微臣倘得天颜见，痛哭何妨效贾生。

——道光《直隶南雄州志》卷17

【清】汪莲《过梅岭》：远峤春深积翠重，篮舆晓发白云封。泉声迥落千岩石，曙色全遮绕径松。半岭有人堪问俗，层峦无路强扶筇。

由来此地多邮使，安得梅花二月逢。

——道光《直隶南雄州志》卷17

【清】陈子威《庾岭晓行》：大庾侵晓驾星车，百粤关山到眼初。朱旆数行迎剑舄，黄梅半岭过琴书。松依乱石相高下，衣惹闲云自卷舒。霁日方升茅舍外，笑看野老倚长锄。

——道光《直隶南雄州志》卷17

【清】杨信《梅岭》：形胜千盘险，星云百粤开。气分霜雪候，地接女牛隈。谷响啼猿集，天空鹜鸟回。踞鞍频骋望，遥慕曲江才。

——道光《直隶南雄州志》卷17

【清】赵开雍《登梅岭》：磴道通吴粤，残碑尚勒年。高攀一线岭，下瞰百蛮天。偃蹇龙鳞古，悬崖鸟道穿。山灵须拥护，万里绝烽烟。

——道光《直隶南雄州志》卷17

【清】吴百朋《度庾岭二首》（一）：蓟门跋涉马蹄穿，南北驱驰路八千。椰酒旧闻徭土俗，岭云新识粤山川。软舆仰接前人履，峭壁横飞石罅泉。即令陇头逢驿使，相思那得有梅传。

【清】吴百朋《度庾岭二首》（二）：绝巘崔嵬不可攀，巨灵设险在当关。扶筇畏陟岭上岭，柱笏遥看山外山。丹树盘崖晴色远，白云出岫客心闲。向平五岳何年遂，采药还愁鬓已斑。

——道光《直隶南雄州志》卷17

【清】陆濬睿《度大庾岭》：望望梅关敢载驰，南荒瘴气任迷离。闲云犹护禅师钵，衰草能留相国祠。正苦羊肠鸿未度，欲穷鸟道马先疲。息肩亭上重回首，古驿斜阳动远思。

——道光《直隶南雄州志》卷17

【清】姚昌廷《梅岭》：霞蔚云蒸一岭头，梅关自古镇雄州。天开一道萦纡入，壁落千寻紫翠浮。长浦月高横笛噪，凌江花满鹧鸪愁。越佗虎变东南后，形胜盘空势未休。

——道光《直隶南雄州志》卷17

【清】陆世楷《放钵石》：少年未闻道，希世情皇皇。理楫越江渚，溯洄天一方。溯洄忽已穷，改辙登高冈。超递入云际，俯视飞鸟翔。崇关独夫壮，古松千岁长。松下聊偃憩，挹彼流泉香。荒萝冒幽石，龙象驯其旁。西来迹窈冥，南土道大光。秉铎理既晰，传衣是非荒。愿言谢圭组，尘外聊徜徉。

——道光《直隶南雄州志》卷17

【清】陆世楷《登大庾岭初谒文献公祠》：庾岭非蔓绝，瞻之若岱宗。地通峦服远，山接瘴烟重。避雪一行雁，千云百代松。生平攀跻意，今日快登龙。

——道光《直隶南雄州志》卷17

【清】王士禛《大庾岭》：五岭界百粤，东峤实大庾。西衡北豫章，嵯峨此终古。黄屋聊自娱，僭伪始秦楚。魋结慕汉德，再世为亡卤。六代及五季，纷纭不足数。昨者滇闽乱，此岭烦师旅。我来兵销后，丛薄无豺虎。绝顶眺南溟，波涛如可睹。白云左右飞，危径穿一缕。回首望中原，风烟隔横浦。

——《蚕尾续诗集》卷2

【清】王士禛《红梅驿》：朝登来雁亭，午过红梅驿。梅落雁先归，肠断天南客。

——《蚕尾续诗集》卷2

【清】王士禛《始兴江口》：西过始兴水，浈溪增绿波。推篷春日下，高枕粤山多。前路逢泷吏，回风起蜑歌。鼻亭不可问，乱石郁嵯峨。

——《蚕尾续诗集》卷2

【清】曹溶《云封寺》：云岭千寻接，人工一线通。涧流侵榻畔，石角覆楼中。僧饭沾松鼠，唐碑穴草虫。客行方叹险，世外得心空。

——道光《直隶南雄州志》卷17

【清】曹溶《出庾关留别陆孝山太守五首》（一）：投荒一岁喜生还，重见微茫岭外山。魑魅转能全傲吏，簿书安得避苍颜。青松界道风霜饱，白舫横江去住闲。邂逅故人樽酒会，不知身在别离间。

【清】曹溶《出庾关留别陆孝山太守五首》（二）：秋水相逢白露溥，山中行帐荔萝宽。乡同易缓穷途泪，仕拙常从古道看。老大江河悲逝辙，寂寥风雨送征鞍。天南尚有匡时彦，归卧长皋意不寒。

【清】曹溶《出庾关留别陆孝山太守五首》（三）：五管炎风助宿疴，朝簪终奈野情何。入林琴鹤秋光好，执手关河别梦多。丘壑几愁兵气满，行藏且历瘴乡过。平时飞动还能否，兴尽骊驹一曲歌。

【清】曹溶《出庾关留别陆孝山太守五首》（四）：剧郡轮蹄势莫

当，劳臣百折为穷荒。蹉跎腰瘦陶潜米，痛哭书盈陆贾装。僰道未能通涨海，缗钱终日算蛮方。知余亦有忧天僻，临发还留话履霜。

【清】曹溶《出庾关留别陆孝山太守五首》（五）：伏波铜柱远难寻，丞相祠前岭树阴。日短间关愁策马，天寒形影伴归禽。因时敢爱绥民略，欲去常多念旧心。寄问羊城词赋客，岘山安似越江深。

——《静惕堂诗集》卷32

【清】陆圻《度岭谒张丞相祠》：伏谒张丞相，祠堂岭上头。守关曾庾胜，食邑自台侯。岳降星辰列，天生伊吕俦。南金来粤服，东箭出炎州。不用携琴碎，应看献策收。名标集贤院，花满曲江楼。通谱风云合，连茅器识遒。锄奸知石勒，作相比韩休。职以盐梅重，心如鱼水投。五丁新凿路，百粤旧通瓯。草语中书转，麾阃国本留。玉环犹未入，金鉴已先筹。棣萼三株树，朝堂万斛舟。风裁持岳岳，燮理布优优。谏切牛仙客，诗贻耿广州。孤忠题羽扇，罢政隔宸旒。时事工谣诼，君恩矢报酬。可怜终鹏赋，幸得正狐邱。绣袜渔阳变，淋铃蜀道秋。遣珰真落泪，设祭岂包羞。始信薪须徙，方知链不柔。祠官崇俎豆，旅客感松楸。瘴气江闽合，啼声猿鸟愁。至今遗像想，雅度美风流。

——道光《直隶南雄州志》卷17

【清】陆圻《度大庾岭》：岭峤梅花不可攀，秦时塞上此秦关。天分星纪当三宿，地敞零陵控百蛮。白雉未来沧海外，晴虹长挂彩云间。分明手摘星辰近，欲借苍生霖雨还。

——道光《直隶南雄州志》卷17

【清】陆圻《云封寺》（即惠明争钵处）：岭头精舍草芳菲，六祖东还度翠微。乱石应将头共点，孤云犹似锡初飞。履归西域无消息，衣付南宗有是非。不必曹溪曾饮水，先于此地欲皈依。

——道光《直隶南雄州志》卷17

【清】张宸《题庾岭云封寺是六祖道场》：大鉴禅关占几峰（别有宝林等寺），曹溪一拂古苔封。花坛暝挟千岩雨，塔院晴飞万岭钟。碧涧细泉分卓锡，宝幢香焰出深松。开山直在南天外，石上犹传钵有龙。

——道光《直隶南雄州志》卷17

【清】张宸《度岭后作》：伯翳志山海，道元注水经。穷搜及幽壤，如睹禹鼎形。氓生限一隅，俯仰仅户庭。缅怀名胜区，怅望徒青冥。兹行将命使，遂得穷南溟。始陟梅鋗岭，登顿殊傴伶。每折磴益高，时恐干风霆。俯视百丈强，地底云泓渟。白云随我上，已及搏霄翎。划然断绣壁，有似凿五丁。其狭才通车，峭削比井陉。斧痕苔藓碧，鸟道藤萝青。双扉铁重关，如以水建瓴。洞鸣密箐中，面为深松萤。稍夷见陌阡，徒旅得暂停。力犹贔屃余。心以田畴宁，因思秦汉前。此地如武陵，蒙蒙绝岭烟。不遭六国刑，象郡刀锯及。渡泷猿鸟零，曲江复劓削。强列障与亭，浑敦凿已久，曷足藏精灵。

——《使粤草》卷2

【清】张宸《度庾岭》：东峤浮云逐袂生，插天春树度流莺。已从木末移征骑，还见峰头卷去旌。一线重关穿石罅，分行碧涧和钟声。此心只为寻苍翠，忘却凭危骨屡惊。

——《使粤草》卷5

【清】张宸《观音岩》：寒江削立翠芙蓉，倒影微开旧藓封。石罅有灯通水月，洞阴无地蛰鱼龙。青莲色净绿钟乳，白鸽飞迟为晓峰。收到身心归一粟，眼看沙草书溶溶。

——《使粤草》卷5

【清】廖燕《九日度梅关时在某军中》：相随万骑度关长，一路征尘带菊黄。想绝故山曾载酒，太平烟雨话重阳。

——《廖燕全集》卷21

【清】廖燕《梅岭行》：梅岭有梅梅梢古，梅岭有关行人苦。南来北来何纷纷，奔驰岂独为商贾。晨鸡咿喔天未明，起看有客已前征。崎岖狭路车相击，蹀躞长途马乱鸣。朝夕驰驱闻叱驭，无论严寒与伏暑。寒时冰透暑汗流，心急迢迢向关去。关门大辟为谁开，辛苦皆图名利来。此日担簦青草路，何年倚剑黄金台？我亦同是风尘客，经过几时须眉白。人自忙忙山自闲，山闲笑我劳登攀。岭头梅已开将遍，岭外行人尚未还。

——《廖燕全集》卷18

廖燕《梅岭行》

【清】查慎行《度梅岭题云封赤壁》：阅尽波涛险阻途，顿教硗确失崎岖。梅花笛里三关戍，锡杖泉边六祖盂。过客尽贪风日好，居僧曾遇雪霜无。他生行脚缘犹在，又入骑驴度岭图。

——《敬业堂诗集》卷47《粤游集上》

【清】查慎行《衣钵亭》：夜半传来消息真，本无明镜自无尘。问渠衣钵留何用，犹有焚衣毁钵人。明魏庄渠事。

——《敬业堂诗集》卷47《粤游集上》

【清】查慎行《发南雄凌江方涸舟行一日才十许里排闷成歌》：凌江归壑当深冬，城隅才可沟浍通。粗砂细石单槽中，直与船背相磨砻。船头纤纤船尾大，舵师束手输篙工。篙工作力如罴熊，腰身寸寸弯彊弓。虮行裤缝蚁旋封，跋羊登山鹳遇风。人间痴钝有若此，岁聿云暮愁衰翁。愁衰翁，翁行作歌歌未终。羊城尚隔千里外，一夜梦逐南征蓬。

——《敬业堂诗集》卷47《粤游集上》

【清】查慎行《晚过始兴江口再效诚斋体二首》（一）：始兴江

口水平川，从此通流到海边。我是渔船钓竿手，又携蓑笠上楼船。昨唤吉安渔船至赣，今所坐乃广州楼船。按楼船之名见汉书，今仍此名，不忘皆官舫也。

【清】查慎行《晚过始兴江口再效诚斋体二首》（二）：一重山转一重湾，不出孤帆向背间。行过前湾试东望，夕阳多在隔溪山。

——《敬业堂诗集》卷47《粤游集上》

【清】查慎行《雨发韶州》：蒲帆十幅去不停，波光瑟瑟烟冥冥。芙蓉驿南一回首，三十六峰云外青。

——《敬业堂诗集》卷47《粤游集上》

【清】赵进美《度庾岭两首》（一）：岂意中原目，来看庾岭云。万盘石路转，千古地形分。峰色依松见，泉声绕涧闻。驻车萝薜下，朝雨洗苔文。

【清】赵进美《度庾岭两首》（二）：度庾岭数里，山势郁秀，松萝蒙蔚，怪石嵌空，苔绣错出，有作：劳役获幽赏，炎荒快此行。桃花春坞静，松叶石桥清。路逐溪深得，山如人意成。晚霞生积翠，斜日鸟边鸣。

——道光《直隶南雄州志》卷17

【清】赵进美《庾岭夜宿》：归鸟飞何急，遥山望更回。登临增白发，风雨宿红梅。野竹穿坯出，林花傍烛开。明时身万里，推枕起徘徊。

——道光《直隶南雄州志》卷17

【清】施闰章《度大庾岭》：峭壁何须凿，炎州此路开。门容一骑入，人度万山来。南北各回首，干戈共筑台。蓬蒿行处满，漫说岭头梅。

——道光《直隶南雄州志》卷17

【清】施闰章《梅关道中二首》（一）：万峰回合碧成围，峰畔烟岚生客衣。关路直随秦戍出，江天遥望楚云飞。孤亭背岭迟来雁，古寺含风涌翠微。却忆汉家通使日，山花如锦陆郎归。

【清】施闰章《梅关道中二首》（二）：石林飞磴郁千盘，直上青霄立马看。古木数丛苍蔼合，春山一路白云寒。居人每叹长安远，过客时歌蜀道难。临发邮亭回首望，故乡从此隔烟峦。

——道光《直隶南雄州志》卷17

【清】朱彝尊《下岭》：天池从此始，万里极沧溟。地实扬州

境，山同剑阁铭。元黄怀我马，长短数官亭。乡路云霄外，虚瞻牛斗星。

——道光《直隶南雄州志》卷17

【清】朱彝尊《度大庾岭》：雄关直上岭云孤，驿路梅花岁月徂。丞相祠堂虚寂寞，越王城阙总荒芜。自来北至无鸿雁，从此南飞有鹧鸪。乡国不堪重伫望，乱山落日满长途。

——《曝书亭集》卷3

【清】朱彝尊《凌江道中》：远客千行泪，离城一叶舟。生憎江上水，不肯向东流。

——《曝书亭集》卷3

【清】朱彝尊《庾岭三首》（一）：不随野雀栖，不挹斜阶流。顾兹非我乡，胡然人滞留。侵星陟长皐，亭午次崇丘。丸丸青松偃，郁郁玄云浮。有潦自东来，毕景忽西遒。征夫念独宿，徒御方相尤。

【清】朱彝尊《庾岭三首》（二）：相游夫何为，独宿在车下。往矣岁聿除，来思月惟夏。大仪互回游，芳华两徂谢。回车感长途，如岁匪遥夜。我马既已瘏，征夫本靡暇。曰旦候鸡鸣，严程起凤驾。

【清】朱彝尊《庾岭三首》（三）：凤驾逾秦岭，连冈势逶迤。一为愁霖唱，慨彼东山诗。沾我征衣裳，素丝以为缁。不愁裳衣湿，所嗟徒御饥。薄寒忽中人，不异三秋期。言旋虽云乐，翻使我心悲。

——《曝书亭集》卷4

【清】朱彝尊《谒张曲江词》：峻坂盘神树，阴崖凿鬼工。芳尘羽扇冷，春燕玉堂空。不睹关门险，谁开造化功。经过遗像肃，千载岭云东。

——《曝书亭集》卷4

【清】朱彝尊《岭外归舟杂诗十六首》（节选）：弹子矶高高插天，篷窗未许客安眠。寻常一色四更月，独有此山啼杜鹃。曲江门外趁新墟，采石英州画不如。买得六峰怀袖里，携归好伴玉蟾蜍。修仁渡接始兴江，半挂魔幢半佛幢。记得三枫旧曾泊，更无风雨打船窗。

——《曝书亭集》卷16

【清】屈大均《张文献公祠》：南人初作相，始自曲江公。风度朝廷肃，文章岭海雄。开元多事业，大庾有祠宫。一自陈金鉴，君王念不穷。

——《翁公诗外》卷5

【清】屈大均《梅鋗三首》（一）：庾岭惟秦塞，台侯是越人。重瞳封万户，勾践有孤臣。浈水乡闾旧，鄱阳俎豆新。千秋交广客，欲继人关尘。

【清】屈大均《梅鋗三首》（二）：艰难自梅里，此地奉君王。岂欲兴于越，惟知祀少康。仇从高帝复，名在汉书长。食采梅花国，人钦万古香。

【清】屈大均《梅鋗三首》（三）：蠢尔龙川令，乘时窃一州。徒能欺二世，不解助诸侯。冠带迟南越，车书阻上游。将军句践裔，智勇著春秋。

——《翁山诗外》卷8

【清】屈大均《赋得垂柳送客出梅关》：垂柳与行人，依依为好春。无能系骝马，只解作花茵。吹笛且容与，出关应苦辛。枝间鸟八九，望尔白头新。

——《翁山诗外》卷9

【清】屈大均《将度梅关赋赠南雄朱参军》：十载天南此谪居，鸳湖归兴近何如？官衙喜傍红梅驿，春野堪陪白鹿车。自昔仙人多守令，未应吾道在樵渔。浮家我且临京口，相待金焦共著书。

——《翁山诗外》卷10

【清】屈大均《度梅关作二首》（一）：苦恨秦关一道通，人如去雁与来鸿。梅花但为台侯植，锦石难同陆贾封。五岭毿来称塞上，三城久已作回中。越王留得多豪俊，战败屠睢最有功。

【清】屈大均《度梅关作二首》（二）：八度人关逐雁飞，寒门北去暑门归。黄金结客无衣食，白首为家有翠微。天下侯王须漂母，先朝臣妾尽明妃。频来空使梅花厌，未见龙沙一奋威。梅关上有额曰"人关"。

——《翁山诗外》卷10

【清】屈大均《度岭赠闺人六首》（一）：双双抱子度梅关，三妇空将二妇还。大别魂来秋月下，秦淮骨在暮云间。儿孤自逐黄泉母，人老难当白玉环。到日高堂应涕泪，好持鱼鲙更承颜。

【清】屈大均《度岭赠闺人六首》（二）：三度携家此岭头，闺中秦越各欢愁。无多骨肉贫犹别，不尽关山老更游。玉枕山名频同新妇

夜，红梅已谢故人谓华姜秋。平生踪迹希梁孟，欲把吴门作首丘。

【清】屈大均《度岭赠闺人六首》（三）：吴楚烟波共溯洄，三年兔上望夫台。市门不独居梅福，堂下依然戏老莱。荔子复承丹口笑，扶桑重为玉颜开。三雏娇小随行役，解作吴音劝酒杯。

【清】屈大均《度岭赠闺人六首》（四）：娇女新生字阿京，还家添得笑啼声。平阳自是千金橐，织素空携万里行。弗子未能忘伯禹，非男亦可慰渊明。中年至性伤哀乐，陶写难凭丝竹清。注：太白女名平阳，太冲女名织素。

【清】屈大均《度岭赠闺人六首》（五）：情多儿女易流连，五十犹迟寡过年。吴札未乾赢博泪，左思频有惠芳惠芳亦太冲女怜。将雏且度梅花栈，养母难营涨海田。忆作啼乌栖白下，依依宫柳拂寒眠。

【清】屈大均《度岭赠闺人六首》（六）：啼乌愁自白门归，故国楼台惨夕晖。无主岂能生羽翼，非时安可舍芝薇。蛾眉忍作要离剑，蝶翅堪裁葛令衣。自古仙人贵偕隐，不关思甚恋闺帏。

——《翁山诗外》卷10

【清】屈大均《梅关道中》：窈窕台关路，苍松夹岭斜。鹧鸪蛮女曲，茉莉汉臣花。

——《翁山诗外》卷14

【清】李洪科《梅花仙迹》：素爱林和靖，梅花栽满轩。连荆一古道，名胜复今存。仙履石遗影，洞云鹤去翻。试看垄头上，开落果如前。

——康熙《乳源县志》卷12

【清】全祖望《大庾》：此地亦绝险，开荒赖始兴。古梅却不喜，行李破荒塍。

——《鲒埼亭诗集》卷10

【清】全祖望《红梅驿》：吴公持节真潇洒，手种南枝万五千。何物督邮堪领受，故应泥首醉梅铞。闽中艳说枫亭好，未若台关清复清。敢以风尘轻下吏，美人高士共通灵。枫亭驿产荔。梅花北去多为杏，谁道南辕亦有然。闻说琼台还六出，稽含状里未详笺。

——《鲒埼亭诗集》卷10

【清】杭世骏《梅岭》：绝险谁教一线通，雄关横截岭西东。撑天路回盘蛇细，拔地峰奇去雁空。戍草乱侵萧勃垒，阵云遥堕尉陀宫。

荒祠一拜张丞相，疏凿真能迈禹功。

——《杭世骏集》卷 16

【清】杭世骏《庾岭云封寺》：一角谁移海外踪，飞来仍挂最高峰。云头试向山僧问，焉下白云封几重？

——《杭世骏集》卷 20

【清】杭世骏《早发芙蓉驿》：唤艇芙蓉驿畔行，蛮乡风景怯孤征。回飚战叶频添响，怪石蹲江不记名。龁草牛讹仍领犊，象人枫老欲成精。喧滩到处惊飞雨，多谢天公放老晴。

——《杭世骏集》卷 20

【清】袁枚《过梅岭》：南戒一岭横，拔地三百丈。想见赵尉佗，借此作屏障。楼船十万师，到此气凋丧。一朝虽扫除，王道未坦荡。直至曲江公，蚕丛始开创。峨峨双阙门，尚存斧凿状。树密岚翠涌，人多云气让。蛇盘不觉险，鹄立始惊壮。过此路渐夷，天容如一放。尚有八九峰，孤蹲野田上。

——《小仓山房诗集》卷 30

【清】李梦松《度大庾岭》：易道通天近，危峰矗地高。半山分海国，一饭走吾棘。烟冷嫦娥障，尘封火鼠袍。轻鞍绿九磴，孤首向空搔。

——《歗夫诗文稿》卷 6

【清】李梦松《嘉庆五年六月初一再度梅关》：昔年度岭思慈亲，今年度岭叹孤身。昔年度岭发似漆，今年度岭须如银。丞相祠前鸦鸣凤，断碑古碣苔痕封。仙茅何处石缝中，涟溪山上日头红。罗浮四百神仙峰，神仙游戏骑蛟龙。我犹肉重难腾空，榴火岩头烧明霞。乱峰开谢龙船花，昔年游子今奈何，岭北岭南白云多。

——《歗夫诗文稿·粤东杂诗》一快

【清】曹慎《度大庾岭》：登登直上最高巅，双足鸿蒙蹋紫烟。山自北来趋粤海，人从南去见燕天。松苍梅古疑秦树，贾使佗臣记汉年。莫问当时图霸事，雄关今已草芊芊。

——道光《直隶南雄州志》卷 17

【清】戴纶《庾岭寒梅》：春风占几香，驿使休攀弄。记得出山时，罗浮同入梦。

——道光《直隶南雄州志》卷 17

【清】戴纶《官道虬松》：行人小憩来，所爱盘空好。我亦植田

园，输他鳞未老。

——道光《南雄直隶州志》卷17

【清】戴锡纶《梅关》：万仞峰头一线天，拱宸朝海势巍然。应官大可夸垂障，百粤皇风被独先。

——道光《直隶南雄州志》卷18

【清】戴锡纶《梅岭》：夺将秦塞启雄关，呼庾呼梅共一山。毕竟台侯风烈远，长留香雪碧云间。

——道光《直隶南雄州志》卷18

【清】戴锡纶《官道唐张文献公开》：种松夹道尽龙鳞，凿险为夷走贡珍。梓里也开百世利，如公何止冠词人。

——道光《直隶南雄州志》卷18

【清】戴锡纶《寄梅驿》：一枝春可当人情，投赠南州艳此清。妙是不登供帐例，香风千古被征行。

——道光《直隶南雄州志》卷18

【清】胡定《庾岭红梅》：冻合群山悴，南中缀异芳。坚操持雪嶂，正色秉炎方。日射编珠灿，云凝叠采扬。原来春自永，朔吹那相妨。

——道光《直隶南雄州志》卷18

【清】李调元《过大庾岭十一月十日和中甫报》：岭高无复雁飞南，但见苍苍桧柏参。天使岩关全抱粤，人疲石级半投庵。旧题尤有六丁取，新刻多于二酉探。谁向云头歌伐木，斧声笛起鹿趋趋。

——《童山诗集》卷20

【清】李调元《岭南舟行杂诗十首》（一）：自北边来南越乡，语音先异况村庄。使舟日日溆江曲，半靠人家牡蛎墙。

【清】李调元《岭南舟行杂诗十首》（二）：重重浦树望中迷，长立船头到日西。一抹蛮烟横两岸，榕阴深处鹧鸪啼。

【清】李调元《岭南舟行杂诗十首》（三）：碧波漾漾走银沙，箬笠长年各有家。少妇舵楼金齿屐，鬓边斜插素馨花。

【清】李调元《岭南舟行杂诗十首》（四）：怪道褰帘蝴蝶入，舟中瓶有佛桑然。翻嫌未是春三月，不见花开到木棉。

【清】李调元《岭南舟行杂诗十首》（五）：每逢滩急下深沱，七尺乌篷快似梭。昨夜修仁渡头泊，邻船时送摸鱼歌。

【清】李调元《岭南舟行杂诗十首》（六）：五里只堠十里双，铜钲声应落船窗。蛮童不识官人至，短笛乌犍自度腔。

【清】李调元《岭南舟行杂诗十首》（七）：佛幢高挂半南方，恰值舣舟挂夕阳。何处丛祠方祷雨，香亭珠子结桄榔。

【清】李调元《岭南舟行杂诗十首》（八）：舟中无事独逍遥，浅酌艨艟越酒瓢。忽起卷帘得佳致，红墙奄外露红蕉。

【清】李调元《岭南舟行杂诗十首》（九）：棹郎黔面亦堪怜，撑尽钨篙祖尔肩。榄鼓干鱼暮水饭，生来不识有炎天。

【清】李调元《岭南舟行杂诗十首》（十）：浈江水与墨江通，始觉波涛渐渐洪。忽向蛮荒怀太古，鼻天城在乱云中。

——《童山诗集》卷 15

【清】李调元《凌江行》：我来雄州髀无肉，解鞍江浒身始畅。饮仁亭子凌江滨，门前两两舟横放。今年七月苦无雨，蛟螭不遣秋潦涨。礐礐白石浅浅沙，水势欲下舟欲上。篙师听绝双凫飞，虽非陆地如舁荡。县官坐衙集龙户，送舟南行悉丁壮。一一赤脚立滩中，令严那顾鱼腹葬。嗟尔小黎无过忧，我虽使臣不鞭杖。饱闻兹山有淇崖，为我历历指青嶂。

——《童山诗集》卷 15

【清】李调元《过大庾岭》：雄关百丈郁嵯峨，恰趁探梅到绿萝。百级登来蛇倒退，一峰高处雁难过。云霾荒垒传萧勃，日落残山吊尉佗。远望珠江犹隔水，星槎何日达秋河。

——《童山诗集》卷 15

【清】李调元《梅关和德定国座师题壁词二首》（一）：萦回路入岭峰巅，望见荫苍岭外天。海水远浮鳌背外，粤山争赴马蹄前。梅销姓著强秦日，杨仆功成下越年。回首凄凉思往事，惟余晓月挂寒烟。

【清】李调元《梅关和德定国座师题壁词二首》（二）：秋风吹我上峰巅，直探鸿蒙手握天。松杪人行云气外，梅花僧度月光前。纱笼句好留今日，绛账传经忆昔年。欲问曲江谁可继，试看百越靖蛮烟。

——《童山诗集》卷 15

【清】李调元《保昌登舟》：方愁险仄度梅关，又喜扁舟到越蛮。分付篙工休养力，老夫借此要看山。

——《童山诗集》卷 15

【清】李调元《再过梅关》：底江吴地尽，过□□□□。试问梅天雪，曾经犬吠么？山川仍似倩，□□□□□。风度唐朝相，如君有几人？腰有张曲江祠。

——《童山诗集》卷20

【清】钱大昕《庾岭谒张曲江祠次壁间德定圃前辈韵》：金鉴言终验，黄虬祸早知。宋姚功可继，伊吕通为师。此地关山险，犹传镵凿遗。涧毛搴欲荐，风度至今思。

——《潜研堂诗续集》卷2

【清】钱大昕《过岭口占》：病鹤乘轩只自惭，九方相马敢云谙？三千红树青山路，直送行人到岭南。

——《潜研堂诗续集》卷2

【清】翁方纲《题大庾岭三诗》（一）：艺桂一林梅一枝，今来犹未雨雪时。远烟斜雾沙水驿，轻霜碧树文献祠。夹涧合云瀹众木，一泉决水鸣诸陂。谁能乱石横桥侧，怀古空为寄使思。

【清】翁方纲《题大庾岭三诗》（二）：裴渊吴莱俱有记，书生形胜说空存。岩疆控锁几千里，大海烟岚归一门。交物声名通上国，讴歌诵读遍荒村。昔贤开凿陶钧力，未易区区诗派论。

【清】翁方纲《题大庾岭三诗》（三）：关侧一花低暮空，寒山影外夕阳中。烟多浑讶神出水，意到不烦香引风。旧路梦来阴历历，前江合作气蒙蒙。年时盆盎山海意，忽落云封古寺东。

——《复初斋集外诗》卷8

【清】阮元《度梅岭》：邮程犹畏暑，乘夜度梅关。云气更成岭，星光能照山。事停心少静，途远力愁屡。试向梅花语，开时待我还。

——《揅经室集·四集》卷11

【清】阮元《梅岭张文献公祠看梅花》：岭南古梅祠下，到此已如到家。欲问曲江风度，料应即似梅花。

——《揅经室集·四集》卷11

【清】袁翼《度大庾岭》：台关万仞插云根，直上天阍手可扪。黄屋百龄开七郡，青山一发眺中原。梅花应识降王梃，榕树仍围佛祖门。附葛攀萝凌绝顶，南来身似作猱猿。

——《邃怀堂诗集》前编卷4

【清】袁翼《将去南雄州明日度岭》：岭外三年饱荔支，计程明日

是归期。家书珍重鸿先寄，旅橐轻微马亦知。苏壁榻残昭谏字，松蹊斜绕曲江祠。前尘了了犹能记，十八滩头夜雨时。独宿绳床酒易醒，一灯低照梦痕青。春随客子归乡国，诗嚼烟霞出性灵。壮岁功名成拾沈，长途踪迹叹浮萍。扶桑花底珠娘曲，未识何年得再听。

——《遂怀堂诗集》前编卷4

【清】袁翼《梅岭呈盛恺廷太守》：万峰围绕一谯楼，前席今宵借箸筹。记取重阳三日后，梅花香里话防秋。梅岭于重阳后开花数枝。

——《遂怀堂诗集》前编卷4

【清】袁翼《驻兵梅岭侍蒋玉峰观察憩甘露寺》：岭上慈云护绣幢，长明焰焰佛前钉。心丹未转洪炉九，脚力犹轻画屐双。间数神鸦归远寺，静闻驿马啮枯椿。知公筹笔多韬略，拟筑坚城号受降。

——《遂怀堂诗集》后编卷2

【清】袁翼《侍玉峰观察谒张文献公祠》：青山绝顶曲江祠，手荐溪毛拜玉墀。鸟道穿云通驿堠，梅花飘雪冷旌旗。开编重读千秋鉴，传箭新提一旅师。风度端凝人不见，夕阳黄叶立多时。

——《遂怀堂诗集》后编卷2

【清】袁翼《度岭至南雄州》：曲江铁像今何在，蚁垤羊肠路十重。落尽梅花香寂寂，白云一角寺门封。峤山修水形如旧，吴芮梅鋗骨已寒。一路鹧鸪声不断，缘榕城郭雨中看。村农登笠贾瓜蔬，酒幌茶棚小市间。来雁亭中曾信宿，擘窠大字相国书。中站行馆，阮芸台相国额曰"来雁亭"，后跋十六字云云。大庾关连小庾关，松杉夹道鸟缗蛮。欲寻帝子读书处，手采仙茅跨鹤还。

——《遂怀堂诗集》后编卷3

【清】袁翼《宿梅岭简孙縠人刺史》：短梦频惊醒，西风昨夜来。竹枝歊曲磴，枫叶下层台。秋老蚊生骨，霜高鹤孕胎。相逢期十月，共赏陇头梅。

——《遂怀堂诗集》后编卷3

【清】袁翼《梅关铭并序》：南赣、雄、韶皆古百粤地，山川重穋，气候炎燠，人厖俗剽，嗜乱如归，椎埋劫缚，习为生业；天戈申讨，蚁溃兽骇，一戈百获，罔不殄歼，然遗种孳育，啸呼如常。

俟焉暮噬我尻止絶壁懸軍丞相祠堂黄葉霜筠
縱敵入境將士之辱沙自瀆邊界之福焉不做轍
士不遺鏃餘糧在豪歸期迅速業業防邊非同凱旋
守臣職分功敢貪天大樹將軍高風邈然保茲地險
金湯固堅　虞階千羽止戈萬年　大梅關銘
狡彼周舉兵上隔霄漢下阻荆榛叢鳥道雙騎孤行
裹氈縋星夜親山精誰開庚嶺唐相九齡神斤鬼斧
朝摩廢壘遵彼坦途避此曲徑猶慮小蠡乘陳潛進
勞破丹青遵彼坦途
遠懷堂文集　卷四　墨
攻我不備攀羅捫碣乃簡卒伍分踞峭峻佛郎怒雷
山谷四震先聲奪魂賊手失雙回眺東南螺旋九峰
梅亭宵柝挂角曉鍾率然蛇勢首尾彌縫甲幨挑燈
十里火龍攙槍焰遂棄我弓同袍義勇散爲耕農
古稀絶險蜀都劍閣惟此嶙峋未施剗鑿繋嶺矚永綏
鐃歌勿作同受其福西郊之輪　小梅關銘

袁翼《梅关铭并序》

岁在庚戌、辛亥，英德、清远小丑煽行，疆史檄告，乞为犄角。于是大小梅关各驻一旅之师焉。大庾自唐置县，幅员辽阔，火耕水耨，犖人杂居，逾岭而南为粤，沿江而北为赣，十余年来峙粮授甲，征调频烦，实以半壁天险，咽喉出入，藩篱失援，即蹑我门庭故也。

予尝策马崇巅，旁徨四顾，追思楼船将军横浦之师、梅鋗庚胜守台筑城之役、南越王陈高祖扼险国霸之规。折戟沈于沙间，开雷石出于涧底。漠然徒见山高水清，欲考其远迹，而沧桑变幻无复存焉矣。唐张文献凿山通道，牛女衣冠之气，其言益验。历宋元明迄今，岭南遂称乐土，内饶山海之赍，外收番舶之利。通商者，大小西洋十余国，其货其值，岁以数千万计。懋迁者自中夏郡县之域，东极朝鲜，西薄新疆，南逾交阯，暨蒙古、青海、西藏、喀尔喀诸部落，货无不通贩，无不达陆行，任犖水行樯篙。岭之南北，一关锁钥，可不严哉？逐末众则奸宄蠠其间，用物侈则虚耗随其后。华夷交争利，则犬羊族类有窥伺挟制之心，而祸患伏于肘腋，时事盖亦多故矣！

洪惟庙算周详，威稜震叠波澄；岛国鲸氛廓清，黑齿裸人稽颡受

第四章　历代名人笔下的韶关古道

吏。而内地莠稂犹或腾布讹言，焚香敛米，本非白莲、八卦之遗孽，常蓄孤鸣篝火之阴谋。发觉惧诛，负嵎铤险。或旧练乡兵半出恶少，聚之未得其力，散之无以为生。于是千百揭竿，鸱张蜂起，猖獗奔突，抄掠无常，此粤东风鹤之情形也。会大帅振军，么么逗䫏，螟蝝蟊蟘复潜伏于肇、连、梧、桂间，而梅关之师遂撤，商旅夜行，不戒于途，被夹农氓安其末耜，自秋徂春，六阅弦望，资粮扉屦之供，大东告困矣！勒铭崖石以告后人铭曰：

有岢其台，石栈天开。有皓其梅，暗香徘徊。骈肩累趾，万夫往来。浈水狝狝，浈山嵬嵬。尉佗城堡，于今蒿莱。米贼惑众，潢池弄弄。豺狼叫号，蛇豕喧阗。唇齿相维，重关铁瓮。我矛既砺，我弦既控。翳彼游魂，釜底入梦。旌旗缤纷，上拂霓云。风餐露宿，况瘁征人。杨柳依依，倏焉暮春。嗟我庋止，绝壁悬军。丞相祠堂，黄叶霜筠。纵敌入境，将士之辱。虫沙自溃，边界之福。马不敝轫，士不遗镞。余粮在橐，归期迅速。业业防边，非同凯旋。守臣职分，功敢贪天。大树将军，高风渺然。保兹地险，金汤固坚。虞阶干羽，止戈万年。大梅关铭

狡彼周举，九栅立营。亦有裴公，南服是征。曰师邓艾，裹毡绲兵。上隔霄汉，下阻荆榛。蚕丛鸟道，双骑孤行。朝摩废垒，夜觐山精。谁开庾岭，唐相九龄。神斤鬼斧，劈破丹青。遵彼坦途，避此曲径。犹虑小蠢，乘隙潜进。攻我不备，攀罗扪磴。乃简卒伍，分踞峭峻。佛郎怒雷，山谷四震。先声夺魂，贼手失刃。回眺东南，螺旋九峰。梅亭宵柝，挂角晓钟。率然蛇势，首尾弥缝。甲帐挑灯，十里火龙。槜枪销焰，遂栾我弓。同袍义勇，散为耕农。古称绝险，蜀都剑阁。惟此嶙峋，未施劖凿。岭峤永绥，铙歌勿作。同受其福，西邻之禴。小梅关铭

——《遗怀堂文集》卷4

3. 城口古道

暂未见。

4. 乐宜古道

【唐】沈佺期《自昌乐郡溯流至白石岭下行入郴州》：兹山界夷夏，天险横寥廓。太史漏登探，文命限开凿。北流自南泻，群峰回众壑。驰波如电腾，激石似雷落。崖留盘古树，洞蓄神农药。乳窦何淋

漓，苔藓更彩错。娟娟潭里虹，渺渺滩边鹤。岁杪应流火，天高云雾薄。金风吹绿梢，玉露洗红箨。溯舟始兴廨，登践桂阳郭。匍匐缘修坂，穹窿曳长索。碍林阻往来，遇堰每前却。救艰不遑饭，毕昏无暇泊。濯溪宁足惧，磴道谁云恶。我行山水间，湍险皆不若。安能独见闻，书此贻京洛。

——《全唐诗》卷 95

【唐】张九龄《赴使泷峡》：溪路日幽深，寒空入两崄。霜清百丈水，风落万重林。夕鸟联归翼，秋猿断去心。别离多远思，况乃岁方阴。

——《张九龄集校注》卷 3

【唐】韩愈《泷吏》：南行逾六旬，始下昌乐泷。险恶不可状，船石相舂撞。往问泷头吏，潮州尚几里？行当何时到？土风复何似？泷吏垂手笑：官何问之愚！譬官居京邑，何由知东吴？东吴游宦乡，官知自有由。潮州底处所？有罪乃窜流。侬幸无负犯，何由到而知？官今行自到，那遽妄问为？不虞卒见困，汗出愧且骇。吏曰聊戏官，侬尝使往罢。岭南大抵同，官去道苦辽。下此三千里，有州始名潮。恶溪瘴毒聚，雷电常汹汹。鳄鱼大于船，牙眼怖杀侬。州南数十里，有海无天地。飓风有时作，掀簸真差事。圣人于天下，于物无不容。比闻此州囚，亦有生还侬。官无嫌此州，固罪人所徙。官当明时来，事不待说委。官不自谨慎，宜即引分往。胡为此水边，神色久怅慌？瓶大瓶罂小，所任自有宜。官何不自量，满溢以取斯？工农虽小人，事业各有守。不知官在朝，有益国家不？得无虱其间，不武亦不文。仁义饰其躬，巧奸败群伦。叩头谢吏言：始惭今更羞。历官二十余，国恩并未酬。凡吏之所呵，嗟实颇有之。不即金木诛，敢不识恩私。潮州虽云远，虽恶不可过。于身实已多，敢不持自贺。

——《全唐诗》卷 341

【唐】韩愈《题临泷寺》：不觉离家已五千，仍将衰病入泷船。潮阳未到吾能说，海气昏昏水拍天。

——《全唐诗》卷 344

【唐】韩愈《过始兴江口感怀》：忆作儿童随伯氏，南来今只一身存。目前百口还相逐，旧事无人可共论。

——《全唐诗》卷 344

【宋】蒋之奇《续武溪深行》：滔滔武溪一何深，鸟飞不渡，兽不敢临。嗟哉！武溪何毒淫。飞湍瀑流泻云岑，砰激百两雷车音。吾闻神汉始开厮，史君姓周其名煜。至今庙在乐昌西，苔藓残碑仅堪读。武水之源自何出，郴州武县鸬鹚石。南入桂阳三百里，峻濑洪涛互淙射。其谁写此入新声，一曲马援门人笛。南方耆旧传此水，乐昌之泷兹乃是。退之昔日贬潮阳，曾到泷头问泷吏。我今奉命来番禺，事与昌黎殊不类。未尝神色辄恼慌，何至形容遽憔悴。但怜岁晚毛鬓侵，故园一别至于今。溪光罨画清且浅，朱藤覆水成春阴。何为在此婴朝簪，翩然走马驰骎骎。南逾瘴岭穷崎崟，梅花初开雪成林。韶石仿佛闻舜琴，曹源一滴清人心。远民安堵年谷稔，百蛮航海来献琛。嗟余才薄力不任，报君夙夜输诚忱。布宣条教勤官箴，有佳山水亦出寻。乐平吾乐何有极，不信弦歌武溪深。

——康熙《韶州府志》卷15

【宋】郭祥正《武溪深呈广帅蒋修撰》：滔滔武溪一何深，源源不断来从郴。流到泷头声百变，谁将玉笛传余音。潺潺泠泠兮可以冰人心，胡为其气兮能毒淫。汉兵卷甲未得渡，飞鸢跕跕堕且沉。天乎此水力可任，蛮血安足腥吾镡。功名难成壮士耻，马革裹尸亦徒尔。伏波一去已千年，古像萧萧篁竹里。风来尚作笛韵悲，宛转悠扬逐船尾。如今天子治文明，柔远怀来不用兵。武溪无淫亦无毒，清与沧浪堪濯缨。临泷更忆昌黎氏，始末缘何不相类。能言佛骨本无灵，可惜咨嗟问泷吏。湘妃之碑尤近怪，颇学女巫专自媚。固当褒马聊黜韩，补葺须令贤者备。元戎喜遇蓬瀛仙，武溪探古传新篇。东君吁嘻龙蜃走，北斗挹酌河汉悬。劝君莫倚陇笛之悲音，劝君清歌兮援玉琴，琴声泻出尧舜心。尧舜爱民无远迩，君不见薰风兮来自南。

——《青山集》卷1

【清】屈大均《任嚣城》：泷口高城在，将军旧啓疆。观星知越霸，绝道待秦亡。虎豹三关踞，旌旗五岭扬。保民功不小，祠庙遍炎方。

——《翁山诗外》卷5

【清】屈大均《过泷》（一）：水出五禽岭，飞腾作六泷。蹴天过万嶂，驱石落三江。舟楫惊相战，蛟龙怒不降。汉时周太守，疏凿奠

吾邦。

【清】屈大均《过泷》（二）：险绝过泷水，舟飞沸鼎中。死生随白浪，出没信狂风。沉璧祈河伯，开山叹鬼工。单船如一叶，片片落秋空。

【清】屈大均《过泷》（三）：性命悬三老，舟行若转蓬。心安过一石，身小束千峰。猿啸梅花里，人栖竹叶中。年年白头浪，送客欲成翁。

【清】屈大均《过泷》（四）：舟从九渊出，势挟蛟龙强。巨崖皆辟易，白浪共飞扬。忠信豚鱼格，高深孝子伤。生还天地意，从此戒垂堂。

——《翁山诗外》卷5

5. 西京古道

【明】刘毅《洲头夕照》：萍蓼洲头日已斜，孤云归岫片时佳。红光荡漾淘沙浪，金背联翻归树鸦。渔唱晚晴歌缭绕，樵争先渡语咿哑。临流莫叹桑榆暮，野曝残喧想帝家。

——康熙《乳源县志》卷12

【明】顾应祥《腊岭夏寒》：百尺跻攀入翠微，层层石磴碍云飞。山腰路转日不到，谷口阴多雪未稀。时有刚风醒客抱，岂容溽暑肆余威。炎荒正坐相如渴，欲上崖巅一振衣。

——康熙《乳源县志》卷12

【明】顾应祥《洲头夕照》：南市津头日已阑，龙津渡口水漫漫。残霞几点坞头树，乱石半篙船上滩。溟色渐含高岫紫，烟光微映远枫丹。隔沙牧子归来晚，芦笛一声牛背寒。

——康熙《乳源县志》卷12

【明】顾应祥《梅花仙迹》：此地梅花久已荒，青苔白石自斜阳。仙人失脚留遗迹，梅树无花尚有香。林响犹疑闻翠羽，山空正好梦黄粱。我来便欲寻踪去，只恐蓬莱亦渺茫。

——康熙《乳源县志》卷12

【明】邓如昌《洲头夕照》：蹑屐登高纵远眸，洲南景色晚悠悠。渔翁醉入芦花岛，樵子声喧古渡头。绕槛烟霞千里共，空江风月一囊收。羡鱼不禁临渊叹，冉冉韶光早下钩。

——康熙《乳源县志》卷12

【明】邓如昌《九仙招鹤》：楼对仙山九子峰，峰头仙鹤舞东风。羽衣独去餐瑶草，素翮飞来傍主公。古洞云浮相掩映，丹台花发共葱茏。推床瞩望空尘世，鹤背飘飘路可通。

【明】赵佑卿《过风门关》：杳望风门不可攀，牵舆躔磴入云间。封疆远别獠瑶界，列戟谁当虎豹关？万树鸟音多细细，千崖瀑布自潺潺。观风问俗非无事，惟有征输属念艰。

——康熙《乳源县志》卷12

【明】赵佑卿《南华归路谒九仙祠》：路逼烟霞紫翠重，蓝舆乘兴躔奇峰。方辞释子黄金像，又入神仙白玉宫。洞里老猿知宿客，云端飞鹤下高松。丹台瑶草如堪拾，一饵应能便驭风。

——康熙《乳源县志》卷12

【明】赵佑卿《过蓝关》：层峦叠嶂路漫漫，雪岭犹存马迹寒。衡岳一朝开瘴疠，忠疏千古障狂澜。岩头仙子今何在？洞口桃花亦已残。岂似笔端存正气，留题尚使后人看。

——康熙《乳源县志》卷12

【明】吴邦俊《过风门关》：石磴崔嵬倚碧霄，中开一窦过行轺。秋风昨起势先冽，春雪虽晴色未消。北望楚天襟带外，南临粤地水云遥。振衣长啸一声远，处处松林任荡摇。

——康熙《乳源县志》卷12

【明】吴邦俊《梅花仙迹》：鹧鸪塘下看梅花，几树梅花未足夸。石上有踪仙去远，世间半壁癖留葩。风来疑有暗香动，雪点还惊落瓣斜。不似孤山当日种，至今犹在武林家。

——康熙《乳源县志》卷12

【明】吴邦俊《瞻九仙祠》：路入南山里，崎岖鸟道闲。香浮仙仗引，乐奏鹤群还。潭彻偏多异，藤危不可攀。蓬莱虽咫尺，疑隔万重山。

——康熙《乳源县志》卷12

【明】吴邦俊《腊岭夏寒》：岭南原有四时天，无奈余炎似日边。惟见风门光景别，满山雪色岁华前。

——康熙《乳源县志》卷12

【明】邓相《腊岭夏寒》：层峦耸翠叠封疆，设险天成景异常。强

彼太阴同北地，柔他刚气在南方。驱除暑酷金风冷，放出寒威腊月凉。
久坐相如忘病渴，不知经历道途长。

——康熙《乳源县志》卷12

【明】邓相《梅花仙迹》：仙迹茫茫何处寻，山人遥指白云岑。梅
花尚寄抛红落，客梦犹修卧契深。石室谩劳传往事，清流赖有涤尘襟。
悠悠款曲笙歌韵，调入幽林好鸟音。

——康熙《乳源县志》卷12

【明】胡应奎《腊岭夏寒》：炎炎暑日长，曲径渐生凉。策仗千寻
上，清风雨袖飏。岩幽泉自冷，山暗雾常藏。不为市情酷，何须叹
道旁。

——康熙《乳源县志》卷12

【清】庞玮《蓝关怀古》：马山荆榛见乱山，云飞雪拥古蓝关。梅
花飘落无人扫，杨树凋零几鹤还。盘曲长驱嗟路险，沉吟豪句破天悭。
黄尘扰扰韶光逝，惆怅仙踪不可攀。

——康熙《乳源县志》卷12

【清】俞正声《过蓝关步庞瑰叟韵》：古今幽胜在青山，犹忆昌黎
度此关。地以人传名不灭，松因月上鹤初还。千年仰止缘非浅，一日
留题分岂悭。断草芳烟踪迹杳，仙风未许俗情攀。

——康熙《乳源县志》卷12

【清】范骏《过蓝关》：相看缥缈此云山，闻道曾经雪拥关。唐代
风流应不远，只今倦鸟尚知还。怆怀往事须眉老，遍勒芳踪天地悭。
羁旅欲来勤问讯，自惭落拓未能攀。

——康熙《乳源县志》卷12

【清】裴秉钫《腊岭夏寒》：台高四百仞凌霄，石磴纡回锁寂寥。
岩壑藏冰常惨淡，松杉到暑尚萧条。九嶷西望虞封渺，五岭东连汉代
迢。惆怅南方天气炎，凉风生腋且逍遥。

——康熙《乳源县志》卷12

【清】裴秉钫《梅花仙迹》：梅花石洞几仙居，仙去洞荒迹尚余。
乳结玲珑成宝盖，香寒馥郁袭人裾。罗浮月下寻疏影，泰岱峰高搜异
书。何似山中多别景，林泉俱似梦华胥。

——康熙《乳源县志》卷12

【清】裴秉钫《韩昌黎先生祠成有赋》：昌黎浩气破沧溟，万古人

瞻比岳星。秦岭祠成称祀典，蓝关名迹勒碑铭。炎花瘴草犹惊梦，瑶唱闲歌渐入听。俯拜迎神无别祝，文风丕变鉴惟馨。

——康熙《乳源县志》卷12

【清】裘秉钫《蓝关怀古》：萧萧匹马万层梯，过客伤心武水西。再贬岭南忠更著，一生肮脏道非迷。绵连岫岭云初暗，磊落岩泉雨后凄。欲洗磨崖搴薜荔，徘徊落叶数猿啼。

——康熙《乳源县志》卷12

【清】杨奇珍《腊岭夏寒》：云团粤峤郁黄天，腊岭亭亭倚日边。不数山阴千丈雪，层冰长护翠微前。

——康熙《乳源县志》卷12

【清】赵霖吉《蓝关》：昔年冒雪冲寒度，今日依然见斗山。应是圣明开瘴疠，故全贤达化愚顽。一鞭往迹迷茫里，千古芳踪咫尺间。衣被流风深仰止，不辞拙笔赋蓝关。

——康熙《乳源县志》卷12

【清】屈大均《度腊岭》：一径穿红树，千盘堕白云。衡湘林外出，交广岭头分。流水如人语，回峰似雁群。间关何所事，荡子去从军。

——《翁山诗外》卷5

【清】屈大均《宿乳源道中》：马度桥南石路平，黄昏未到乳源城。山楼一夜惊寒梦，不辨松声与水声。

——《翁山诗外》卷16

【清】任可容《九日上武丰梯》：九日登高蹑武丰，征轺遥指翠微中。盘空共讶回车坂，陟磴翻惊落帽风。信有五丁开莽互，拟将一剑倚崆峒。离亭更酌茱萸酒，紫气行看度岭东。深山一径蔽榛芜，复岭猿啼怯畏途。忽包青骢驰峻坂，遂令飞鸟诧前驱。临邛除道名堪续，单父鸣琴绩不孤。行旅漫愁泷石险，好从瀼水问康衢。

——康熙《乳源县志》卷12

【清】刘擢《腊岭夏寒》：炎炎日长酷，清清岭表寒。山峻风常拂，谷深雾犹团。东望联韶石，南界接蓝关。直上川门立，人在镜中看。

——康熙《乳源县志》卷12

【清】欧文澜《策马蓝关道》：策马蓝关道，风生腊岭寒。岩泉千丈落，春絮四山团。烧影林间认，鸿泥画里看。暖烟消径滑，行路独

盘桓。

【清】冯翼之《梯云山下万家春》：梯云山下万家春，的烁梅花作比邻。为爱几生修到此，不嫌附会上方人。

——同治《韶州府志》卷16

6. 翁源诸古道

（1）羊迳古道。

【明】冯绍京《羊迳》：路入羊肠迳，丹梯百折看。沸雷喧洞石，飞瀑响岩端。叱驭心徒切，垂堂戒已寒。丛林多枳棘，谁信有栖鸾。

——康熙《韶州府志》卷16

【明】黄器先《羊迳》：羊迳肠应曲，行人大不宁。胆矾来鸭绿，铁宝闪银青。杂树云依密，洪崖水自零。此中聊可慰，潇洒得林坰。

——康熙《韶州府志》卷16

【清】王大用《羊迳》：羊迳分明似鲤湖，珠帘水瀑出仙都。此时经过遥怜女，何日归来不负吾。旧梦敢占勋业远，壮心肯其岁华徂。翁山翁水多奇绝，收入寒窗作画图。

——康熙《韶州府志》卷16

（2）猿藤迳。

【宋】杨万里《晓晴过猿藤迳》：厌雨欣初霁，贪程敢晏眠。排天双壁起，受日一峰先。入径惟逢树，无人况有烟。藤深猿不见，声到客愁边。

——《杨万里集笺校》卷17

7. 北江水道

【元】刘鹗《浈阳峡》：自度浈阳峡，孤舟几折萦。天从山罅看，人在巷中行。岚雾晴天湿，乾坤白昼冥。英雄难用武，形势信堪惊。红雨幽花乱，青云老树平。俄传将出峡，双眼一时明。

——《全元诗》第36册

【明】陈谟《过浈阳峡汉杨仆将军驻兵处》：帆过浈阳峡，攒峰剑插天。嵌岩通窈窕，石壁绝夤缘。将军若下濑，于此驻戈船。飞鸟不敢下，声名何赫然。

——《全元诗》第55册

【明】汪广洋《晓发凌江》：苦竹坡头啼鹧鸪，淡烟疏雨暗平芜。

过关喜得江风便，日日推篷看画图。

——《全元诗》第 56 册

【明】汪广洋《浈阳峡》：洒面凉风吹酒醒，野猿长啸树冥冥。短篷已过浈阳峡，两岸云山不断青。

——《全元诗》第 56 册

【明】符锡《勉诸耆民开浈阳峡路小诗十首》（一）：浈水频封峡，篙师不敢来。从今开栈道，拍手上鱼台。

【明】符锡《勉诸耆民开浈阳峡路小诗十首》（二）：江险多逢石，山高少见天。徭人寺湾里，昨日又钩船。

【明】符锡《勉诸耆民开浈阳峡路小诗十首》（三）：饮辟鱼台路，诸君莫道难。如今浈峡险，不在牯牛滩。

【明】符锡《勉诸耆民开浈阳峡路小诗十首》（四）：鉴衢临水便，问铺入山遥。子贡倘移得，还因省白蕉。

【明】符锡《勉诸耆民开浈阳峡路小诗十首》（五）：嘉祐初开峡，南山岂浪传。我来寻旧迹，榛塞兴茫然。

【明】符锡《勉诸耆民开浈阳峡路小诗十首》（六）：南山石上有新开栈道记绝险方钩栈，图成落此年。传通三舍近，功满万人缘。

【明】符锡《勉诸耆民开浈阳峡路小诗十首》（七）：峡山开辟有，峡路待诸贤。举事谋千古，垂名动万年。

【明】符锡《勉诸耆民开浈阳峡路小诗十首》（八）：良工固难遇，拙匠非谋始。胜果君勿忧，自有神人启。

【明】符锡《勉诸耆民开浈阳峡路小诗十首》（九）：大事岂惜费，小人常惮劳。劳多功始茂，费重业还高。

【明】符锡《勉诸耆民开浈阳峡路小诗十首》（十）：涵谷久寂寥，龙山事辉奕。借问当世人，崇虚竟何益。

——《颖江漫稿》卷 7

【明】陈献章《濛涀驿呈送行诸友》：相随征路二旬余，笑指前山别老夫。却到前山心未了，西风灯烛两踟蹰。

——《陈献章集》卷 6

【明】陈献章《弹子矶候默斋不至》：军人打鼓泊官船，黑雾蒙蒙水下滩。隔岸相呼不相见，竹笼牵火上桅竿。

——《陈献章集》卷 6

【清】王士禛《弹子矶》：神禹刊九山，百粤所不详。蛮夷暨流蔡，遗迹盖荒唐。此矶始何代？峻极蟠穹苍。下临万丈潭，蛟螭多伏藏。黑鹰巢其巅，下瞰时飞扬。石壁不可梯，错杂五文章。镌镂复穿漏，鬼工肆皴皱。想当开凿时，巨刃摩天扬。安得挟仙灵，白日凌飞梁。

——《蚕尾续诗集》卷2

【清】王士禛《雨入浈阳峡》：野泊开头早，重阴入峡寒。侧过钓鱼石，逆上牯牛滩。雨逼惊泷失，云从大壑看。十年经剑阁，转见路行难。

——《蚕尾续诗集》卷3

【清】王士禛《浈阳峡》：峭帆入皋石，绝壁太古色。山川方出云，白日转昏黑。浩浩一水逝，苍苍两岸逼。雄雷地中奋，坤轴倏倾仄。十步一盘涡，下视窈难测。云中穴蛟蜃，呀呷择人食。牯牛尤险绝，艰虞万夫力。石栈缘秋毫，百丈牵江直。惨惨鹧鸪啼，猿猱不遑息。尚忆符韶州名锡，架阁拟巴僰。事往逾百年，遗踪半湮洇。陵谷一俯仰，感叹情何极！

——《蚕尾续诗集》卷3

【清】查慎行《虎头矶歌在太平关南十五里》：乱山少肉溪乏泉，渴虎下饮清冷川。饥蛟掉尾不得取，化而为石形模全。白章黄质毛斑斑，四蹄陷沙行不前。尻脽起伏脊蜿蜒，当头一眼射的圆。北平将军身未到，没石饮羽谁所穿。眈眈下视流馋涎，坐踞要津凡几年。国家封域拓海壖，山珍水错来无边。贾胡万里逐贸迁，到此蹢躅羸豕然。畏虎欲避无由缘，我思走章笺碧天，霹雳暂借雷公鞭。仍驱尔辈入山去，毋令为害于商船。

——《敬业堂诗集》卷47《粤游集上》

【清】查慎行《弹子矶阻风》：曲江入海流，一缕萦惊蛇。中逢弹子梗，格斗逞角牙。狂飙鼓狂澜，喷石作雪花。舸郎好身手，过此不敢夸。篙易遇涉川，利用需于沙。南游本无事，汲汲奚为耶？但使躁心平，何忧前路赊。止时吾泊宅，行处吾浮家。

——《敬业堂诗集》卷47《粤游集上》

【清】查慎行《顺风挂帆连下浈阳香炉清远三峡》：巴东三月昔听愁，峤南三峡今则不。北风晨发涯浦县英德旧名涯浦，吹我桂楫沙棠舟。峡中之山阻且修，峡中之水平不流。浈阳画屏地底拔，大庙紫烟天际浮。就中清远更秀出，造化有意穷雕镂。青菡萏花蕚竞吐，绿玻璃镜奁初收。华阳道冠簪碧玉，竺国宝髻垂珠旒。仙人笙鹤云渺渺，帝子环佩风飕飕。渐行渐远似相送，一重一掩如相留。片帆飞渡二百里，又见孤塔迎船头。天怜此老太岑寂，贶以奇景须诗酬。人间夷险非境造，自我发兴成清幽。君不见东坡先生海南句，平生奇绝夸兹游。

——《敬业堂诗集》卷47

【清】袁枚《观音岩》：江心望峭壁，楼阁生空虚。近前觇岻岸，方知观音居。秉烛走昏黑，磴级何盘纡。已而得光明，疑有牟尼珠。谁知石乳垂，倒悬缨络如。俯视长江波，万里声澎湃。帆樯各乘风，蛟龙或逞怪。佛笑无一言，愔愔坐香界。阅尽小沧桑，无妨大自在。

——《小仓山房诗集》卷30

【清】杭世骏《弹子矶》：数峰卧未起，一峰蹶然兴。团团敛珠规，潋潋经玉绳。遂令一卷石，乃得弹子称。坚刃削积铁，壁立不可升。刻画出众皱，细路生榛艿。压江始讶黑，窥舰俄愁崩。轻猱不敢踏，何况摩霄鹰。晨楫凌浩渺，万象资凭陵。抬头惮险艰，履薄增凌兢。卧思飞仙才，兴至何难登。袖中蝌蚪字，拿攫工镌誊。谛观仍荡荡，大笑同苍蝇。

——《杭世骏集》卷20

【清】杭世骏《观音岩》：山根豁闾谁所开，一线上可通崔嵬。盘蜗邪行负壳立，修蛇倒蜕穿空来。阇黎好事斫涩磴，架屋危崖俯圆镜。妙莲花涌踏层波，月写金容帐孤映。云山遮迦几重青，峭壁为门不用扃。槛外萦残香篆影，岩中流出木鱼声。清风留客开萝幌，他日重游吾或傥。不逢溪叟钓寒云，频见村姬摇急桨。两崖相望整愁新，何物长途结净因？思搴雪色芬陀利，绣上天衣自少尘。

——《杭世骏集》卷20

【清】杭世骏《浈阳峡》：浈水从西来，苦被山势缚。两崖峙苍深，巨石亘绵络。猛力不得骋，出坎仍踔跃，纵横漫晴沙，渐复展肩膊。坡陀排剑锋，十步九峠崿。岂烦灵胡劈，颇费鬼斧削。川涂信知艰，妙景本不恶。盘涡篙力微，转瞬几错愕。惊波溅篷窗，因险转得乐。愯魂久始宁，且就沙际泊。

——《杭世骏集》卷20

【清】阮元《英德道中》：残暑难消白露中，蒲帆犹自趁南风。孤城古塔三叉水，远雨斜阳半截虹。生翠石看群玉染，泥金霞爱暮天烘。篷窗尽日闲如此，翻可行程着静功。

——《揅经室集·四集》卷11

【清】袁翼《浈阳峡》：浈江迅如箭，两崖忽排挏。牯牛踞中流，力以万钧遏。因之水激矶，蛟鼍助污濊沫。阴雷洞中吼，白日石上割。仰睎绝壁巅，万古缘油泼。造物忌平庸，意在东空阔。盘涡折圆螺，其下磳献献。须臾月东升，微光逗松栝。飞仙迹难留，风飘一声咄。

——《邃怀堂诗集》前编卷4

第四章　历代名人笔下的韶关古道

第五章　韶关古道上的遗址与遗迹

一、关隘、古城（附税关）

1. 梅关古道沿途

梅关

南雄州北大庾岭上，又称红梅关，因位于南安（江西大余县）至南雄驿道中点，亦称为中站。

徐鹿卿《云封禅寺重造记》：大庾，五岭之一也。逾横浦而南，陆行十余里，山行五六里，盘曲缭曲，跻于岭巅，界江广之交，石壁对峙，是为梅关。关南寺曰云封，六祖大禅师之法区也。自汉元鼎庾将军戍关，而岭始名。自唐开元张曲江公刊山扬石，而关始通。

——《清正存稿》卷5

梅关。（注：在大庾岭。旧植柱揭名以分江、广之境。宋章颖诗：两州南北护梅关，尽日人行石壁间。）

——《大明一统志》卷58《南安府》

梅关。（注：在大庾岭上，两崖壁立，最高且险。宋章颖诗：两州南北护梅关，尽日人行石壁间。）

——《大明一统志》卷80《南雄府》

梅关。（注：在大庾岭上。关久废，正德八年始修知之。崇隆壮固，屏蔽南北，屹然襟要。）

——《读史方舆纪要》卷88

中站，在府西南。《舆程记》：府西南六十里至中站，即红梅关也。又南至广东南雄府六十里。

——《读史方舆纪要》卷88

（梅关）在大庾岭上。两崖壁立，道出其中，最为高险。或以为即秦之横浦关也。旧志：府东北四十里有秦关。《南康记》：大庾岭横浦有秦时关，后为怀化驿，盖横浦关秦所置也。唐宋以来谓之梅关，明成化中好事者为岭南第一关。

——《读史方舆纪要》卷88

大庾岭在东北，一名梅岭，有梅关。

——《清史稿》卷72《地理志》

梅关在保昌县北八十里大庾岭上，最高且险。

——《大清一统志》卷560《南雄州》引《寰宇记》

志云：小梅关，相传唐开元以前入粤之路，由此渡章水滩，故名。

——《读史方舆纪要》卷88

横浦关（秦代创设，所在位置有两种说法：一说在南雄州西北怀化乡境内，旧址在宋代为怀化驿；一说横浦关即梅关。）

秦关，在郡东北四十里。

——《永乐大典》卷665引《元一统志》

秦关。（注：在府城东北四十里。《南康记》：大庾岭横浦有秦时关，后为怀化驿。）

——《大明一统志》卷80《南雄府》

横浦关。（注：在府城西南三十里，旧说汉将军杨仆讨吕嘉，出豫章，下横浦，即此处。关外颇峻绝，关内旷谷，可容寨栅，疑即古入关之故路。及张九龄开凿庾岭，此关乃废。）

——《大明一统志》卷58《南安府》

横浦关。（注：府西南三十里，秦、汉间遗址也。或曰即楚之厉门。《战国策》：范环谓楚怀王：楚南塞厉门。刘伯庄曰：厉门，度岭南之要路……刘嗣之《南康记》：汉杨仆讨吕嘉，出豫章，下横浦，即此关也。曰横浦者，以郡城临章江，自西流东，横绕南岸而名。关之外南下殊峻，关内旷谷可容寨栅。隋开皇十年番禺王仲宣反，立九栅于大庾岭，诏裴矩进兵击破之，即其地也。唐初犹有此关，及张九龄凿庾岭，关遂废。今城南一里有横浦驿，前后临溪；又有横浦桥，长三十有二丈；皆因旧名。）

——《读史方舆纪要》卷88《南安府》

秦关（注：在州西北，即横浦关。）

——《大清一统志》卷 560《南雄州》

《舆地纪胜》引《南康记》：庾岭四十里至横浦，有秦时关，今怀化驿也。横浦关位于南雄州西北处。

——《大清一统志》卷 560《南雄州》

庾胜城

在州北，汉元鼎五年，楼船将军杨仆出豫章击南越，裨将庾胜城而戍之，故岭一名大庾。其东四十里，胜弟所守，名小庾。

——《大清一统志》卷 560《南雄州》

越王城

在州北，秦并六国，越复称王，自皋乡逾零陵至于南海，梅鋗从之，筑城涨水上，奉王居之。涨水出梅岭，筑城当在岭间，故梅岭又称越王山。

——《大清一统志》卷 560《南雄州》

小梅关城

小梅关城，在小梅关外，荒僻。有路可通三洲、五渡、龙、信等处。贼每伺间出劫。嘉靖三十六年，知府章接筑砖城二十丈有奇。

——《肇域志·广东·南雄府》

中站城

中站城，在梅岭东，去府治七十里，江、粤接境。嘉靖三十年，峒贼李文彪出至中站劫掠。知府王宏申请与南安府建城兹地，周围一百四十丈有奇。两府各建营房，东西有城门。前阻溪，负岭。

——《肇域志·广东·南雄府》

2. 乐宜古道沿途

任嚣城

任嚣故城，在县南五里。秦、楚之际，南海都尉任嚣，因中国方乱，欲据岭南，故筑此城，以图进取。嚣死，此城尉佗因之，遂有南越。

——《元和郡县图志》卷 34《韶州》

古城二：在县西二里，相传南海尉赵佗所筑，上抵泷口，隋时以其地为县治；一在县南五里，任嚣所筑，盖乐昌于湟溪关为近，故

筑此。

——《肇域志·广东·韶州府》

在乐昌县西南。《水经注》：泷口西岸有任将军城，南海都尉任嚣所筑也。

——《大清一统志》卷444

3. 城口古道沿途

赵佗城

在仁化县北九十里城口村。

——《大清一统志》卷444

古城二，一在县北一百三十里康溪都，秦末尉佗所筑，境通郴州桂阳，今曰城口村；一在县北一百一十里，唐垂拱初县治。

——《肇域志·广东·韶州府》

4. 税关

廖燕《关津桥梁图说》：榷政居司农之一。曲江东、西二关，总粤内外之全税。上可佐国家之缺，下亦可以讥察非人，其为任亦綦重矣。然得人与不得人，则御暴为暴之所由分也，可不慎欤？关得，而津可不言矣，桥梁尤其小者也。

——《廖燕全集》卷11

廖燕《乐韶亭记》：韶之为郡，在粤西北，为五岭门户，居东西浈、武二水中。东由浈江出豫章，通江南会稽、鲁燕诸处，为东关。西由武溪通荆楚、河南、关、陕、川、晋诸处，为西关。凡粤之玳瑁、珠玑、犀贝与夫珊瑚、象牙、沉香、梨梓、金铁器皿之属，及日本、琉球、交趾、东西洋诸外国奇珍异宝，络绎交驰，接续不绝。巨艓细艑，商人旅客之所携载，靡不经由停泊于此，候投单上税验放，然后敢行，非是则不能径越而飞渡焉。其商旅货财凑集之盛如此。

司其关者，皆优游坐镇，指麾商客。无簿书讼狱军马之繁，以扰其心思志虑。有仕宦之荣，无形役之苦，莫不至此而乐，乐而不忍去也。西关名遇仙，其来已旧，为本郡所属摄理。东关名太平，国朝康熙八年始自雄州移至，与遇仙共二关，递年俱署户部二员，兼主其事。岁满报命，永为榷关定例。越十有一年，广陵某公，始由户部员外榷关于此。至之日，厘榷吏之积弊，来远人之讴思。政清无事，乃于署西得隙地构亭以为休息之所，颜曰乐韶亭，属燕为记。

夫韶非所称风土和柔、人士愿悫之善地者欤？宜其有可乐者在矣，而况乎山川蜿蜒而俶诡，为古名贤往来乐游称道而不置者又比比也。然仕其地者，往往得其苦而不得其乐者何耶？岂非利欲之有以溺其中，而簿书之有以劳其外也哉！今某公无是二者之累，榷关之暇，时与僚属宴游啸傲于韶石芙蓉渌、武二水之间，倦则归休于兹亭焉。信乎能乐韶之乐也，况乎能因民之乐而乐之，其乐又岂可既欤！

——《廖燕全集》卷 7

太平关（东关）

明代天顺二年，叶盛创置，在南雄城南门外太平桥，后移往韶州府曲江县。

盐关，在府城南。明天顺二年抚臣叶盛奏置以榷盐税，成化以后屡经修葺。

——《读史方舆纪要》卷 102

在州南门外太平桥。明代天顺二年，巡抚叶盛置，以榷盐税，亦名盐关，后移置韶州府曲江县。

——《大清一统志》卷 560《南雄州》

征税分设三处：一名太平桥，即东关，系江西入粤要津。

——同治《韶州府志》卷 22

有太平桥钞关，旧在南雄，后迁府治西南。又有太平分关，在英德。

——《清史稿》卷 72《地理志》

西关

明嘉靖二十六年设。

一名遇仙桥，即西关，系湖广通粤要津。

——同治《韶州府志》卷 22

二、交通设施（驿馆、铺递等）

（一）唐代驿馆

由唐代宋之问、许浑的诗来看，唐代在韶关地区设有驿馆，具体数量和驿名今已不可考。

宋之问《题大庾岭北驿》：阳月南飞雁，传闻至此回。我行殊未已，何日复归来。江静潮初落，林昏瘴不开。明朝望乡处，应见陇头梅。

——《全唐诗》卷 52

许浑《韶州韶阳楼夜宴》：待月西楼卷翠罗，玉杯瑶瑟近星河。帘前碧树穷秋密，窗外青山薄暮多。鸲鹆未知狂客醉，鹧鸪先让美人歌。使君莫惜通宵饮，刀笔初从马伏波。

——《全唐诗》卷 534

许浑《韶州驿楼宴罢》：檐外千帆背夕阳，归心杳杳鬓苍苍。岭猿群宿夜山静，沙鸟独飞秋水凉。露堕桂花棋局湿，风吹荷叶酒瓶香。主人不醉下楼去，月在南轩更漏长。

——《全唐诗》卷 535

（二）宋代驿、铺

1. 驿馆

楹塘驿

具体位置不详。参见第四章收录的杨万里《憩楹塘驿二首》。

怀化驿

南雄州北怀化乡横浦关旧址，南宋嘉定年间设立，后废，废置时间不详。宋代文献中又有怀德驿，从距州城里数、方位看，怀德驿就是怀化驿，唯改名时间不见史籍记载。

怀德驿，距郡城四十五里。嘉定三年冬，峒寇犯境，悉成煨烬。次秋郡守邹公孟卿重建，为屋三十余间，遂易今名。土夫自本州出岭，由南安入岭，皆宿泊于此，以居驿程之中也。

——《永乐大典》卷 203 引《南雄路志》

怀化驿，在城东北四十里。

——《永乐大典》卷 665 引《郡县志》

怀德驿。（注：在怀化。嘉定辛未，知州邹孟卿建。）

——嘉靖《南雄府志》卷上

怀德驿。（注：怀化。嘉定辛未，知州邹孟卿建。）

——康熙《保昌县志》卷 6

《舆地纪胜》引《南康记》：庾岭四十里至横浦，有秦时关，今怀化驿也。横浦关位于南雄州西北处。

——《大清一统志》卷560

又有怀化驿，在州北怀化乡，宋嘉定中置，久废。

——《大清一统志》卷560《南雄州》

寄梅驿

宋置，位于南雄州城内。后迁于南雄州南，元明清时期改名凌江驿。

寄梅驿，在郡城之南。前此士夫鼎至，它无馆舍容之。绍熙三年，郡守李公岐增葺开展，扁以此名。郡守孙公密重修。岁久不整，颓圮甚矣。端平甲午，郡侯张友一新内外，增广气象，雄伟非昔比也。

——《永乐大典》卷203引《南雄路志》

寄梅驿。（注：在城南，绍熙间，知州李岐重修。）

——嘉靖《南雄府志》卷上

寄梅驿。（注：城南。取"庾岭折梅逢驿使"诗语也。宋绍熙间，知州李岐重修。）

——康熙《保昌县志》卷6

在州南，宋置，曰寄梅驿。

——《大清一统志》卷560《南雄州》

沙水驿

南宋嘉定四年建，位于南雄州东北三十里沙水镇，废置时间不详。

沙水驿，距城二十五里，旧以驿铺厅宇为之，非士夫匽泊之地。嘉定四年，郡守邹公孟卿移汉节亭向北以为厅事，规模未暇开广。嘉定己卯，郡守孙公密下车未几，即鼎新之。门庑厅堂悉如例程，庖湢之所堂不整备。保昌宰傅烈作记。自是十五弗葺矣。屋虽不废，若将压焉。端平甲午，郡侯张友谓此尤不可因循，遂委保昌尉上官启宗董工以重葺之，为费虽甚不赀，尉有心力且确实，内外输奂一新，可以支久，至是而近郊亦足以憩憧憧往来之客矣。已上三驿木植等费，悉于公帑那支，张侯凡不得已有营缮，委无一毫科扰于民，皆预有榜文以晓众听云。

——《永乐大典》卷203引《南雄路志》

沙水驿。（注：在沙水镇，嘉定辛未，知州邹孟卿即汉节亭改创。

己卯，知州孙寀修，保昌令傅烈记。）

——嘉靖《南雄府志》卷上

沙水驿。（注：今沙水镇。嘉定辛未，知州邹孟卿即汉节亭改创，
己卯，知州孙寀修，保昌令傅烈记。）

——康熙《保昌县志》卷6

沙水镇。（注：在州东北三十里，宋嘉定中尝置沙水驿，后又置
沙角巡司于此。）

——《大清一统志》卷560《南雄州》

平圃驿

曲江县东六十里。

（曲江书院）在曲江县六十里平圃驿畔。

——《大清一统志》卷444《韶州》引《舆地纪胜》

濛浬驿

具体设置时间不详，位于曲江县境内。

景祐五年迁曲江县界濛浬驿，在今县西北九十五里。

——《大清一统志》卷444《韶州》

清辉馆

位于韶州城东，临武江。

余靖《韶州真水馆记》：先是，郡有二馆：一临武水曰清辉，一
据城之东隅曰皇华。惟真水之要津，则皆亭以居舣舟之次。

——《武溪集》卷5

皇华馆

位于韶州城西，临浈江。参见上条"清辉馆"所引余靖文。

真水馆

北宋景祐年间修建，临浈江，本名浈水馆，避宋讳改。

余靖《韶州真水馆记》：公乃与宾佐谋曰："若天子之使、诸侯之
宾，将王命，宣民风，乘舳舻由真水而至者，不授以馆，则饩牵积馈
虽厚，不得盘桓上舍，优游山水间，地主之礼，犹为缺哉！"然由是
择境于胜，相地于隙，取材于羡余，取工于卒徒，民不知役而功用毕。
东瞰真水，故即水名之。凡一堂、一皇、二室、两庑以翼于门，宿息
井树具焉。前构飞阁，命曰"仁智"，乐山水之趣也。烟齐远水，风

生白苹，栏槛千家，松萝四望，真仁智之所乐也。

——《武溪集》卷 5

浈水馆，在府城南，宋州守狄咸建。

——《读史方舆纪要》卷 102

浈阳馆

宋代景祐年间建，位于湘江门外，明代改为芙蓉驿。

——《大清一统志》卷 444

芙蓉驿

宋设置，在英德县南二里，明代移至县西南何公桥。

——《大清一统志》卷 444

银冈驿

位于韶州曲江县境内，具体位置不详。

（英州）北至韶州银冈驿八十五里。

——《太平寰宇记》卷 160《英州》

凌江馆

宋庆元元年设置，位于南雄市社坛旧址。

凌江馆，在南市濒江，旧为郡社坛。庆元元年，郡守宋公价因建是馆，以便士夫之舣舟。历年浸久，支倾补罅，莫敢寓焉。端平甲午，郡侯张友亦一新之，行衙、驿遂成鼎立，士夫于于而来者皆如归焉。

——《永乐大典》卷 203 引《南雄路志》

凌江馆。（注：在府城南市，旧为社坛。宋郡守宋价建，以延往来士夫于此。）

——《大明一统志》卷 80《南雄府》

迎山馆

韶州府城东南通津门。

又有迎山馆，在府城东南通津门外曲江亭西偏，为过客憩息之所，亦宋时建。

——《读史方舆纪要》卷 102

2. 传铺

传铺：州与江西接界，凡文书急递，自中都而达南粤，率于此始，故邮传加谨。郡之东属保昌县，郡之西属始兴县，东西凡九铺，每铺

二十五里，于中复置腰铺，盖欲走传之速也。上路至南安军界七十里，每二十五里置一铺：东门铺、沙水铺、怀德铺、嘉鱼塘铺。下路至韶州界一百二十五里：罗母塘铺、璎珞铺、楹塘铺、阶口铺、暖水铺。已上九铺屋宇岁久尽废，兵卒往往无以庇风雨，三三两两寓迹民居。端平九年，郡侯张友委官计料，各铺鼎创捌间，于军资库那拨钱四百贯文省以买木竹之类，本州尝准漕台行下逐年支钱修葺。

——《永乐大典》卷665引《南雄路志》

3. 邮亭

望安亭，在迎恩门外，离州五里，乃迎送达官之地。郡守赵公伯玤建，岁久亭废。端平甲午，郡侯张友重建，规模视昔颇增壮观，因易名通庾。

——《永乐大典》卷665引《南雄路志》

迎恩亭，在迎恩门里，乃郡守接官之所。端平甲午，郡侯张友重修。

——《永乐大典》卷665引《南雄路志》

舒啸亭，嘉定己卯权守张公垓重建，在望安全亭之东，今废。

——《永乐大典》卷665引《南雄路志》

闻韶亭，莫详所建岁月，端平甲午，郡侯张友鼎新之。

——《永乐大典》卷665引《南雄路志》

濯缨亭，在城西三里，宝庆丁亥，郡侯史沂建，岁久颓圮。端平甲午，郡侯张友鼎新而增广之。

——《永乐大典》卷665引《南雄路志》

来雁亭，在庾岭之北。余襄公诗云：南来旧说无燕雁，岁序严凝亦暂来。

——《永乐大典》卷665引《南雄路志》

4. 其他交通设施

八使行衙，在郡城内南隅，距郡治百余步，规模壮伟，屋宇高敞，兴建岁月无从考究。淳熙八年，郡守韦能千重修，他州莫及，实皇华所临之地，号八使二五。

——《永乐大典》卷665引《南雄路志》

八使行衙。（注：在城南隅，淳熙间，知州韦能重建。）

——嘉靖《南雄府志》卷上

八使行衙。（注：城南隅，宋淳熙间，知州韦能建。）

——康熙《保昌县志》卷6

暖水道庵，属始兴县，距川州一百二十里。庆元间漕使皇甫焕新建，悉如馆驿之制，命道人一名在内掌守，每月支漕司钱米供赡，专备汤饮，供往来行人。

——《永乐大典》卷665引《南雄路志》

5. 宋代南雄州城的交通设施概况

凌江，二广咽喉之地，往来憧憧，于此憩息，舍舟而途，越岭而江，必盘泊信宿而后行。州城内有八使行衙、寄梅驿，市南有凌江馆近水楼，距城之东有沙水、怀德二驿，直到梅峤，城之南则有暖水道庵，隶始兴焉。至于送迎，则有邮亭、津亭，旧颓圮不支，近已一一修葺，宾至称便。

——《永乐大典》卷665引《南雄路志》

（三）元代驿站

凌江驿

宋代设置，位于南雄境内。元人朱善写有《凌江驿记事》。由此来看，至少寄梅驿在元代已经改名，《大清一统志》卷560《南雄州》记在明初改名凌江驿，误。

渡江驿

具体位置不详。元人朱善有诗《自黄塘赴渡江驿》。

（四）明代驿、铺

1. 驿站

英德驿

位于英德境内。

汪广洋《赴召留题英德驿》：英德县前多好山，山峰拥翠出云间。人家星散盗贼少，官舍日长文字闲。江水春容涵夕景，岸花红白带春殷。愧无宋璟匡时策，也自交州奉召还。

——《全元诗》第56册

新馆驿

韶州府北，具体位置不详。

新馆驿，在府治北。

——《读史方舆纪要》卷 102

《通志》有新馆驿，在芙蓉驿上半里。

——《肇域志·广东·韶州府》

正德五年，知府华昶迁于新馆驿之后。

——康熙十二年《韶州府志》卷二"养济院"条

红梅驿

位于大庾岭上，明代设置，清代仍存。

黄塘驿

水驿，明洪武十四年（1381）创置，位于始兴县东北六十里黄塘江口。正统九年（1444）迁黄田铺，隆庆五年（1571）迁始兴江口，清代存。

黄塘驿，去府治九十里，始兴县管，马五匹，船五双。

——《永乐大典》卷 665 引《南雄府图经志》

黄塘驿，旧在黄塘江口。洪武辛酉创，正统甲子迁黄田铺。

——嘉靖《南雄府志》卷上

在始兴县北，水驿也。明洪武十四年置于县东北六十里黄塘江口。正统九年迁于黄田铺，隆庆五年，又迁于始兴江口。

——《大清一统志》卷 560《南雄州》

平圃驿

韶州城北九十里，洪武十六年（1383）开设，清代裁入芙蓉驿。

平圃驿，在平圃巡司东。

（编者按，同书同页引《舆程记》作"平堡驿"，不知孰是。）

——《读史方舆纪要》卷 102

平圃水驿，在平圃巡司左。上至南雄黄塘驿一百二十里。

——《肇域志·广东·韶州府》

平圃驿。（注：城北九十里。洪武十六年开设。上至南雄府凌江驿一百八十里，今裁并芙蓉驿。）

——《曲江县志》卷 2

凌江驿

凌江驿，在城南，马八匹，驴五匹，船五只，东抵南安府大庾县界，南往韶州府曲江县界。

——《永乐大典》卷 665 引《南雄府图经志》

凌江驿，在南门外，宋为馆，元为站，洪武庚戌创。

——嘉靖《南雄府志》卷上

浈阳驿

英德县南何公桥，宋名芙蓉驿，明代移至今址，改名。

芙蓉驿

宋代景祐年间建，初为浈阳馆，位于湘江门外，明洪武年间改为芙蓉驿，弘治年间迁于津头庙。

芙蓉驿。（注：在府治东。）

——《读史方舆纪要》卷 102

芙蓉水驿，在湘江门外。上至平圃八十里，下至濛浬七十里。

——《肇域志·广东·韶州府》

横浦驿

位于大庾岭横浦关附近。

唐初犹有此关，及张九龄凿庾岭，关遂废。今城南一里有横浦驿，前后临溪。

——《读史方舆纪要》卷 88

横浦驿。（注：在横浦桥南。宋、元旧驿也。有水马二驿，明朝洪武二十九并为一驿。）

——《读史方舆纪要》卷 88

濛浬驿

韶州城南七十里，洪武十七年开设，清代裁减。

濛浬驿，在濛浬巡司东。

——《读史方舆纪要》卷 102

濛浬水驿，在濛浬巡司左。下至清溪六十里。

——《肇域志·广东·韶州府》

濛浬驿。（注：城南七十里，洪武十七年开设。下至清溪六十里。今裁。）

——《曲江县志》卷 2

阶口驿

明代创立，具体时间不详。

阶口驿。（注：在县西南十五里。）

——嘉靖《南雄府志》卷上

今人杨正泰对《明会典》所载明代韶州府境内驿站的考订：

1. 濛浬水驿

属韶州府曲江县。洪武间置。在今广东曲江县南大坑口镇。（《寰宇通志》卷103、《读史方舆纪要》卷102、《驿递制度》）

2. 芙蓉水驿

属韶州府曲江县。洪武十七年（1384）改浈阳馆置。原在今广东韶关市南，弘治中移置今韶关市内。（《寰宇通志》卷103、《读史方舆纪要》卷102、《嘉庆重修一统志》卷444）

3. 平圃水驿

属韶州府曲江县。洪武十六年（1383）置。在今广东曲江县东北平圃。（《寰宇通志》卷103、《读史方舆纪要》卷102、《驿递制度》）

4. 浈阳水驿

属韶州府英德县。洪武二年（1369）改旧芙蓉驿置。在今广东英德县英城镇。（《寰宇通志》卷103、《嘉庆重修一统志》卷444、《驿递制度》）

5. 清溪马驿

属韶州府英德县。洪武二年（1369）置。在今广东英德县北清溪。（《寰宇通志》卷103、《读史方舆纪要》卷102、《驿递制度》）

6. 凌江水马驿

属南雄府。明初改寄梅驿置。在今广东南雄县城关镇。（《寰宇通志》卷103、《读史方舆纪要》卷102、《嘉庆重修一统志》卷454）

杨正泰《明代驿站考》书影

明代韶关境内的驿站（摘自杨正泰《明代驿站考》）

7. 黄塘水马驿

属南雄府。洪武十四年（1381）置。原在今广东始兴县东北黄塘江口，正统九年（1444）移置黄田铺（今地待考），隆庆五年（1571）迁置今始兴县西北江口镇。（《寰宇通志》卷103、《读史方舆纪要》卷102、《清嘉庆重修一统志》卷454）

——杨正泰《明代驿站考》

2. 铺递

递运所，在城南，船二十只。

——《永乐大典》卷665引《南雄府图经志》

车站，在城南，车贰拾辆，每一车，夫五名，牛三头。

——《永乐大典》卷665引《南雄府图经志》

中站，在灵谭里，本府与南安府共，各车一十辆，每车止用夫十名。

——《永乐大典》卷665引《南雄府图经志》

（铺舍）计二十二所，每铺设铺司一名，铺兵六名。本府东抵南安府大庾县界，由保昌县官路往，计八铺：长亭铺，沙水铺，石塘铺，裹东铺，火逐铺，小岭铺，红梅铺。已上系保昌县管。南抵韶州府曲江县界，由保昌、始兴二县官路往，计十四铺：府门铺，东浆铺，修仁铺；已上三铺保昌县管。古禄铺，都塘铺，璎珞铺，黄田铺，楹塘铺，圆岭铺，黄塘

铺，界口铺，马眼铺，七里铺，正富铺。已上十一铺系始兴县管。

——《永乐大典》卷665引《南雄府图经志》

（五）清代驿、铺

1. 驿站

芙蓉驿

曲江县南，顺治十二年，由津头庙迁于今址，后撤废。

廖燕《驿递图说》：柳子厚作《馆驿壁记》，慎重其事。诚哉是言！曲设芙蓉、平圃、濛浬三驿。清兴，以芙蓉一驿兼之，而塘铺居其中，上借凌江，下通浈阳三水，为全粤之咽喉。

——《廖燕全集》卷11

芙蓉驿。（注：宋景祐建浈阳馆于湘江门外。明洪武改为芙蓉驿。弘治年，同知韩铣迁津头庙下。嘉靖二年，知府周叙重建。国朝顺治十二年，迁入风度楼东。）

——《曲江县志》卷2

向设芙蓉、平圃、濛浬三驿：芙蓉驿原在湘江门外，后迁津头庙下，顺治十二年又迁风度楼东。平圃驿在平圃巡司东，濛浬驿在濛浬巡司东，顺治十三年俱裁，归并芙蓉驿。

——同治《韶州府志》卷24

曲江县驿。旧芙蓉驿，废。

——《清史稿》卷72《地理志》

仁化县驿

有扶溪巡司，仁化县驿。

——《清史稿》卷72《地理志》

浈阳驿

英德县驿。旧浈阳驿，废。

——《清史稿》卷72《地理志》

保昌驿

有保昌驿。旧临江驿，废。

——《清史稿》卷72《地理志》

同治《韶州府志》有关驿站设立的记载

105

红梅驿

位于大庾岭上，明代设置，清代
仍存。

王士禛《红梅驿》：朝登来雁亭，午过红梅驿。梅落雁先归，肠断天南客。

——《蚕尾续诗集》卷2

（梅）岭有红梅驿，驿有城，当岭之路半，累石为门，南北以此为中。

——《大清一统志》卷560《南雄州》

清溪驿

始设时间不详，位于英德县北清溪镇。

据《大清一统志》卷444的记载，该驿在顺治十三年并入浈阳驿，但李调元《南越笔记》卷3记载：潮水泉，韶州清溪驿东五里许有潮泉。驿是否在之后重设，待考。

阶口驿

明代创立，具体创置时间不详，在始兴县西南十五里，清代废。

旧有阶口驿，在县西南十五里，今皆废。

——《大清一统志》卷560《南雄州》

2. 铺递

府门总铺（注：在府治左，上下共二十八铺。）

——康熙《曲江县志》卷2

新安铺（注：在洪义都。）　低溪铺　黄金铺（注：俱在泷夏都。）甘村铺（注：在亲贤都。）　新冲铺　古羊铺　甘棠铺　韶石铺　古平铺　苏渡铺　望韶铺　曲涧铺　岭田铺　总铺（注：俱在上礼都，通南雄界。）　水东铺　涌泉铺　宋安铺　石角铺　新田铺　永乐铺　鹅鼻铺　平冈铺　乌石铺　濛浬铺　阳山铺（注：在阳山村，通乳源界。）　万人铺（在清村，通乐昌界。）　社溪铺（在社溪村，通翁源界。）

——康熙《曲江县志》卷2

曲江县至始兴县

府前铺（铺兵五名）十里至新安铺，又十里至底溪铺，又十里至黄金铺，又十里至甘村铺，又十二里至甘棠铺（以上每铺兵三

名），又十二里至新冲铺，又十里至古羊铺（二铺每铺兵二名），又十二里至韶石铺，又十二里至古平铺（二铺每铺兵三名），又二十五里至苏渡铺，又十里至望潮铺，又十里至曲涧铺，又十里至冷田铺，又十里至总铺（自苏渡至总铺每铺兵三名），又十里至始兴县正富铺。

——同治《韶州府志》卷24

曲江县至英德县

府前铺十里至水东铺，又十二里至涌泉铺，又十里至安铺，又十里至石角铺（自水东至石角每铺兵二名），又十二里至新田铺（铺兵二名），又十二里至永乐铺，又十里至鹅鼻铺，又十里至坪冈铺，又十二里至乌石铺，又十里至老濛浬铺（以上每铺兵三名），又三十里至英德县高桥铺。

——同治《韶州府志》卷24

（英德）县前铺（铺兵十二名）八十里至清溪铺（铺兵八名），又四十里至高桥铺（铺兵三名），又三十里至曲江县老濛浬铺。

——同治《韶州府志》卷24

曲江县至翁源县

府前铺四十二里至石角铺，三十里至社溪铺（铺兵一名），又三十五里至翁源县分界铺。

——同治《韶州府志》卷24

（翁源）县前铺二十里至江镇铺，又二十里至梅村铺，又二十里至鸡笼铺（二铺每铺兵二名），又三十里至曲江县社溪铺。

——同治《韶州府志》卷24

曲江县至乳源县

府前铺十里至阳山铺（铺兵二名），又二十五里至虎门铺，又三十里至乳源县马渡铺。

——同治《韶州府志》卷24

县前铺（铺兵二名）十里至墟头铺，又十五里至大塘铺，又十五里至马渡铺（以上每铺兵一名），又三十里至曲江县阳山铺。

——同治《韶州府志》卷24

曲江县至仁化县

府前铺九十八里至古平铺，又三十五里至仁化县文书坳铺。

——同治《韶州府志》卷24

县前铺（铺兵三名）三十五里至曲江县文书坳铺。

——同治《韶州府志》卷24

曲江县至乐昌县

府前铺十里至转水铺，又二十里至万仁铺（二铺每铺兵二名），又三十里至乐昌县棉普铺。

——同治《韶州府志》卷24

（乐昌）县前铺五十里至沿基铺，又三十里至崇福铺（二铺每铺兵二名），又三十里至正心铺，又三十里至棉普铺（铺兵二名），又三十里至曲江县万仁铺。

——同治《韶州府志》卷24

乐昌县至宜章县

县前铺三十里至添设沿基山铺，又五十里至羊牯岭铺，又三十里至大屋场铺，又三十里至三峰堆屋铺（二铺每铺兵二名），又三十里至湖南宜章县敦义铺。

——同治《韶州府志》卷24

翁源县至英德县

县前铺（铺兵五名）二十里至江镇铺（铺兵二名），又一百里至英德县大坑铺。

——同治《韶州府志》卷24

县前铺五十里至大坑铺（铺兵四名），又一百里至翁源县江镇铺，又大坑铺六十里至象江司，又一百里至翁源县县前铺。

——同治《韶州府志》卷24

（六）明清两代各驿官吏

1. 芙蓉驿驿丞

明代：方乐（莆田人），蒋庄（巴陵人），万信，孙良（云南人），袁邦庆（浙江人），黄秉衷（浙江人），周昺（山东人），卢凤（恭城人），赵邦彦（平南人），聂鸾（丰城人），蒋诰（全州人），仰

希成（祁门人），吴若文（莆田人）。以后因万【历】丙辰岁洪水，卷宗泯澜，无考。童学仁（于潜人，万【历】四十四年任）、傅宇鸾（高要人，天启元年任）、赵希思（萧山人，四年任）、布鹤年（肥城人，崇【祯】二年任）、余天胜（安义人，五年任）、陈朝荐（闽县人，八年任）。

国朝（清代）：方国龙（慈溪人，顺治十五年任）、黄汝贤（钱塘人，康熙四年任）、金锡（大兴人，十年任）、潘纪（直隶人，二十年任）。

——康熙《曲江县志》卷1

2. 平圃驿驿丞

明代：田济江□（太平人），倪钦（闽县人），苏贵（灵川人），王璙（直隶人），毛郴（鄞县人），戴钦（临海人），陈黼（滕县人），龚漳（闽县人），□子璞（莆田人），李乘龙、林桂（莆田人）。以下至崇【祯】四年前驿为流寇焚毁，卷宗无考。王兆京（仁和人，崇【祯】五年任）、来登之（江夏人，七年任）。后裁。

——康熙《曲江县志》卷1

3. 濛浬驿驿丞

明代：何子聪（新会人，万【历】三十一年任）、樊用中（缙云人，三十五年任）、费存仁（上海人，三十七年任）、陈臣敬（三水人，三十九年任）、陈广右（西安人，四十三年任）、张绍相（钦州人，四十五年任）、陆光宇（三水人，天启元年任）、程尚礼（歙县人，四年任）、王宗源（闽清人，六年任）、揭本（归化人，崇【祯】元年任）、王英元（会稽人，三年任）、宁三旺（蒲州人，五年任）。后裁。

——康熙《曲江县志》卷1

（七）驿传对韶州地方的影响

（符锡）改征银发驿，以绝驿传科扰。

——《大清一统志》卷444《韶州府》

附：韶关距离政治中心、临近州郡里程

1. 南北朝刘宋时期

（始兴郡）去（广）州水二千三百九十。去京都（建康，今江苏南京）水五千。（《宋书》卷 37《州郡志》）

2. 唐代

（韶州）南至广州八百里，西至郴州五百里。东南至虔州七百里。至京师（今西安）四千九百三十二里，至东都（今洛阳）四千一百四十二里。（《旧唐书》卷 41《地理志》）

（韶州）西北至上都取郴州路三千六百八十五里……西北至东都取郴州路三千四百二十五里……西北至郴州陆路四百一十里。（《元和郡县图志》卷 34《韶州》）

李翱《来南录》：自洪州至大庾岭一千有八百里，逆流，谓之漳江。自大庾岭至浈昌一百有一十里，陆道，谓之大庾岭。自浈昌至广州九百有四十里，顺流，谓之浈江，出韶州谓之韶江。（《全唐文》卷 638）

3. 宋代

（韶州）东北至东京二千九百四十里。西北至西京取郴州路四千一百四十二里。西北至长安取郴州路四千九百三十二里……南至广州水陆相兼五百三十里。西至连州山路崄峻五百里……西北至郴州四百一十里。东北至虔州五百五十里。（《太平寰宇记》卷 159《韶州》）

（南雄州）西北至东京三千五百三十里。西北至西京长安，《图经》上未有里数。东至虔州信丰县界一百二十里。西至韶州曲江县界七十五里。南至韶州翁源县桂岭为界一百七十五里。北至虔州大庾岭八十二里。西北至韶州旧仁化县界二百二十里。（《太平寰宇记》卷 160《南雄州》）

洪迈《与朱舍人书》：自曲江过曹溪，抵东衡州，凡三日，垂二百里。（《全宋文》卷 4729）

4. 明代

（韶州府）东北至南雄府二百九十里，东至江西龙南县三百七十里，南至广州府界七百二十里，西至广州府连州四百里，北至湖广郴州四百里……至京师七千三十五里。（《读史方舆纪要》卷102）

（南雄府）东至江西信丰县界二百四十里，东南至江西龙南县界三百里，西南至韶州府二百九十里，西北至湖广郴州三百五十里，北至江西南安府百二十里，自府治至布政司一千九十里，至京师六千七百四十五里。（《读史方舆纪要》卷102）

（乐昌县）西至连州阳山县百八十里，西北至湖广宜章县界百五十里。（《读史方舆纪要》卷102）

各县距离府治里程：

仁化县，府东北八十里。水路一百二十里。《本志》：陆路一百二十，水路一百六十。（《肇域志·广东·韶州府》）

乐昌县，府西八十里。水路一百里。（《肇域志·广东·韶州府》）

（翁源县）达府陆路一百八十里，水路四百五十里。（《肇域志·广东·韶州府》）

乳源县，府西一百里，水路一百六十里。（《肇域志·广东·韶州府》）

（乳源县）东距响石岭三十里，曲江县界；西抵百花塘一百四十里，阳山县界；南襟平址村一百二十五里，英德县界；北枕平山二十五里，曲江县界。东南至分水凹五十五里，通英德县；西南至大桥村二百九十里，通阳山县；西北至胡家村三百二十里，通宜章，东西广一百七十里，南北袤一百五十里。自县治达府，陆路八十里，水路一百里。（注：顺流而下五十里至水口虎榜山，挽舟逆水而上四十余里至韶城。）自水口达省会，陆路五百九十里，水路十驿，八百二十里；达江南三十八驿，三千七百一十里；达京师八十四驿，七千一百三十五里。（万历《乳源县志》卷1）

5. 清代

（韶州府）东至南雄州始兴县界一百五十里，西至连州阳山

县界四百五十里，南至佛冈厅界三百一十五里，北至湖南郴州桂阳县界二百二十里；东南至惠州府连平州并长宁县夹界三百三十里，西南至清远县界四百五十里，东北至始兴县界一百六十里，西北至湖南郴州宜章县界三百七十里。自府治至京师七千三百三十五里。(《大清一统志》卷444《韶州府》)

（韶州府）南距省治（广州）八百七十里。(《清史稿》卷72《地理志》)

（南雄直隶州）西南距省治（广州）千一百七十里。(《清史稿》卷72《地理志》)

（南雄州）自州治至京师七千三十五里。(《大清一统志》卷560《南雄州》)

（始兴县）在州城西一百里……东至本州界八十里，西至韶州府曲江县界七十里，南至韶州府翁源县界一百六十里，北至本州界五十里，东南至江西赣州府龙南县界一百四十里，西南至翁源县界一百十里，东北至本州界八十里，西北至仁化县界九十里。(《大清一统志》卷560《南雄州》)

三、亭台、祠庙、寺观、书院

1. 梅关古道沿途

梅鋗故宅

在州北梅岭，岭有红梅驿。

——《大清一统志》卷560《南雄州》

鋗本越王勾践子孙，与其君长避楚走丹阳皋乡，更姓梅，因名皋乡曰梅里，越故重梅，向以梅花一枝遗梁王，谓珍于白璧也。当秦并六国，越复称王，自皋乡逾零陵至南海。鋗从之，筑城浈水上（今称中站城），奉其王居之，而鋗于台岭家焉，越人重鋗之贤，因称是岭曰梅岭。

——《广东新语》

叱驭楼

叱驭楼（注：在大庾岭上，宋余靖诗：层巅突兀兴云平，贤者新

题叱驭名。为要澄清归治道，不辞艰险表忠识。）

——《大明一统志》卷80《南雄府》

大庾岭，道之端旧有通道楼，名曰叱驭。道之中有故亭基，因作亭曰来雁。之南是为故粤，又作亭曰通粤。今三亭俱废。

——《永乐大典》卷665引《南雄路志》

通越（粤）亭

通越亭（注：在大庾岭上，余靖诗：峤岭古来称绝徼，梯山从此识通津。）

——《大明一统志》卷80《南雄府》

来雁亭

来雁亭（注：在大庾岭北，宋余靖诗：南方旧说无鸿雁，岁序严疑亦暂来。天外每随寒雨过，春前先逐暖风回。）

——《大明一统志》卷80《南雄府》

卓锡泉

在大庾岭，六祖禅师自黄梅传衣钵之曹溪，五百大众相逐至大庾岭，取五祖所传衣钵回。大众久立，告渴者半，祖师手拈锡杖点石眼，寒泉遂涌，大众惊骇。

——《大元混一方舆胜览》卷下

在大庾岭，相传唐僧卢能自黄梅传衣钵之曹溪，五百僧追夺之，至大庾岭，渴甚。能以锡卓石，泉涌，清冷甘美，众骇而退。泉之右有放钵石。

——《大明一统志》卷58

霹雳泉（古籍记载有分歧，或认为霹雳泉为卓锡泉之别名）

霹雳泉（注：在大庾岭，相传宋时大旱，有僧致祷，一夕大雷雨，泉出于窦，故名。）

——《大明一统志》卷58

霹雳泉（注：在大庾岭下云封寺东，其泉涌出石穴，甘洌可爱。相传昔大鉴禅师得法南归，卓锡于此，又名卓锡泉。）

——《大明一统志》卷80《南雄府》

（卓锡泉）一名霹雳泉，在州北大庾岭东，自石穴涌出，相传六祖过此渴甚，以杖点石，遂涌清泉。

——《大清一统志》卷560《南雄州》

衣钵亭

查慎行《衣钵亭》：夜半传来消息真，本无明镜自无尘。问渠衣钵留何用，犹有焚衣毁钵人。明魏庄渠事。

——《敬业堂诗集》卷47《粤游集上》

放钵石

放钵石（注：在云封寺侧，高数尺。相传唐僧卢能放钵其上。宋章得象诗：石上曾经转钵盂，石边南北路崎岖。行人见石空嗟叹，还识西来意也无？）

——《大明一统志》卷80《南雄府》

放钵石，在大庾岭云峰寺侧。相传六祖得衣钵南来，慧明追至，祖掷衣钵石上，明举之不动。

——道光《直隶南雄州志》卷10

2. 梅关古道—浈江水道沿途

张九龄宅

在曲江县东，《寰宇记》：在州西二里。

——《大清一统志》卷444《韶州》

张文献祠

张文献祠（注：有三，一在府学西，一在大庾岭云封寺前，一在始兴县学西。宋元间建，祀唐宰相张九龄。）

——《大明一统志》卷80《南雄府》

黄太守生祠

屈𫘤《黄太守祠记》：一日，郡民吴汝梅、贡士李刘首倡创公生祠于梅山云封寺西，十团之民，响应子来。涓吉经始，逾月毕工，复大和会，属𫘤为记。

——道光《直隶南雄州志》卷19

云封寺

云封寺（注：在梅关侧。）

——《大明一统志》卷80《南雄府》

廖燕《九日重过梅关题云封寺壁》：梅关关上见云兴，几处黄花记再登。暂把一杯明日别，白云依旧属山僧。

——《廖燕全集》卷21

二仙坛

二仙坛，在大庾岭，踞山巅，砢石成坛。耆旧云：昔刘、许二仙炼丹于此。

——《永乐大典》卷665引《郡县志》

二仙坛（注：在大庾岭上，旧传刘、许二仙炼丹于此，今坛侧有仙茅。）

——《大明一统志》卷80《南雄府》

二仙坛，在大庾岭，踞山巅。旧传刘、许二仙烹炼于此，今有仙茅，惟近坛者妙。

——道光《直隶南雄州志》卷10

六祖塔

六祖塔（注：在大庾岭上，凡七级，相传为六祖大师塔。）

——《大明一统志》卷80《南雄府》

曲江书院

（杨）大异提点广东刑狱，访张九龄故宅，建曲江书院以祀之。

——《大清一统志》卷444《韶州》

3. 乐宜古道沿途

任将军庙

在乐昌县，祀南海尉任嚣。

——《大明一统志》卷79《韶州府》

周府君庙

卢水，此水合武水处甚险，名曰新泷。有太守周昕庙，即始开此泷者。行者放鸡散米以祈福。而忌著湿衣入庙。

——《太平寰宇记》卷159

周府君庙（注：在乐昌县北一百二十里。府君，东汉桂阳太守，当时立碑纪绩。欧阳修《集古录》跋云：碑文、石阙不著其名。而王之才按旧《图经》：府君名昕，字君光。）

——《大明一统志》卷79《韶州府》

在乐昌县西北。《寰宇记》：新泷有太守周昕庙，即始开此泷者。县志在县西北一百二十里三泷上流西岸。

——《大清一统志》卷444

临泷寺

在乐昌县北，宋绍圣四年建。

——《大清一统志》卷444

六祖泉

《图经》云：县西北九十里又有蔚岭，高出云汉，有径通郴、桂。上有泉甘洌，俗名六祖泉。

——《读史方舆纪要》卷 102

4. 西京古道沿途

韩昌黎祠

梯云岭，即蓝关，县西五十里，高出云汉，升蹑如梯，路通宜章，石壁残碑，讹不可读，上有韩昌黎祠。

——同治《韶州府志》卷 12

韩文公祠，在蓝关，顺治十八年知县裘秉钫建。

——同治《韶州府志》卷 19

韩文公祠（注：在蓝关。知县裘秉钫建。）

——万历《乳源县志》卷 4

泷口祠

泷口祠（注：县西二里，祀汉桂阳太守周昕、宋学士胡宾王二公，有开泷化俗功德，故祀。）

——万历《乳源县志》卷 4

泷口祠，在县西二里，祀汉桂阳太守周昕、宋学士胡宾王。

——同治《韶州府志》卷 19

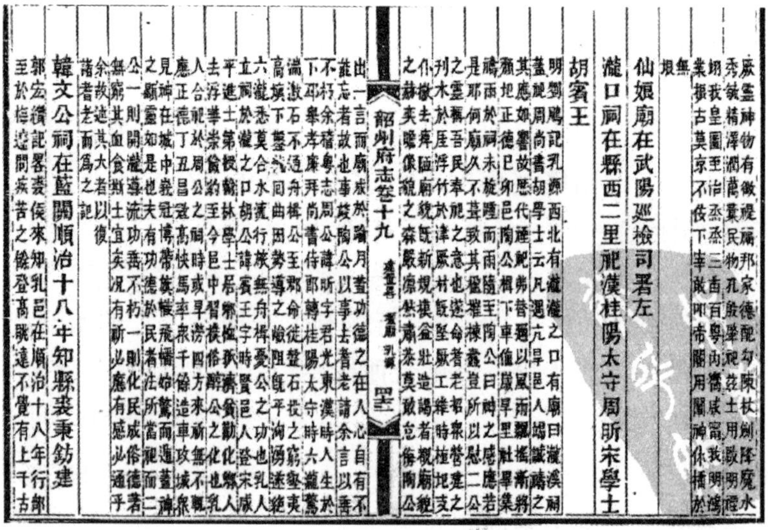
仙娘廟在武陽巡檢司署左
瀧口祠在縣西二里祀漢桂陽太守周昕宋學士
胡賓王
韶州府志卷十九
韓文公祠在藍關順治十八年知縣裘秉鈁建

同治《韶州府志》有关泷口祠、韩文公祠的记载

第六章　韶关古道上的故事与传说

一、历史故事

义军踏破粤岭雪

乳源古八景之一的"梅花仙迹"，传说是仙人走过西京古道时留下的足迹。明代顾应祥诗中写道："仙人驻负还留迹，梅树无花尚有香。"1928年，朱德、陈毅率领南昌起义军途经梅花时，在西京古道上也留下"红色足迹"。当地老百姓这样写道："神兵踏破粤岭雪，湘南烽火连三月。"

1927年秋，朱德、陈毅率领南昌起义军余部，千里转战进入粤北。为保存实力，朱德找到了早年在云南讲武堂有同窗之谊、驻防广东韶关和湖南汝城一带的滇军将领、国民党第16军军长范石生，与范结成反蒋同盟。朱德所部改称国民革命军第16军第47师第140团隐蔽在16军里。朱德以其字"玉阶"化名"王楷"，任第16军总参议、第47师副师长兼140团团长，陈毅任140团政治指导员，王尔琢任团参谋长。部队驻扎在距韶关城区13千米的犁铺头（今韶关市浈江区犁市镇）。

犁铺头是韶关近郊的一个大圩镇，位于曲江、乐昌、仁化的三角地带，是一个适宜扎营练兵的好处所。在此期间，朱德一方面充分利用这一相对稳定的时机，整训部队；另一方面，配合当地党组织，开展武装斗争，经常率部到附近的仁化、曲江等地，支援农民运动，镇压土豪劣绅。1928年元旦刚过，朱德突然接到范石生从广州派专人送来的密信，大意是：合作事已败露，应从速离开，自谋出路，最后胜

利是你们的，现在我是爱莫能助。1月3日晚，朱德、陈毅以"野外演习"为由，率部紧急离开了犁铺头。

根据"穿山西进，直奔湘南"的计划，离开犁铺头后，部队向湘粤边开进。此前，朱德通过地方党组织，与中共地下党员杨子达（湖南省宜章县人，与乳源县梅花乡杨家寨族长结拜为兄弟）接上了关系，决定带领部队先去乳源县梅花乡的杨家寨（今乐昌市梅花镇大坪杨家寨）。

由龚楚（广东乐昌人，大革命时期加入中国共产党；曾参加南昌起义，后叛变）做向导，部队从仁化改道西进，途经董塘、乐昌长未渡过武江，沿乐乳边界的王坪、大小洞，踏着雪路，1月5日到达杨家寨。在离杨家寨三四里地的凿树坳，杨子达已在那里等候。部队来到村前，族长领着数十人，放鞭炮迎接。

杨家寨是一个大村庄，共有300多户2 000多人口。杨家寨，当地人俗称"大坪杨家"，是一个杨姓客家人聚居的古村落，宗族传统礼教风行，民风淳朴。

当晚，部队安顿之后，朱德、陈毅等在村后的古围楼召开秘密会议，商讨发动湘南暴动大计。

第二天，部队从杨家寨出发，来到梅花。梅花是国民党政府的区署，有20多条枪。区长是梅花本地人，虽知道这是一支有革命倾向的部队，但一点也不敢怠慢。由于队伍连日行军，战士们都已疲乏，加之当时对宜章的情况不甚了解，朱德决定，部队在梅花作短暂休整，一面侦察敌情、与地下党取得联系，一面到当地穷苦百姓家中宣传革命道理。部队停留了五天，其间，与湖南宜章县栗源埠的中共地下党陈东日取得联系，陈带领十多个农民武装从栗源赶到梅花，把宜章县城只有民团400多人驻守和湘粤边境有关重要情况报告给了朱德。朱德运筹帷幄，决定部队先开往莽山洞。

1928年1月至4月，这支神秘部队活跃在西京古道沿途的乳源梅花、坪石，湖南宜章湘粤边境，发动群众，壮大力量，开展群众性游击战，接连取得了"智取宜章""坪石大捷"等重大胜利，发动了风起云涌的湘南暴动。从此，民间把朱德、陈毅率领的这支南昌起义余部称为"神兵"，把部队途经杨家寨和梅花时发动群众、宣传革命道理、播下革命火种留下的"红色足迹"，广为传颂。

古道梅花壮英烈

　　1931 年邓小平、张云逸、李明瑞率领红七军"梅花血战"惨烈悲壮，当地老百姓这样写道："青山处处埋忠骨，古道梅花壮英烈。"

　　1930 年冬，中国工农红军第七军由政治委员邓小平（化名邓斌）、军长张云逸、前敌总指挥李明瑞率领，从广西右江出发，向江西中央苏区挥师东进。红七军经湖南进入广东连州而至老坪石后，由西京古道南下，1931 年 2 月 1 日进入乳源县的梅花乡（今乐昌市梅花镇）。当晚，军指挥部讨论部队下一步的行动计划，认为此地有较好的群众基础，有地方党组织和农民游击队，于是决定会同地方党组织，在梅花乡一带开展群众工作，建立以梅花乡为中心的粤北革命根据地。2月 2 日上午，指挥部在围子村召开军民大会，传达了在梅花乡建立革命根据地的决定。会议刚结束，就接到侦察人员关于敌人约有一个团的兵力从连州星子尾追而来的报告。指挥部决定，以我军现有兵力，利用梅花乡的有利地形，消灭敌人。准备作战的命令下达后，各连立即进行战前动员和临战准备。地方党组织也动员群众拥军支前，配合主力红军作战。

　　战斗指挥部设在今梅花镇东南面邱家岭山脚下的莲花祠（棉花坛庙），在梅花圩后面的西南、东北两面布下重兵。55 团布置在军营下、石墩下和梅花街；58 团在草家坪、塘头下、桥头、石围一带防守。

　　正午时分，战斗打响了，担任警戒的红七军 55 团一个连抢占了山口周围的山头阵地，英勇地反击敌人。战斗越来越激烈，枪声、炮声震撼着山岭，浓密的硝烟遮盖了半个天空。红七军顽强地扼守山口阵地，一次次击退敌人的猛烈进攻。

　　但是，敌兵越来越多，其后续部队不断涌来。这时，红七军才发现情报有误，来犯之敌不是一个团，而是四个团：有粤军邓辉团、王守华团和湘军唐伯寅团、陈龙团，还有地方民团。敌人以数倍于红七军的优势兵力，分两路进攻：一路沿迳口尾随而来，从画眉岭往南打；一路从坪石来，经莲塘向东进击，形成钳形合围态势。在异常严峻的形势面前，红七军指战员以一当十，英勇顽强地与敌人展开血战。

　　战斗从中午一直打到傍晚，在邓小平、张云逸、李明瑞的指挥下，红七军打退了敌人多次进攻。战斗打得异常激烈，滚滚的浓烟、炸飞的土石、燃烧的火光笼罩着整个战场，枪炮声、军号声、喊杀声、刺刀碰击声响成一片。在敌我双方力量悬殊的情况下，红七军殊死奋战，给敌人以重创。国民党军死伤 1 000 多人，红七军也伤亡 700 余人。在 58 团机炮连阵地前线指挥战斗的红七军营长李谦（原师长）、营长章健（原团长）等牺牲，营长李显、袁也烈、王展等负伤。激烈的战火，使梅花大地硝烟弥漫，战场上到处横躺着战士们的尸体，寒风中的梅花岭和千年古道上处处流淌着战士们的鲜血。

天黑时分，红七军决定撤出战斗，从石围寨和莲花祠后面向大坪方向撤退。当晚撤至杨家寨，在杨家寨稍作修整后，大部队向东南方向准备渡过武江继续向江西进发。400 多名伤病员撤至大桥铁龙头村（今乳源县大桥镇岩口村委会铁龙头村）。之后，留下 40 多名重伤病员在铁龙头村养伤。

后来，莫文骅在他的著作《回忆红七军》中写道："梅花血战，是我军北上以来最悲壮、最惊心动魄的一战……'青山处处埋忠骨，何须马革裹尸还！'血染梅花花更红，红七军指战员的鲜血染红了梅花的山山岭岭。"2009 年，在英雄们浴血奋战的梅花岭上，老区人民建起了红七军烈士纪念园，园中建有红七军烈士纪念碑和烈士墓，英烈们被人们称颂为"西京路上千年盛开的傲雪红梅"，永远鲜红、娇娆和绚烂。

"古道梅花始盛开。"古人叹息"梅树无花"的西京古道，历经千百年寒冬岁月之后，在红七军英雄们用鲜血浇灌之下，绽开了永不凋谢的红色花朵。

洒血救护红七军

铁龙头村位于乳源瑶族自治县大桥镇东北 8 千米，因村东南山上有矿藏，传说是村子之铁骨龙脉，村居"龙头"而得名。村子四面环山，环境偏僻。

1931 年 2 月 2 日，中国工农红军第七军在乳源北部梅花乡（今乐昌市梅花镇）与国民党军展开一场恶战，双方伤亡惨重。中共湘粤边

工作委员会（后改湘粤特委）建议，红七军400多名伤病员暂时转移到铁龙头村，并指示由中共地下党员、铁龙头村民张金泮负责伤病员的临时安置和救护工作。2月6日（农历十二月十九日），伤病员队伍到达铁龙头，时值隆冬，天寒地冻。张金泮遵照上级指示，立即发动村民，各家各户拿出家中番薯、芋头，共凑了6谷箩担，煮好给红七军伤病员充饥。同时还宰了一头100多斤重的猪招待伤病员。

两天后，多数能走动的伤病员前往横溪，与张云逸军长率领的在杨溪渡武江时受阻而未能过江的队伍会合，留下44名重伤病员继续在铁龙头养伤。为确保安全，张金泮组织可靠村民将其中的35名秘密转移到远离村子、地势隐蔽的曲潭山坳，另外9名先后转移到角村，并请来岗头村的土医生陈仙禄协助黄军医工作。张金泮组织了可靠骨干组成武装保卫小队负责安全保卫，粮食、药品的筹集和转送等后勤供给。如此持续2个多月，除两名伤员因伤势过重不治牺牲外，42名安全养伤痊愈。

国民党地方政府得知红七军伤病员在铁龙头村养伤的消息后，3月18日（农历正月三十），调集军队会同地方武装共1 000多人，对铁龙头村进行搜捕"围剿"。张金泮一边带领自卫队和青壮年村民持鸟枪土炮奋起抗击，一边组织村民突围。自卫队以坚固的村庄做防御工事，打死敌炮手、机枪手和士兵各一名。夜幕降临，村民挖开墙壁从水坑突围，遭到敌军机枪疯狂扫射，敌人同时用小钢炮、手榴弹轰炸，20多名村民倒在血泊之中。次日上午，敌人冲进村子，威逼未能突围出去的村民说出红七军伤病员的藏身之处，村民始终守口如瓶，当场惨遭杀害。敌人一无所获，便放火烧村，全村半数以上民房被烧毁。11月6日（农历九月二十七日），国民党军再次"围剿"铁龙头村，张金泮及时得到密报，让大部分村民提前撤离了村子，在通往铁龙头村的古道险要处（地名石颈）设伏阻击敌人。但仍然有7人来不及撤离被敌人捉走或杀害，村子再次被焚烧。两次反"围剿"中，伤亡和被捉走村民共49人，其中44人遇难。

铁龙头村民在中共地下党员张金泮的领导和指挥下，在救护红七军伤病员的两次反抗国民党强敌的"围剿"中，面对敌人的疯狂烧杀，不屈不挠，英勇反击，以自己的血肉之躯，以钢铁般的意志和不怕牺牲的大无畏精神，用鲜血和生命保护了红七军伤病员的安全。

红七军强渡杨溪渡

1931 年 2 月 5 日，红七军血战梅花乡后的第三天，大部队来到今乳源杨溪与乐昌长末交界处武江河边的杨溪、曲合等渡口渡江，准备向江西中央苏区进发。

下午 3 时左右，55 团过江后，58 团正准备渡江，从乐昌县城和韶关南北两个方向前来围追红七军的国民党军陆续赶到，拦截红七军过江。过了江的指战员立即抢占武江东岸高地并登上一座叫观音山的山头指挥战斗，武江东岸顿时成了主战场。红七军据守河岸山头和滩头阵地，掩护 58 团人员继续渡江。战斗越打越激烈，敌人越来越多。红七军的渡船尚未到达江心，就被敌人密集的炮火封锁，渡江的战士一个个中弹牺牲掉入江中，张云逸军长立即下令停止渡江。过了江的部队，在邓小平指挥下，突破敌人的封锁和包围，取道仁化向江西中央苏区前进。未来得及过江的总共还有 700 多人，由张云逸军长带领，回经必背的半岗岭瑶寨，来到乳源大桥的横溪下湾村，会合在铁龙头村能走动的伤病员，折回乐昌罗家渡附近的老爷庙渡过武江，经乐昌的黄圃向江西开进。

"风萧萧兮武水寒，壮士一去兮不复还。"当年红七军抢渡武江的杨溪、曲合等渡口，历经 80 多年的沧桑岁月，天变地改，遗址留存至今的只有杨溪、均村、东岸、曲合、大菜角等古村村名和江边见证炮火硝烟的百年古树，还有滔滔南流的武江河水，永远奔腾着"武水悼忠魂"的悲壮。

红七军伤病员曲潭养伤

1931 年 2 月 6 日，从乳源北部梅花（1952 年划归乐昌市辖）战役南撤转移的红七军 400 多名伤病员，由中共湘粤边工作委员会（后改湘粤特委）负责转移，经西京古道和几条小路护送到今乳源县的大桥铁龙头村，交由中共地下党员、铁龙头村民张金泮负责安置。两天后，张云逸军长带领红七军 58 团和在渡武江时受阻而未曾过江的所有人员

来到横溪的下湾村（今被横溪水库淹没）。部队与在铁龙头村的伤病员取得联系，并安排能走动的伤病员跟着大部队走。大部分伤病员离开了铁龙头村，有44名行走不便的重伤病员继续留下来养伤。

送走了大部队，铁龙头村民面临更严峻的考验。留下来的40多位重伤病员，要伤好归队不是一天两天的事，必须有一两个月甚至更长时间。安全、吃饭、医治等问题须同时考虑。这时的张金泮，更深深意识到了肩上千斤担子的压力和重大的责任。张金泮与张桢祥、张法昌、张土生等几名骨干分子商量后，一致认为将伤病员尽快转移到安全的地方隐蔽起来方为上策。经过讨论，决定选址曲潭山坳。这里与铁龙头村相隔一座山，有四五里路程，远离村庄，山高林密，四面高山环抱，山下水流湍急，河水随着陡峭的山势转曲奔腾，故名"曲潭"。这里地势非常险要，只有一条羊肠小道出入，仿若与世隔绝，不是熟路的人很难找到这个地方，大家认为这里相对安全。

事不宜迟，张金泮立即组织可靠人手，除草清地，砍树割茅，搭起茅棚两间，在最短的时间内把住在村子里的红七军伤病员秘密转移到茅棚里。对这山中的安全保卫、粮食运送、伤病医治等一切事宜，张金泮都一一做了周密的布置和安排。红七军40多名伤病员撤出铁龙头村子后，在这深山密林里隐蔽养伤了两个多月。由于军民一心和张金泮的勇敢机智，44名伤病员躲过了国民党重兵的搜捕，除有一位姓唐的连长和一位不知名的战士因伤势过重不治牺牲外，其他42名得以安全养伤至痊愈归队。

张金泮从附近的横溪村买来两副棺材，将在曲潭牺牲的两位红七军烈士的遗体就地埋葬在曲潭山坳。人民不会忘记为革命牺牲的英雄们，铁龙头村民从来没有忘记长眠在曲潭山坳的两位红七军烈士。80多年来，从张金泮到张顺，再到张鼎华、张能辉，每年清明节，他们都按当地风俗前往扫墓，祭拜烈士。1998年8月，横溪水库蓄水发电，为防水淹，村民张能辉将两位烈士遗骨移葬高处。2009年9月，张绪金等又修筑了墓面，立有墓碑。2018年冬，铁龙头村民又自发将两位烈士遗骨迁回村边安葬，为两位烈士建墓立碑。

曲潭山坳，当年40多名红七军养伤的地方，今已一片荒芜。然而，曲潭还是当年的曲潭，青山依旧，山上的杜鹃花在绿叶丛中显得特别艳丽。时光流逝，红七军伤病员在这里安全隐蔽养伤的痕迹已难

以找到，但那段红色历史，却如山上盛开的杜鹃，点缀着这块光荣的
土地。

南下大军夜战龟岭

1949年10月，中国人民解放军刘伯承部自北向南，从江西进入
广东，路经乳源县境挥师南下。10月8日（农历八月十七日）下午3
时左右，负责探路的一个侦察排30多人从侯公渡码头渡河，到达乳源
河南岸的九仙乡地界。九仙乡地形为一块呈南北走向的开阔地，东西
两边是连绵起伏的丘陵山坡，中间是田垌，西京古道贯穿其间，俗称
"九仙垌"。九仙垌村庄密集，垌北端有河头廖屋、健民下车、黄田、
龟岭、陈岗等村庄。解放军上岸后，立即分头行动，10多个人把一门
炮推上河头廖屋背夫山高地，另10多个人则三四个人一组分别到附近
几个村庄侦察情况及做宣传工作。

由于两天前国民党63军残部南逃时曾经过乳源，当地群众受到了
严重的骚扰，群众见又有军队到来，害怕再受骚扰，于是村村都关闭
了大门。当解放军走进村庄叫门并说明是解放军时，河头廖屋、健民
下车等村子都开了门，唯独龟岭村大门紧闭。龟岭村，位于九仙垌北
头西面山坡脚下，与健民下车村隔田相望。当时，龟岭村有20多户人
家共100多口人，躲在村中的匪徒不准村民开门迎接解放军。匪徒们
有的躲藏在村北面邱天生家的3层炮楼里，有的潜伏在大门旁的房角
边。当4名解放军战士走近龟岭村叫门时，大门左边的窗口突然响起
枪声，站在离窗口只有几米远的1名解放军战士中弹牺牲，其他3名
战士见状，立即匍匐在水沟里，同时高声向村民喊话："老乡，不要
开枪，我们是解放军！"但是，无论解放军如何叫喊，屋内还是不停
地向外打枪。

守候在河头廖屋背夫山高地的10多名解放军听见枪声，立即分一
部分人由当地的向导带路，冲锋下山向龟岭村靠拢。躲在炮楼里的匪
徒居高临下向从山上下来的解放军射击，解放军又有1人中弹牺牲，
数人受伤。为了宣传教育群众，当时解放军没有还击，仍继续不停地
喊话："老乡，请不要开枪，我们是共产党毛主席领导的人民解放军，

是帮助穷人闹翻身求解放的队伍，是不会伤害老百姓的!"两个多小时过去了，村内依然没有一点反应。黄昏时分，解放军只好一面增添兵力，把龟岭包围起来，一面继续向村子喊话："老乡们，请你们出来吧，解放军是保护老百姓的!"同时也警告匪徒："必须立即放下武器，缴枪投降，顽固到底是没有好结果的!"多次喊话，多次警告，村内仍没有一个人出来，也没有停止向解放军开枪。

夜幕降临，守候在廖屋背夫山高地的解放军开始向村北的炮楼开炮，随着两声巨响，炮楼的一角即刻被摧毁。紧接着，在村前左右两侧的伏兵也向大门两边的射击窗口还击。窗户的柱子被打断了，周围墙壁被打得弹痕累累。匪徒受到猛烈打击后，趁着黑夜，伏在村子周围向解放军射击，枪声响成一片，震撼了整个九仙硐。战斗从黄昏一直打到晚上10点多钟，匪徒终于抵挡不住了，村子被攻破，一些匪徒在顽抗中被打死，有些则挖穿屋后墙壁往后山逃跑。战斗结束后，解放军分别在河头廖屋、下车等村庄宿营。

这次战斗，解放军牺牲4人，受伤10多人。牺牲的4名解放军战士的遗体第二天被掩埋在河头廖屋村禾坪头。1957年，乳源县人民政府将遗骸迁葬于乳源温泉后山坡上。

解放军掩埋好牺牲战友的遗体后，沿着西京古道，翻过大东山继续南下。

核桃山抗征洪炉队

1949年，宜（章）乳（源）边境地区的革命斗争在中共宜（章）乳（源）边工委的领导下，形势迅猛发展。2月下旬，边工委决定在乳北地区开辟新区，首先在宜乳边境西京古道边的核桃山开展工作。

核桃山（今乳源县大桥镇核桃山村）的贫苦农民，长期受到国民党地方官僚的欺负压榨，生活在饥寒交迫水深火热之中。当中共宜乳边工委派人前来秘密串联发展革命组织时，贫苦农民江炳森第一个响应，并串联了村中一批进步青年，经过组织筹备，于3月下旬成立了"抗征队"。抗征队由31名青年组成，他们积极发动和组织村民，一方面筹集钱粮枪支支援前方游击队，另一方面开展各种形式的反"三

征"斗争。

4月18日，宜乳边工委成立"宜乳边人民抗征队"，江炳森等6名核桃山村抗征队员正式成为宜乳边人民抗征队骨干。

4月下旬，国民党官兵前往核桃山开展"三征"，抗征队在江炳森的指挥下，组织全村村民武装抗征，取得胜利。

1949年6月，宜乳边人民抗征队扩编为两个队——"宜章人民抗征队"和"乳北人民抗征队"，并命名乳北人民抗征队代号"洪炉队"。乳北人民抗征队成立后，主要活动在乳北地区的梅花、秀水、沙坪、云岩（今乐昌市辖）、大桥一带，开辟新据点，扩大武装力量，开展游击战，有力地打击了地方反动势力。核桃山抗征队此时也启用"洪炉队"代号，称"抗征洪炉队"，参加游击队。

6月13日，连江支队到达乳北地区，执行攻打梅花区公所的任务。核桃山抗征洪炉队遵照工委指示，前往梅花参加战斗，攻打梅花区公所的战斗很快胜利结束。

核桃山抗征洪炉队在斗争中不断成长，并逐渐成为乳北地区革命斗争的一支有生力量，新的据点不断扩大和巩固。中共宜乳边工委领导人陈克（中共宜乳边工委书记）、李子明（中共宜乳边工委组织委员）等多次进入核桃山，在该村江炳森和江洋标家中召开会议，研究和商讨开展武装斗争等事宜。核桃山抗征洪炉队坚决听从边工委指挥，多次顺利完成边工委交给的搜集、传递情报，运送枪支、军粮和护送地下党负责人等任务。乳北革命武装多次进入核桃山，以核桃山为迂回周旋的中心地点。1949年6月，陈克、李子明等率领乳北人民抗征游击队160多人，迂回到核桃山村，核桃山抗征洪炉队主动挑起食宿接待、情报搜集、岗哨巡逻等重任，给游击队以有力支持。

1949年6月底，国民党地方军警"围剿"核桃山村。当时，核桃山抗征洪炉队仅有30多条枪，在敌众我寡、力量悬殊的情况下，抗征洪炉队带领全村村民，固守村庄，沉着应战，一边设法拖住敌人，一边派人火速前往湖南的马头下求援。战斗中，核桃山村民有11人被捉。国民党地方头目林耀华扬言，如不交出江炳森，就杀掉他们，还要血洗村子。抗征洪炉队与敌人斗智斗勇，赢得时间，战斗相持了一整天。敌方见天色已晚，又听闻抗征洪炉队援兵已到，便撤了兵，同时也放回了被捉的11名村民。

随着村民革命斗争热情的日益高涨，1949年8月，核桃山村成立了农会，由江大源任会长，江坤乾任文书，农会设在村前的书房里。农会成立之日，在书房门口召开了村民大会。村农会成立后，从反"三征"斗争向减租减息斗争发展。

核桃山抗征洪炉队在斗争中诞生，在斗争中成长，自成立以来，立足当地，胸怀全局，巩固据点，支援前线，坚决听从上级调遣，积极筹集钱粮。他们先后为支援游击队和迎接解放大军南下，千方百计共筹得大洋188块、稻谷10 000多斤。其中江炳森还把自家1.2亩土地卖掉，卖地钱108块大洋全部交给组织。全体抗征洪炉队成员经受了艰苦斗争环境的锻炼和考验。新中国成立后，部分抗征洪炉队员加入刚刚建立的大桥三区人民政府工作。

1950年3月，逃匿为匪的反动地主许树楷等纠集在逃土匪，并收买、拉拢一些不明真相的群众共计1 000多人攻打大桥三区人民政府，由于寡不敌众，区政府被攻破，留守区政府的20多位工作人员全部壮烈牺牲。牺牲人员中，包括江炳森、江锦桂、江民权、江民福、江民生、江民华、江民辉等7位原核桃山抗征洪炉队成员。

1995年，核桃山村重修祠堂，纪念村中为新中国建立而牺牲的七位烈士，拟楹联一副曰："济美承先七烈士虎视龙骧已为宗祠添异彩，阳精守实二世祖鸢飞鱼跃再完堂构复生辉。"楹联以木镌刻悬挂于祠堂上厅前柱，以告慰英灵，激励后辈。

石窖通济悼忠魂

石窖，即石窖溪（今乳源大桥河），石窖水（今大桥村），意为河水被石头窖藏，自石头底下流过。因客家方言"窖"与"高"谐音，清康熙二年（1663）《乳源县志》记为"石高溪"。石窖溪上，古老的通济桥横跨两岸。桥东河畔，原有一座革命烈士纪念碑（1958年乳源县人民委员会建，1999年迁至大桥中学对面的尖山下），与古老的石桥、苍翠的古柏和永不停息的滔滔河水相依相映，庄严肃穆。

通济桥和大桥村，是西京古道途中要地。1949年10月7日乳源县解放后，新诞生的人民政权——乳源县第三区人民政府驻地就设在大桥村，区政府办公地点驻老屋原大地主许树楷宅院。

1950年3月18日（农历二月初一），逃匿为匪的地主许树楷纠集张英华、李景春、林耀华等一伙土匪，并收买了一些不明真相的农民共1000多人攻打三区人民政府。区政府全体工作人员在副区长廖贤思的指挥下，一面派人分两路分别由西京古道前往梅花（今乐昌市梅花镇）和乳源告急，一面进行抵御。前往梅花和乳源的两路告急人员在离开区政府不远处，就分别在猴子岭（白牛坪）和赖大石（神仙坪）被土匪拦截杀害。区政府20多名工作人员孤军应战，战斗从清晨6点多打到下午2点多，终因寡不敌众，再加上区中队内部的杨寿城（龙南汤盆水人）叛做内应，区政府最终被攻破，20多名区政府工作人员全部被俘。3月19日早上，土匪将被俘人员押赴河边沙坝全部杀害。

3月19日上午，驻扎在梅花的中国人民解放军143师428团接到情报后立即派出一个连的兵力沿着西京古道火速南下，到核桃山又汇合该村洪炉队民兵直扑大桥。部队到达白牛坪时，被上百名武装土匪阻击，解放军与土匪展开一场战斗。之后，部分土匪逃到柯树下村炮楼躲藏起来。解放军发起炮击，摧毁炮楼一角，打死匪徒10多人。战斗中，解放军战士牺牲3人，民兵牺牲1人。

这次事件被称为"三区事件"，在这次事件中牺牲的区政府工作人员共29人。

"三区事件"是反革命的一次垂死挣扎，是革命者用鲜血和生命保卫新生的人民政权的壮举，是发生在西京古道上不可磨灭的战斗史。烈士们虽然随着滔滔东流的石窖溪水远去，但通济桥下的水声却永远传颂着烈士们不朽的英名！

二、人物故事

凿山通道第一人卫飒

卫飒（约前10—后60），字子产，东汉时河内修武人。"修武"，县名，殷商时代名宁邑，武王伐纣途中遇雨，曾在此地临时驻扎修兵练武，故而得名。公元前221年，秦始皇统一中国后，实行郡县制，

始设修武县，至 1952 年划归河南省新乡专区，1985 年起属焦作市辖县。

卫飒出生在一个平民家庭，家境贫寒，自小就很爱读书，跟从老师求学常常连饭都吃不上，只得边读书边靠给人做短工来维持生活，终得高中。王莽新政时，曾出仕于郡州。东汉建武二年（26），卫飒被征召至邓禹府任大司徒职务，因破案迅速被举荐，授职侍御史，兼襄城（今河南省许昌市辖县）令。在任期间，又因政绩显著，建武十五年（39），接前任太守张隆之位，升任桂阳郡太守。

东汉时期的桂阳郡，郡治在今湖南郴州，行政区划不仅管辖今湖南郴州地区，还包括今广东的韶关、英德、连州等大部分地区。这些地区原来是越国旧地，汉武帝平定之后，隶属桂阳郡管辖。这些地方的山民，多半是在战乱时逃进深山的，因为地处偏僻，受其风俗浸染，不懂礼法，也不向官府交纳田租。离郡治远的地方，有的近千里之遥，官吏往来办差，总要征发民役乘船而行，被称为"传役"。官吏出行一趟，常常须数家服役，百姓以此为苦。

卫飒到任后，详察民情，从振兴教育入手，广设乡学以启发民智，同时制定婚姻礼仪制度，以淳化风俗。没多久，郡内民风开始发生变化。

为了行政管理上的迫切需要，同时也便于岭南向朝廷进贡龙眼、荔枝等新鲜贡品，卫飒上奏朝廷，计划拓展郴州至宜章路段，新开一条从宜章通往英德洽洸的陆路。这一宏伟计划得到了正在重振汉朝国威的汉光武帝刘秀的批准。朝廷批准的这项"国道"项目，不但工程特别浩大，而且特别艰巨，沿途均为高山峻岭，环境非常险恶。卫飒不辱使命，披荆斩棘，风餐露宿，亲自指挥，凿山通道。该路南起英德洽洸，经江湾、白竹、东坪、龙溪、梯云岭、大桥、白牛坪、开封桥、梅花、武阳司至湖南宜章，全程 500 余里，沿山就势铺设青石板为路面，并在途中修亭馆、建邮驿。这就是历史上著名的"西京路"，后人称为"西京古道"。

西京路开通之后，大大改善了桂阳郡南北的交通条件，途中修建的亭馆方便来往行人饮马食宿，吏使始而用车马传递往来公文书信，从而省免了百姓的徭役和劳苦。流亡深山的百姓逐渐搬到靠近道路的地方居住，村落城镇逐渐形成，百姓的生活一天天得到改善，也开始向官府交

纳田赋。岭南向朝廷进贡龙眼、荔枝等贡品，从此经连江从洸洸上岸，再经西京路快马接力运抵西京长安。

卫飒为官清廉，一身正气，他力惩贪官，惜民力、保民安。时耒阳县出产铁矿石，别郡之民常聚集于此，与贪官勾结，私下进行冶炼铸造。此地鱼龙混杂，治安混乱，许多亡命之徒藏身此处，奸淫偷盗，称霸一方，严重威胁周边百姓的生命财产安全。卫飒不畏强暴，大义凛然，惩治贪官，擒拿凶徒，命铁官设立专门负责开采铁矿及冶炼事宜的机构，禁绝私人铸造。通过惩贪治乱，既保障了一方百姓安宁，又为朝廷每年增加了500余万库银。

卫飒勤政爱民，视民如子，依理抚恤百姓，他所采用的行政措施，没有不合事物情理的。卫飒在桂阳郡任职10年，郡内政治清明，社会安定，地方经济得到发展，百姓生活日趋富裕。建武二十五年（49），光武帝召卫飒还朝，拟委以少府之职，适逢卫飒疾病缠身，不能赴任，光武帝便敕令他以桂阳太守的身份归家养病，等候诏命。建武二十七年（51），卫飒病仍未愈，于是带病乘车进京面圣，陈述病体困扰深重，无法胜任其职，光武帝这才收回印绶，赏赐给他十万钱回家继续养病，后终老于家中。

卫飒是西京古道的"奠基者"和"开拓者"。《后汉书》记载："飒乃凿山通道五百余里，列亭传，置邮驿。"自其开通西京路，岭南便有了一条直通中原、直通西京长安的大道，自东汉至今两千年来，一直便民行往。沿途修路碑、建亭碑不乏对西京古道和卫飒的记载。如清乾隆十八年（1753）《猴子岭石亭叙碑》载：西京古道乃"上通三楚，下达百粤，必由之路"。清同治十一年（1872）《建仰止亭碑》曰："昔卫太守凿山通路，列亭置邮，以利行人，由来旧矣。"明万历《郴州志》载："（卫）飒凿山通道，垂利世世……"西京古道沿途，建有专门供奉卫飒的祠庙，以纪念这位立下千秋之功的开路功臣。

"南天一人"侯安都

乳源历史悠久，人杰地灵，早在1 400多年前的南朝时期，就出现了一位威名远扬、显赫一时的朝廷重臣侯安都。侯安都文武双全，1 000

多年来深受人们敬仰，有"南天一人"之称。

《南史》《中国名人大辞典》等史书记载：侯安都，字成师，始兴曲江人。工隶书，能鼓琴，涉猎书传，为五言诗颇清靡，兼善骑射，为邑里雄豪。

侯安都（519—563），今乳源桂头镇人，南朝陈的开国功臣，可谓功安社稷。他辅佐陈武帝（陈霸先）建立陈朝，又拥立陈文帝继任帝位。他一生戎马倥偬，战功卓著，历官始兴主簿、兰陵太守、南徐州刺史、南豫州刺史、征北大将军、侍中、司空，晋爵西江县公、清远郡公、桂阳郡公。

南朝梁太清二年（548），建康（今江苏省南京市）发生"侯景之乱"，台城内外，"横尸重沓，血汁漂流，无法行路"，长江下游，"千里绝烟，白骨成聚"。

大宝元年（550），始兴郡太守陈霸先起兵援救建康，侯安都遂率千余人前去归附。随霸先攻蔡路养，破李迁仕，平定"侯景之乱"，因功被封为猛烈将军、通直散骑常侍、富川县子。

承圣三年（554），陈霸先出镇京口（今江苏省镇江市），侯安都随同前往，被提为兰陵（今江苏省常州市武进区）太守。绍泰元年（555），侯安都密随陈霸先袭王僧辩，率水军由京口直奔石头城（今南京市清凉山）。当侯安都的战船快要到达时，陈霸先却犹豫起来。侯安都当机立断，力促陈霸先急速进兵。

侯安都抵达石头城北，弃船登陆，潜至城下，带头逾城而入，击毙守卒，领兵潜入城内，直逼王僧辩卧室。这时，陈霸先率兵赶到，王僧辩腹背受敌，败走南门被擒。侯安都因功被封为使持节、散骑常侍、都督南徐州诸军事、仁威将军、南徐州刺史。

陈霸先东征杜龛，令侯安都留守建康。时谯（今安徽省马鞍山市和县）、秦（今江苏省南京市六合区）二州太守徐嗣徽投降北齐，密结南豫州刺史任约趁机引北齐军占据石头城，进袭台城。侯安都关闭城门，放倒旗帜，示敌以弱，下令："登上城墙向敌人观望者斩！"徐嗣徽不知虚实，不敢冒进，至入夜暂且收兵。次日黎明，徐嗣徽再次率军前来，侯安都率三百勇士开门迎战，大败北齐之敌。

不久，陈霸先东征回师攻石头城，侯安都奉命率水军夜袭湖墅（今江苏省南京市长江北岸），放火烧毁北齐船千余艘，切断北齐军粮运，继又袭击秦郡，拘捕徐嗣徽家眷，缴获其辎重。侯安都把缴获的琵琶、猎鹰等命人送还徐嗣徽，并传信道："昨天到你处得到这些东西，今天奉还给你。"徐大惊，遣使谈判，退回北方。

太平元年（556），侯安都率兵镇守长江要塞，防备北齐。此时，徐嗣徽再次入侵丹阳、湖州、常熟，侯安都奉命抵敌，与北齐军战于耕坛。侯安都率12骑冲入敌阵，生擒北齐仪同乞伏无芳，刺北齐将东方老于马下。北齐军越过蒋山（今紫金山），侯安都又与北齐将王敬宝战于龙尾（今紫金山东北）。侯安都命堂弟侯晓和张纂冲阵，刺杀中，张纂阵亡，侯晓受重伤。侯安都飞马救援，斩敌骑兵11人，救出侯晓，抢回张纂尸体。北齐兵见侯安都如此骁勇，不敢近前。陈霸先在莫府山与北齐军激战，侯安都身先士卒，率部将肖摩诃及步骑千余人杀入敌阵。北齐兵发箭迭射，侯安都冒矢向前，身中数箭仍向敌冲杀，不料坐骑眼睛中箭，将侯安都掀落地。北齐军前来擒拿，被肖摩诃击退，救起侯安都。侯安都易马再战，率部追至摄山（今栖霞山），俘获北齐军无数。侯安都因功晋爵为侯，增食邑500户，又晋号"平南将军"，改封西江县公。

永定元年（557），侯安都出豫章（今江西省南昌市），帮助豫州刺史周文育讨伐北上的曲江侯萧勃。才到始兴，萧勃被杀，其侄萧孜等以讨逆之名占据南江州和豫章的石头津（今江西省南昌市西南）两城，布设战船夹水作阵。侯安都率军抵达，夜烧其船，与周文育两军会合，登岸作战。侯安都令军士伐木作栅，列营渐进，萧孜求降，岭南诸郡都望风归顺。侯安都班师，以功晋号"镇北将军"，加开府仪同三司。

同年五月，侯安都与周文育合兵武昌，西讨叛将王琳。大军到达郢州（今湖北省武汉市），侯安都下令围城，王琳部将坚守城中，数日强攻不下。此时王琳已到弇口（今湖北省武汉市西南）。侯安都舍弃郢州，到沌口（今湖北省武汉市武昌区）抵御王琳，因在西岸，风大浪急，地形非常不利。王琳占据东岸有利地形，顺风势来攻。侯安都、周文育和偏将徐敬成等走避不及，均被擒。王琳派亲信王子晋看守，侯安都许以重赂，王子晋竟为所动，夜间用小船载侯安都3人登岸，因而脱险，3人返回京都自劾。此时已代梁称帝的陈武帝陈霸先赦免了3人，并让他们官复原职。不久，侯安都担任丹阳尹，以功授"镇西将军"、南豫州刺史。

永定三年（559），侯安都奉命进袭余孝劢和王琳部将曹庆、常众爱等，自宫亭湖出兵追击常众爱。时周文育被害，侯安都便回取大船，途中生擒王琳部将周炅、周协。余孝劢弟余孝猷4 000兵将尽降侯安都，侯安都乘胜大破曹庆、常众爱等。

同年六月，侯安都回师至南皖（今安徽省安庆市怀宁县西），适逢陈霸先之侄临川王陈蒨奉命在南皖筑城镇守，侯安都前往拜见。恰遇陈武帝驾崩，侯安都请陈蒨速速还都。在大丧中，侯安都与群臣商议欲立陈蒨为帝。陈蒨谦让不敢继位，皇后（即宣皇后）又因衡阳王陈昌的缘故不肯下令，群臣都犹豫不决。侯安都厉声道："今四方未定，何暇远迎（被北周掳去的陈霸先嗣子衡阳王陈昌），临川王有功于天下，应该嗣立！若果有谁异议，请污吾刀！"说罢按剑上殿，要皇后交出玉玺，并亲手解开陈蒨的头发，叫他到陈霸先灵前致哀。陈蒨继位，是为文帝。侯安都晋封为司空、征北将军。

不久，后梁丞相王琳举兵攻陈，陈文帝派遣侯瑱为大都督，而指挥经略，多出自侯安都。王琳败走入北齐，侯安都进军溢城（今江西九江），讨伐王琳余党，所向皆捷。

天嘉元年（560），身陷北周的衡阳王陈昌返回江东，在途中给陈文帝写信，要文帝让位。陈文帝很不高兴，对侯安都说："太子就快回来了，我只好找个地方做藩王去养老。"侯安都回答道："自古以来从没被代天子，臣不敢奉诏。"要求亲自去迎接陈昌。结果，陈昌在渡汉水时坠江而亡。侯安都晋爵清远郡公，食邑4 000户。同年，侯安都改封桂阳郡公。

天嘉二年（561），侯安都东伐东阳（今浙江金华）太守留异。侯安都亲临指挥作战，为流矢所中，血流至踝，仍坚持战斗，直至胜利。胜利归来，以功增邑至5 000户，被封为侍中、征北大将军，仍回镇京口。

天嘉三年（562），朝廷批准辖境吏民之请，立碑颂扬侯安都功绩。自此，因侯安都威名太重，为文帝所忌，又因被蔡景历等人诬告谋反，天嘉四年（563），陈文帝召侯安都回到建康，引其于嘉德殿宴饮，席间将其收捕，囚禁在西省，次日被赐死，时年44岁。

功臣已死，说其谋反，查无实据。文帝下诏，命侯安都灵柩归故里厚葬，并宽赦其家族。

太建三年（571），陈宣帝追封侯安都为陈集县侯，降旨其子侯亶嗣爵。

地以人传名不灭的韩愈

西京古道沿途有诸多关于韩愈三下广东的故事传说。清初嘉兴（今浙江省嘉兴市）秀才俞正声有一首《过蓝关步庞瑰叟韵》诗写道："古今幽胜在青山，犹忆昌黎度此关。地以人传名不灭，松因月上鹤初还。千年仰止缘非浅，一日留题份岂悭。断草芳烟踪迹杳，仙风未许俗情攀。"

诗人所过的"蓝关"，在今广东乳源大桥镇的白牛坪，这里是广东海拔高寒地区之一，每年农历的十一月至次年三月，基本上都是寒冷季节，"风雨随即凝雪"。相传此地曾产白牛而得名，更因为这里海拔高，当地人又称"天顶壳"。天顶壳在古代有一座蓝关亭，故又叫"蓝关"，西京古道就是从这里通过。自古以来，这里的"蓝关"与韩愈诗"雪拥蓝关马不前"中的"蓝关"神奇巧合，流传着韩愈过"蓝关"的故事传说。

唐元和十四年（819）韩愈被贬，于正月十四日离开长安，此时正值寒冷季节，只见秦岭云封雾锁，行至蓝田关时更是大雪塞途，行马踟蹰。

韩愈是农历三月二十五日到达潮州的，他一路南行过乳源地界的时间是在农历三月上旬，此时乳源西京古道白牛坪路段仍是冰天雪地，与两个多月前过秦岭时的情景何其相似，更巧的是此地也叫"蓝关"，所以"雪拥蓝关马不前"又传为白牛坪的"蓝关"了。

当地人传说，大诗人韩愈因反对唐宪宗到法门寺迎请释迦牟尼指骨到皇宫中供奉而被贬潮州，南下时经过天顶壳，当时这里还是寒冷季节，风雪弥漫，人难走，马难行，于是他下马步行，冻得把一只靴子丢在雪地上。乡民拾到后奉为神物，韩愈去世后，就将靴子埋葬，在岭上修起一座衣冠冢，谓之"韩文公墓"，四时祭祀。这座衣冠冢至今尚存。为纪念韩愈，当地人把他走过的这座山称为"文公山"，把西京古道这段路叫作"文公路"。清顺治十八年（1661），乳源知县

裴秉钫又在白牛坪建起一座韩文公祠以祭祀。清代，此地修建的凉亭也寓意崇韩而命名，如"心韩亭""仰止亭"等。

沿途关于韩愈途经西京古道、过化传神的文物古迹早已有之。早在明代以前就已经有纪念韩愈的庙宇，今存乳源大桥镇梯云岭云梯祠遗址《修造云梯祠碑记》（明初）载："云梯胜境，乳地名区，青山耸翠，绿水清流。缅石壁之残碑，依稀可认，思韩公之古庙，相像如存。"明洪武元年（1368）乳源县城从虞塘迁到洲头津，也有"名宦祠，在文庙仪门之左，祀唐吏部侍郎韩愈"的记载。明清时很多文人墨客，留下不少关于韩愈过乳源蓝关的诗篇。明万历十一年（1583）任乳源知县的赵佑卿（今浙江省兰溪市人）在《过蓝关》诗中写道："层峦叠嶂路漫漫，雪岭犹存马迹寒。"清顺治十六年（1659）任乳源县教谕的庞玮（南海人）写有《蓝关怀古》，诗中有"马上荆榛见乱山，云飞雪拥古蓝关"等句。清顺治十七年（1660）韶州知府赵霖吉（河南人）作《蓝关》诗曰："昔年冒雪冲寒度，今日依然见斗山。应是圣明开瘴厉，故全贤达化愚顽。一鞭往迹迷茫里，千古芳踪咫尺间。衣被流风深仰止，不辞拙笔赋蓝关。"

清顺治四年（1647）任乳源知县的郭弘缵（今福建省漳州市漳浦县人）在《韩昌黎先生祠记》中写道："因问父老，乃知巉岩陡峭之蓝关，为昌黎韩先生入粤驯鳄之取道也。"清康熙二年《乳源县志》载："唐吏部侍郎韩退之先生，得刚大之气，三次论诤，不容于朝，后贬潮阳，取道于乳，雪拥蓝关，在白牛坪岭上。"《广东新语》曰："初梅岭未辟，小岭为西京孔道，韩昌黎赴潮时，以昌乐泷险恶，舍舟从陆道出乳源蓝关。"

沿途的古碑刻也有不少记述。如现存乳源大桥镇猴子岭巅心韩亭，立于清乾隆十八年（1753）的《猴子岭石亭叙》载："爰考古迹，岭巅白牛坪有韩文公墓焉。公以忤上贬粤岭者，再为连州牧，路经于斯，岂其卒于斯而窆于斯欤？噫！地以人传，猴子岭白牛坪之幸也。"今存乳源大桥镇梯云岭亭，立于清乾隆四十七年（1782）的《重修梯云碑记》曰："昔唐昌黎韩公，宦游岭南，道经此地，迨后地以人传，名贤经过之区……虽碑残碣断，殊难阅稽，而山石依然，韩迹可吊。"

"昌黎浩气破沧溟，万古人瞻比岳星。"韩愈的名字，已与西京古道不可分开；乳源蓝关，亦与文星韩愈一起，光照日月。

东平正觉慧寂祖师

慧寂祖师是唐代高僧，中国禅宗五宗之一沩仰宗的创始人之一。慧寂祖师俗姓叶，唐元和二年（807）生于韶州浈昌县怀化镇（今南雄市珠玑镇）。

唐长庆三年（823），17岁，于韶州南华寺依通禅师出家披剃。

长庆四年（824），18岁，受戒为沙弥，并出外参学，先参谒宗禅师，后至吉州（治所在今江西省吉安市）礼南阳慧忠的弟子耽原真应为师。

宝历二年（826），20岁，到沩山，参谒灵祐禅师，成为灵祐的弟子，为时15年。在此期间，于大和三年（829）受具足戒，成为正式的比丘。

会昌元年（841），35岁，到江西袁州的仰山传法，为时近20年。法道大行，故号"仰山"。其间，朝廷赐其"小释迦"名号。

咸通二年（861），55岁，到洪州府治所在地南昌的石亭观音院传法。

咸通四年（863），57岁，到韶州东平山居住弘法。其间，受赐"知宗大师"名号。

乾符二年（875），69岁，在东平山，经弟子道圆的奏请，改赐"澄虚大师"，并紫方袍。

中和三年（883），77岁，于东平山圆寂。

大顺二年（891），敕谥号"通智大师"，敕塔名"妙光之塔"于东平山。

北宋靖康元年（1126），加谥"灵威"。

元仁宗（1312—1320）加封谥号为"慧慈灵感昭应大通正觉禅师"。

慧寂祖师自幼就有佛缘，"年十五求请出家，父母不许。年至十七，又再求去，父母又吝。其夜有白光二道，从曹溪发来，直贯其舍。父母则知是子出家之志，感而许之。……初于南华寺通禅师下剃发，年十八为沙弥行脚，先参宗禅师，次礼耽源，在左右数年"。

慧寂祖师先后到潭州的沩山（今湖南省宁乡市西）、袁州的仰山

（今江西省宜春市南）、韶州的东平山（今广东省乳源县南）举扬禅宗佛法。慧寂刚到仰山时，恰遇唐武宗"灭佛"，佛门称这次浩劫为"会昌法难"。但远在袁州深山里的慧寂，并没有引起朝廷的注意，躲过了这一劫，仍然青灯黄卷，精修禅法；耕地种田，艰苦为生。

道是有一日，一位梵僧到来，慧寂问："师尊何来？"梵僧曰："西天。"又问："何时去？"答："今早。"再问："何来太迟？"答："游山玩水。"慧寂又说："神通游戏则不无，师父佛法须还老僧始得。"梵僧道："特来东土礼文殊，却遇小释迦。"说完，取出梵文经书《贝多叶》给慧寂，然后作礼乘空而去。时江南观察使韦宙奏报朝廷赐慧寂"小释迦"号。

除此之外，"仰山"亦为慧寂之号。会昌五年（845）"武宗灭佛"，慧寂潜匿集云峰。翌年，武宗服丹身亡，宣宗继位，大开佛门禁令，慧寂还山归寺，重振庙宇。他秉承灵祐心印，大兴禅道，主张"悟境与功行事理并行"，"动即合辙，但得其本不愁其末"，阐述"触目而真"的见解，故号"仰山"。

唐咸通四年（863），慧寂祖师到韶州东平山居住弘法。"四方来学，缁褐千人"，盛冠一方，朝廷赐号"知宗大师"。乾符二年（875），再赐"澄虚大师"并紫方袍。祖师圆寂后，唐大顺二年（891），朝廷敕谥号"通智大师"。

慧寂在东平山传法时，其中有关于"东平镜"的公案："师住东平时，沩山令僧送书并镜与师。师上堂，提起示众曰：'且道是沩山镜东平镜？若道是东平镜，又是沩山送来。若道是沩山镜，又在东平手里。道得则留取，道不得则扑破去也。'众无语。师遂扑破，便下座。"慧寂继承六祖惠能"顿悟"之说，开创一家禅风，成为六祖门下第五代传人（六祖惠能→南岳怀让→马祖道一→百丈怀海→沩山灵祐→仰山慧寂），嗣法弟子多人，著名的有光穆、景通、文喜、光涌、新罗顺之等十多人。

唐中和三年（883）慧寂祖师圆寂，就地安葬在东平山，弟子为其建起墓塔。至第八年，即大顺二年（891），朝廷在敕慧寂谥号"通智大师"的同时，又敕塔名为"妙光之塔"。至唐乾宁二年（895）三月，慧寂的弟子光昧专程从东平山去襄州（今湖北省襄阳市）求请陆希声（据《新唐书·昭宗纪》，是年正月他被任命为户部侍郎、同中

书门下平章事）为慧寂墓塔"妙光"撰写塔铭。陆希声是慧寂的故交，慧寂在洪州石亭观音院时就与之结识。陆得遇慧寂之后，"洗心求道"。陆希声不辞光昧之请，撰写了《仰山通智大师塔铭》。铭文写道："……希声顷因从事岭南，遇仰山大师于洪州石亭观音院，洗心求道，言下契悟元旨……及大师自石亭入东平……师归圆寂。今者门人光昧专自东山来，请予以文铭和尚塔……仰山韶州人，俗姓叶氏，仰承六祖，是为七叶……今略解释，以为塔铭。大师法名慧寂，居仰山日，法道大行，故今多以仰山为号。享年七十七，僧腊五十四……大顺二年三月十日敕号'通智大师''妙光之塔'云尔。"

慧寂祖师在东平山圆寂并安葬在"妙光"墓塔的第 34 年，即后梁贞明三年（917），弟子南塔光涌（849—938）住持仰山时，将慧寂祖师灵骨从东平山迁至仰山，塔于集云峰下。

慧寂在丛林中卓具一家风格的是圆相禅法，他的一生也是一个圆。韶州是慧寂的故乡，他生于韶州，又归果韶州，圆寂于东平山正觉寺，可谓"道果圆满"。

云门开山祖师文偃

文偃（864—949），俗姓张，浙江嘉兴人，生于唐咸通五年（864），系西晋时齐王司马冏的"东曹参军"张翰第十三代裔孙，自幼聪明非凡，过目不忘，"凡读诸经，无烦再阅"。

文偃 15 岁出家，在嘉兴空王寺拜志澄长老为师。21 岁于常州坛落发受戒，受戒后又回到空王寺，侍于志澄。经 6 年的勤奋学习，学有所成，能代师开讲，并"毗尼严净，悟器渊发"。唐昭宗龙纪元年（889），文偃闻说睦州（今浙江省建德市）道踪禅师佛学知识渊博，毅然辞别志澄，外出行脚参禅，到达睦州拜见道踪。在睦州，文偃诚心好学，道踪看出文偃是一个很有潜力的弟子，"知师终为法海要津，定作禅天朗月"。除了秘加调养外，还做了"参承雪峰"的重要安排。5 年后，即唐昭宗乾宁元年（894），道踪将文偃荐给福州的雪峰义存禅师。文偃拜见雪峰后，"朝昏参问"，不过一年，便"温研积稔"，对禅宗底蕴卓有见地。因此，雪峰遂"密以宗印付之"。尔后，文偃

拜别雪峰禅师，走南闯北，风餐露宿，载雪披霜，跋山涉水，足迹遍及全国名山大川。他先后参访了沩仰、临济、曹洞门下的众多尊宿，更与雪峰门下的道友们切磋，巩固了见地、增长了见识。同时，他在与诸方尊宿的交流中，对其学说进行认真考察和研究，从而积累了渊博的佛学知识，逐渐形成了自己独有的禅法，为后来创立不同于其他禅宗宗派的云门宗奠定了基础。

五代后梁乾化元年（911），文偃 48 岁，游方至岭南，到曹溪（今广东省韶关市南华寺）礼拜六祖，旋至韶州灵树寺谒见知圣禅师。知圣禅师禅风高古，还能"逆知其事，验同合契"。他从未与文偃谋面，却始终观照着文偃的成长，这样的事例，在禅宗史上仅此一例。文偃在知圣大师圆寂前，在灵树寺做了 7 年首座，但 7 年不见其迹，当是退藏若密，在知圣大师的指导下深加涵养。后梁贞明四年（918），即南汉乾亨二年，知圣大师圆寂，恰南汉王到韶阳，命为知圣火化，同时召见文偃，请他讲授禅门宗旨，随即赐紫衣一件。次年，南汉王命文偃为韶州军民开堂讲佛学，并继承灵树知圣的法席。此后，文偃住持灵树寺 4 年，大力阐扬其禅宗学说，"据知圣院，说雪峰法"，致使"问禅者接踵"。韶州牧守何希范亦曾到灵树寺向文偃请教。从此，文偃闻名遐迩。

后唐庄宗同光元年（923），即南汉乾亨七年，文偃 60 岁，自觉年岁渐高，"倦于延接，志在幽清""心惟恬默，奏乞移庵"。遂奏准南汉王移庵云门山（今乳源县云门山），并率领其弟子在云门山麓建造梵宇，五载功成，南汉王刘龑赐额"光泰禅院"。历经 5 年修建的云门寺，因南汉王朝供奉，在五代时是全国规模最大的禅院之一。据现存于云门寺，立于五代南汉大宝元年（958）的"大汉韶州云门山光泰禅院故匡真大师实性碑"记载，当时的云门寺院："四周云合，殿宇之檐楹翼翥，房廊之高下鳞差，邃壑幽泉，挫暑月而寒生户牖；乔松修竹，冒香风而韵杂宫商。近于三十来秋，不减半千之众。岁纳地方之供，日丰香积之厨；有殊舍卫之城，何异灵山之会。"立于南汉大宝七年（964）的"大汉韶州云门山大觉禅寺大慈云匡圣弘明大师碑"亦载："层轩邃宇而涌成，花界金绳而化出。晓霞低覆，绛帷微衬于雕楹；夕露散垂，珠网轻笼于碧瓦。匼匝尽奇峰秀岭，逶迤皆泼黛堆蓝，泉幽而声激珠玑，松老而势拏空碧。由是庄严宝相，合杂香厨……庵罗卫之林畔，景象无殊，耆阇崛之山中，规模匪异。"文偃在云门潜心修习佛学，立章传道。由于云门山寺院庞大，便以容众，山林幽深，便于习禅，且由文偃主法，故而"抠衣者岁溢千人，拥锡者云来四表"。云门道场之盛，在当时享誉全国。文偃在韶州灵树、乳源云门先后说法30年，常年听法者不下千人，得法弟子受南汉王封赐的就达百人，有机缘语的50余人，其弟子多分布于广东和湖南，江西、江苏、湖北、四川、安徽、陕西、山西等地亦有传人。

五代南汉大有十一年（938），南汉王召文偃入宫问法，面对恩宠，文偃不失"孤介"的禅僧本色，应对一如在山对众，对答从容，使南汉王倍加钦敬，当即封其为左右街大僧录（专营佛教事务的三品职官）。但文偃不欲为官，南汉王只好不违师愿，遂加封文偃为"匡真大师"，留在宫内住满百日，赏赐金银珠宝绢纱、香药等物送回云门山，此后"每年频降颁宣"。南汉乾和元年（943），南汉王刘晟又召文偃入宫讲述禅宗学说，留驻月余，赐六珠衣一袭及香药施利等而回，并御制塔额，赐云门寺为"宝光之塔，瑞云之院"。之后，南汉王"常注宸衷，频加赐赍"。

文偃住持云门寺期间，宋时临济宗大师称赞"云门气宇如王"，"云门（禅）如九转丹砂，点铁成金"。北宋神宗熙宁九年（1076），两浙转运副使苏澥在为新刻的《云门匡真禅师广录》新作的序中赞曰："祖灯相继数百年间，出类迈伦，超今越古，尽神尽妙，道行于天下者，数人而已，云门大师特为之最。擒纵舒卷，纵横变化，放开江海，鱼龙得游之方；把断乾坤，鬼神无行走之地。草木亦当稽首，土石为之发光。"由此可见当时文偃在佛家声望之高远，禅宗学说造诣之高深。文偃创立的云门宗，禅风犀利，孤危耸峻，集中体现其"涵盖乾坤，截断众流，随波逐浪"的要义与精华，形成了独具特色的云门宗风，天下学侣望风而至。时人论及各家禅风时，有"云门天子，临济将军，曹洞士民"之说。后其弟子弘法诸方，住持丛林，法嗣极其兴旺。至宋初时，云门宗达到鼎盛，宗风振扬于大江南北。云门寺也由此达到"时谓禅河光涌，佛日辉华，道俗数千，问答响应"的程度。此后，文偃的禅宗学说，即被认定为云门宗而流布天下。

文偃自15岁起，参睦州，上雪峰，入灵树，建云门，一生致力弘扬佛法，创立了自己的学派"云门宗"。云门寺也因此成为中国佛教

禅宗五家之一的云门宗祖庭。五代南汉乾和七年（949）四月十日子时，文偃圆寂，世寿86岁，僧腊66年。当月二十五日，诸山尊宿，四界道俗，将文偃的遗体送入方丈宝塔。15年后启塔，肉身如故。南汉大宝六年（963），南汉王刘鋹即命"署人船在云门，修斋迎请"，迎文偃肉身到大内供养月余，方送归云门，并赐文偃谥号为"大慈云匡圣弘明大师"。文偃真身在云门寺时达千年，20世纪70年代毁。

声驰翰苑胡宾王

"乳源，故曲江境也。炎宋启疆，人文彬盛。二胡声驰翰苑，三邓世耀制科。"这是清康熙二年（1663）乳源知县裘秉钫在纂修《乳源县志·选举志》中撰写的一段话。

"二胡声驰翰苑"中的"二胡"，指的是乳源历史上有名的胡宾王和胡梦贞。

胡宾王（940—?），字时贤，广东乳源县官寿里（今乳城镇新兴村）人。少时聪明过人，读书勤奋，时时读书至深夜，博学多才，文章出众，擅长历史研究，精通史经，尤其对历朝历代从兴盛走向衰亡的历史演变过程及其原因深有研究，因而名声显赫。五代显德六年，即南汉大宝二年（959）登进士，累官中书舍人（主管中书六房：吏、户、礼、兵、刑、工，承办各项文书，起草有关诏令），知制诰。宾王为人正直，言行不苟。在朝期间，他目睹了南汉主刘鋹的暴虐和朝廷的腐败黑暗，因而辞官，回归乡里。在家乡，他并没有因朝廷腐败辞官归乡不问国事，而是忧国忧民。他把自己的所见所闻和所收集的历史资料，以历史的眼光和客观事实诠释其人物，告诫后人。著有《南汉国史》，记自南汉刘隐至刘鋹为五主传，杨洞潜至陆光图33人为纯臣传，列有具臣、乱臣、宦臣、女竭等目12卷。

宋开宝四年（971），宋兵进入广州，刘鋹投降，南汉亡。宾王上书宋朝廷《刘氏兴亡录》，直陈己见。宾王虽不在官场，但名声在外。一方面，与文坛诗友广为交际，曾为晚唐岭南著名诗人邵谒的《邵谒集》作序。另一方面，宾王又为乡里教育、振兴文化事业出谋划策。回归乡里后，他在今乳城镇新兴村的大塘球岗创办讲书堂，招一方子

弟，教书育人。清康熙二年（1663）《乳源县志》载："县东二十里球岗下，宋进士胡宾王讲书于此，有濯缨亭，几案，皆石琢，遗迹尚存。镌有'水向石边流出冷，风从花里过来香'之句。"康熙二十六年（1687）《乳源县志》又载："宾王立朝奉公，归乡怜贫恤寡，黜奢崇俭，构讲书堂于球岗，以诱掖后学。"

宋朝中叶，朝廷曾一度颁布有官者可参加科举考试的制度。辞官在乡多年的胡宾王，再度参加科考，复登宋咸平三年（1000）进士，累迁翰林学士，后因病回乡而逝。

胡宾王逝世后，葬于故里，即今乳城镇新兴村大塘球岗。清道光二十年（1840），胡氏后裔合族为胡宾王墓重修墓面，重立墓碑，上刻"皇宋翰林院学士敕授谏议大夫四世祖考讳宾王胡老大人、妣张氏夫人之墓"。时任乳源知县苏璜为其撰写墓志铭曰："球岗登宋咸平辛丑进士，陈尧咨榜历官翰林院大学士，立朝奉公，言行不苟，有古名臣风范，构理学讲书堂于大塘，子史百家，阐发深究，葬球岗芳邑。乘赐进士出身乳源县知县江左苏璜拜。"

胡宾王是乳源宋代以来名声显赫的名臣官吏和文化先驱，清康熙二年（1663）乳源知县裘秉钫赞曰："余观乳先贤，若胡宾王，邓戡皆有文名。"宾王二登进士，二迁翰林，立朝奉公，敢于直言，具有耿直清廉的为官风范；并深究史籍，为后人留下了《南汉国史》等著作；更不忘家乡文化教育事业的振兴和发展，创办讲书堂，扶贫济困，接收家境贫寒的穷困子弟入堂修学。明代，后人在县城建立"世泽流芳"坊，以纪念先贤和昭示后人。清代又在文庙仪门之右建立"乡贤祠"，对胡宾王、胡梦贞等先贤祭祀礼拜。泷口祠也安放有胡宾王雕像，传胡宾王有"开泷化俗之功德"，故而祀之。清康熙二年（1663）、二十六年（1687）《乳源县志》均将胡宾王列入贤达传予记载。胡宾王后第八代，胡家又出现了第二个翰林学士胡梦贞。清康熙二年（1663）《乳源县志》载："胡梦贞，字明道，宾王之裔。登端平二年（1235）进士，天资聪敏，才综学博，官至翰林学士。"至今，乳源依然流传"胡氏二翰林"之美谈。

当代禅宗泰斗虚云

虚云老和尚（1840—1959），俗姓萧，湖南省湘乡人，法号古岩，后又改号为虚云。他一人兼祧沩仰、临济、曹洞、云门、法眼五宗法脉，提倡禅净融合，在佛教南禅中地位极高。

虚云自幼一心向佛。19岁出家于福州鼓山，礼常开老人为师。20岁依妙莲和尚受戒。时因父亲四处寻访，遂隐岩洞，礼万佛忏三年。为专心修行，"乃行苦头陀行，不蓄余资，不存余物"，冬夏一衲、一笠、一铲、一拂、一绳床随身，以野果野菜充饥，常在岩洞或树下，静坐观心，居无定处。后遍访名僧名刹，增长佛学知识，曾经川入藏至印，并赴锡兰朝圣，后又至缅甸、新加坡、日本、泰国和中国台湾等地讲授佛学，名扬海内外。

1934年，虚云应邀返曹溪（南华寺），在时任粤北绥靖主任李汉魂的支持下，重兴六祖道场，修建殿宇，开办"佛学"。时值抗日战争，虚云每日二时礼忏，以求息灾，并号召减省晚食，节省余粮，支援抗日，将善信弟子、僧徒赠予的20余万元交给政府，救济饥民。后又重修韶关大鉴寺，办僧伽工厂。

1943年，时任广东省政府主席李汉魂带领众官员护送虚云至乳源，驻锡云门。虚云在李济深、李汉魂和邹洪等的支持下，重修文偃祖师道场。时值抗战，人力、物力和财力严重短缺，困难重重。虚云不顾自己已百岁高龄，持之以恒，事必躬亲，昼夜操劳，带领寺僧自力更生，率众披荆斩棘，挑土筑堤，自烧砖瓦，改移寺向。经过9年的艰苦努力，共建成堂、阁、殿、楼、厅、库、寮、塔等共180余间，建筑面积达7 000多平方米，雕塑诸佛菩萨圣像80余尊。其时，八方僧众云集，宗风大振。同时又建立起僧伽农场，开垦荒地，植树造林，实现农禅并修，并将节余之粮钱，施济农村。

1946年，虚云在广州六榕寺设坛，追悼抗日阵亡者。后应香港僧人之请，主持和平法会，返回广州途中赴中山石岐建大悲法会。事毕回云门寺，继续完成各项工程。1948年，春戒后赴广州市为佛教志德医院开幕并说法，复赴香港沙田慈航净苑讲经打七说皈依。回云门寺后，有美国詹宁女士远渡重洋，前来求戒，为举禅七。

1951年3月，云门寺误传藏有敌后特务、枪支、电台和黄金白银，虚云及寺僧均被囚审，虚云被审讯时遭殴打至肋骨断折和昏死。时有弟子佛源趁夜逃出，到北京后见到李济深告知情况，得到周恩来总理的过问，云门方才解厄，虚云及寺僧才幸免于难。

1952年春，虚云应中央邀请，在佛源等的随侍下，离开云门，前往北京，国家领导人李济深等到站迎接，并受到中央统战部部长李维汉在南池子宾馆设斋宴请。

1953年，中国佛教协会正式成立，虚云被选为名誉会长。之后，其让佛源先返云门，接任住持。8月，虚云与佛源启程南下，至武汉分手，虚云重返云居山。

1959年农历九月十二日，虚云于云居山圆寂，世寿120岁。火化后，得五色舍利百余粒。海内外四众弟子、佛教团体纷纷举行追悼仪式，并建造舍利塔和纪念堂以及为虚云编著年谱、法汇、语录、追思录等。

1986年4月，全国政协副主席、中国佛教协会会长赵朴初到云门，在虚云和尚像前祈拜，行居士之礼。

三、地方传说

十万宋军礼祭仙人桥

北宋开宝三年，即南汉大宝十三年（970），宋将潘美、尹崇珂统兵十万进军岭南。南汉国主刘鋹以重兵屯守贺州、桂州（今广西桂林市）、韶州等五岭以南军事重镇，准备迎战。同年秋，宋军连克贺州、昭州（今广西平乐县）、桂州、连州后，准备从连州经西京古道西线横插韶州，与驻守在韶州的南汉军队决战。

西京古道早期线路，自北向南经龙溪（今南水水库所属库区）过白竹东坪后，分出一条西行线，经今洛阳镇半星村仙人桥入古母水镇月坪村，穿阳山接连州。

《读史方舆纪要》云："广东乳源县西北有月坪、杉木角隘，路通阳山县。"这条路线就是西京古道西线，沿途崇山峻岭，沟壑纵横，山高林密，地势非常险要。为了顺利通过这条古道，给南汉守军一个出其不意的打击，宋军派遣先头部队沿途打探虚实。先头部队穿林越

洞，以最快的速度到达仙人桥。仙人桥是古道中的一处咽喉，两边断崖绝壁，壑深谷险，宽达150多米的大潭河峡谷把这一带丘陵切割成两半，周围数十里内，唯有从仙人桥上通过。仙人桥是一座自然形成的石拱桥，如长虹卧跨峡谷两岸。自古以来，仙人桥就是一处"一夫当关，万夫莫开"的险绝要隘。时有劫贼在此游弋出没，路人过此，均要结伴同行。如在夜间，没有十人八人为伍，是不敢过此仙人桥的。宋军先头部队来到仙人桥后，得知此地如此险要，立即分兵驻守，扎营仙人桥两岸，暂作军事要地重兵驻防，以保证大军顺利过桥。守桥驻军在当地老百姓口中听到仙人桥的种种传说，以及鸭嫲湖有两只金鸭嫲藏在黄龙洞里的典故，产生了兴趣，立即增派军兵，由当地乡民带路，来到黄龙洞寻找金鸭嫲。最终宋军有无找到这两只传说中的"宝物"，不得而知。

　　大军不日从连州拔营，经阳山横插乳源腹地。十万宋兵穿行于古道上，首尾相隔数十里。前军到达仙人桥时，突然大雨滂沱，大雾弥漫，大军过仙人桥不足一半，后续军兵忽然迷路，仙人桥神秘消失在浓雾之中。只见仙人桥一带浓雾笼罩，三尺之内看不到人影，派士兵沿着旧路摸索向前，峡谷边是浓雾笼罩下的悬崖和深渊。开始，宋军不信桥会消失，命走在前面的士兵破雾前行，结果一个个都跌落悬崖。宋军此时首尾不能相顾，过了桥的士兵也只能停下来等候。时有军师献计道："此地谓之仙人桥，此桥传说为八仙所架，此时石桥突然消失，其中必有蹊跷，不如求仙人相助。"于是，宋军到山顶上筑一祭坛，命全军将士脱盔解发，伏首叩拜，奏表许愿。拜后不久，浓雾渐渐散去，仙人桥宛如露出水面般横跨峡谷两岸。十万军兵顺利通过了仙人桥，出南水、翻腊岭、过乳源直捣韶州。南汉韶州主将李承渥率几十万主力，列"象阵"扼守莲花山，迎战宋军。但宋军早已准备好破"象阵"之法，南汉守军全军覆没。不久，宋军攻下了南汉都城广州。

　　宋军觉得自己能够所向披靡克敌制胜，是因仙人相助，不敢怠慢，由潘美、尹崇珂正副两帅率3 000将士，返回仙人桥，在仙人桥举行隆重的还愿礼祭仪式。还请来石匠，在山石中凿雕足印（他们认为"足"代表人的第二心脏）以表虔诚，寓意"印寄仙山"，即"永记仙山"的意思，并雕刻摩崖石刻碑铭记。足印位于仙人桥东约200米

山上的古道边，左上角180厘米处为摩崖石刻碑，碑通高110厘米，宽56厘米，碑顶端正中雕成圆球刹顶，碑脚雕卷云纹饰。据传，该摩崖石刻碑在明代修路时被磨去了原有字迹，刻上了修路内容，今尚可见碑题"重修□□路记"字样，其他所有字迹已风化漫漶讹不可读。仙人桥于2008年被开发为旅游景区。

盘龙三圣

大桥镇老铺尾长兴街北面的西京古道边，有一块古人立的指路碑，碑上刻有"左走梅花，右走乐昌"八个字。"右走乐昌"是指连接西京古道的大桥至必背通乐昌古道。这里路与瑶山相接，地与瑶区群山相连，古石窖溪与瑶区一水相通，实乃田地相连，火烟相盖。自古以来，大桥地区客家汉民与瑶山主峰狗尾嶂下的过山瑶民攀亲戚，贸易往来，物资互换，瑶汉族人互敬互爱，平等相待，亲如一家。

为什么大桥地区汉族与瑶族如此和睦？其因缘可从见证瑶汉团结和谐的历史文化遗迹盘龙祠说起。

早在四五百年以前，今大桥医院所在地的观音山下，有一座由瑶汉两族人共同祭祀的九龙庙，又称九龙三圣祠、盘龙祠。祠庙的建筑造型是大桥汉区的客家风格，但是祠庙主殿中央那尊高大威武的雕像，却是头扎瑶族绣花头巾、身着瑶族方块图案瑶衣、脚扎瑶族绣花布巾的瑶族人像。大桥汉族人逢年过节、初一十五都到祠里烧香祭祀；瑶族人来到大桥，也会到祠里烧炷香祈保平安。每年的农历二月初一，瑶汉族人就在盘龙祠举行开春祈福会，祈求神灵和先人保佑新的一年风调雨顺、五谷丰登，瑶汉族人健康平安、六畜兴旺。到了十月，瑶汉族人又在盘龙祠举行"十月朝"还愿醮，还愿谢恩，谢土安神。关于这座瑶汉族人共同祭祀的盘龙祠，自古以来流传着一个瑶族先人盘氏三兄弟在大桥汉区救人消灾的传奇故事。

话说古时候有过山瑶民盘高龙、盘乃龙、盘德龙兄弟三人，从瑶山来到大桥汉区帮工。盘氏兄弟勤劳善良，吃苦耐劳，力气又大，因此，他们帮了这家帮那家，家家户户有要帮的工都请他们，汉族人如同亲兄弟一样对待他们。盘氏兄弟还懂得用瑶山草药医治一些疾病，

把瑶山草药带到大桥汉区，为许多汉人治病。

有一年，大桥地区出现了一种传染病，这种病传染快，发病率高，有的一家数口几天之内就互相传染，找当地郎中医治效果甚微。因此疫情越来越严重，传染的地域也越来越广，无论男女老幼一染上此病，数日之内就会死亡，有的一日内一家死了两三口人。染上此病的人被称为"瘟人"，闹得人心惶惶。疫情严重的村子几乎天天有人死亡，山坡上日日可见新添的坟墓。盘氏兄弟见此惨景，决定用一种瑶族家传秘方试一试。兄弟三人星夜回到瑶山，到深山石崖之上采回草药，又马不停蹄赶到大桥。这种草药相传具有剧毒，稍有不慎不但治不好病，还会中毒身亡。为慎重起见，盘高龙熬了一剂先尝。他吩咐两个弟弟，如有不测，就禁用此药，改用其他药救人。说完他拿起汤药一饮而尽。顿时，盘高龙觉得天旋地转，全身发热冒汗，脸红得发紫，昏昏沉沉躺在了床上。约过了一个时辰，盘高龙慢慢苏醒过来，并有越来越轻松的感觉，便立即带领两个弟弟，先到病情最严重的村庄熬汤药给病人喝。病人喝了汤药，不久就有了轻松的感觉，再服第二次、第三次……服药三天后基本康复。盘氏三兄弟高兴极了，又回到瑶山，攀上高山石崖去采药。下山时，盘高龙不小心骨折了。两个弟弟轮流把他背下山后，盘高龙叫二弟盘乃龙带药先行，火速赶往大桥熬药救人，自己由三弟盘德龙扶一程背一程整整行了一天一夜。一到大桥，盘高龙顾不得自己的伤痛，由两个弟弟背到疫情流行的村庄熬药给病人喝，还叫所有尚未感染的人适量饮用做好预防。在盘氏三兄弟的医治下，疫情得到了控制，许多危重病人转危为安，大桥地区解除了重大疫情，大桥地区汉人非常感激盘氏兄弟的救命之恩。后来盘氏兄弟回到了瑶山，但他们为大桥汉区解难消灾救了很多人性命的事迹一直在传颂。盘氏兄弟去世之后，大桥地区汉人为纪念救命恩人，在观音山下建立祠庙祭祀盘氏兄弟，尊称他们为"盘龙三圣"。

盘龙祠在20世纪60年代建卫生院时拆除，重建时迁址到了西京古道长兴街的北面。

南岭的由来

今天的南岭国家森林公园，古时候是西京古道途中面积最大、海

拔最高、树木最茂密的原始森林地带。这里莽莽群山、连绵不断、峦嶂环峙、群峰巍峨，林木苍郁，飞瀑流泉，云蒸霞蔚，不但有闻名遐迩的南粤最高峰，更有南岭观音的美妙传说。

南岭，又有"五指山""莽山"等称谓。相传，古时候这片土地是一片茫茫海域，因按佛家天下四大部洲的区分居于南瞻部洲之南，号称"南海"。后来，观音菩萨为收服海中作恶多端的蟒龙水怪，把海域变成了高山大岭，"南海"从此变成了"南岭"。位于南岭山口的乌龟石村后，古时候有一座观音庙（今迁址蓝松矿泉水厂旁边），至今依然叫"南海仙"，就是古人根据传说这里曾经叫"南海"而命名的。据传古庙始建于唐代，至今已有 1 000 多年的历史。

南岭这片高山大岭，海拔千米以上山峰有 20 座，森林公园内 1 500 米以上高峰有 5 处，宛如五指奇峰直插云端，"五指山"之名由此而来。蟒龙水怪经观音菩萨点化，改恶从善，永守"南岭"，故又称"莽山"。

笔架山和将军勒马传说

西京古道重镇大桥镇岩口村前，有一座挺拔巍峨、气势磅礴、南北走向的扁形独体山峰，峰顶并排三个指峰，中峰高，左右两边较低，靠南面半山又突出一边指峰，形成四指三丫的笔架形状，因而名为"笔架山"。在山的东、西两面眺望，笔架架峰、架座惟妙惟肖。但从东南面眺望此山，却是另一番景象，有如一位将军骑着高头大马。

传说，古时候有一位将军骑着马拼命追杀一头孕鹿，八仙之一的曹国舅见状，立即将笔架投掷在将军前面，变成一座山，挡住了将军的去路。将军急忙勒住马头，但由于马跑得太快，还是撞到了这座笔架山。所以这座山东西两边看像笔架，东南面看像将军勒马。

笔架山下，群山环抱，山环水绕，峰奇洞幽，瀑流汤涌，湖光山色自然天成。其集自然风貌与人文内涵为一体，有笔架凌空、伏狮饮泉、仙娘探井、将军拜旗、石龙结穴、温泉汤涌、小丑逗狮、高灵聚仙等八景奇观。笔架山北面，大桥河一水长流，河边温泉，古称"温汤"和"西京古道温泉"，2006 年辟为温泉旅游度假区。

舜帝登南岭高峰

南岭国家森林公园内的最高峰东南，山场广阔，青山座座，峰岳相连，林木参天。要登上高峰之巅，在古代只有一条小路可攀。这条小路是一道从山脚连接峰巅延绵的山梁，山梁犹如巨龙的背脊，九曲回环，两面临渊。人走在"背脊之上"，多少会产生颤颤悠悠的感觉。沿途古树奇花，攀藤垂挂，云缭雾绕，松涛呼啸；奇峰怪石目不暇接：镇山塔、天威石、指路碑、石猴赏乐、神象接驾等奇景，神妙奇极。这条山脊叫飞龙岭，相传是舜帝南巡时的登山之道。

话说舜做了首领之后，以德感人，德泽众生，将整个国家治理得井井有条，这时他决定南巡。他辞别了娥皇和女英两位夫人，并约定以"韶音"作为回时的信号。舜帝带着随从沿黄河，漂长江，入洞庭，溯潇湘，过五岭，来到了山高水远的南方。得知南岭这片如同仙境的高山大岭便是百越最高的山峰时，他决定登临峰巅。随从打听了一下，方知南岭峰巅峰高入云，无路可攀。然而，舜帝登山决心已定，他与随从一道，穿密林，涉涧水，攀悬崖，踏泥泞，好不容易来到了高峰脚下。仰望着那陡峭如壁、仿佛与天相接的高峰，舜帝一点也不惧怕，他说："就是变成飞鸟，也要登上峰巅！"此事感动了天庭，玉帝即派观音下凡相助。正当舜帝一行徘徊在高峰脚下商量如何攀登时，天空突然传来一声巨响，仿如天崩地裂，云层开处飞出一条巨龙，朝着南岭方向飞奔而来。舜帝一干人等尚未看清楚是怎么一回事，就被一阵风吹到了另外一个地方。等他们回过神来，发现都安然无恙地站在龙尾不远处。只见飞龙落地之后，倚靠高峰，变成一条延绵的山脊。舜帝见有了攀登高峰之路，高兴不已，说道："天降飞龙岭，神赐登山道！"为使舜帝顺利登山，观音菩萨还派天上的神象下凡，在山顶接驾；又在山脊中途设立震慑山中妖邪的镇山塔，安放驱除毒虫猛兽的天威石，竖立指路碑。舜帝一行沿着飞龙变成的山脊，顺利登临到达峰顶。舜帝在峰顶极目远眺，万山千峰全收眼底，俯视大千世界，楚天南国尽揽怀中，无限豪情油然而生。兴奋之余，他奏起了亲自创制的《韶乐》。南岭上空，顿时回荡着曲调高雅、美妙绝伦的天籁之音，那如仙乐一般的旋律荡气回肠。此时，只见千山雾霭尽散去，

万缕祥光艳照来，花木陶醉，群峰起舞，飞禽走兽侧耳聆听，金彩虹环绕高峰四周，南国之天出现一派日丽风和的千祥境象。少时，舜帝原路下山，继续北上，崩葬湖南苍梧之野的九嶷山。

舜帝南巡登南岭高峰奏《韶乐》的传说，千百年来一直在民间口口相传，南岭高峰因此被誉为"韶峰"，传说中飞龙变成的山岭叫"飞龙岭"，舜帝登山攀行的小道叫"君行道"。南岭山下（今五指山）建有舜帝祠，相传始建于唐，历代重修，20世纪70年代被拆毁，2009年民间集资重修。

千古兴亡，时代更迭，"古今多少事，都付笑谈中"。舜帝登南岭高峰的故事，留给后世的除了传说，就是那些奇峰怪石了：接驾的神象变成了"神象山"，它像一位执着的卫士，永远恪守着自己的天职；那山石中探出半个身躯仰头赏乐的石猴，成了飞龙岭上一大景观——"石猴赏乐"；指路碑被千年尘土掩埋，只露出碑额的上半部分；天威石如天外飞来，它由三个小石支撑，置于另一块石头边沿，危如累卵，摇摇欲坠，大有临风再飞之势，但千百年来却稳如泰山，守护着南岭；镇山塔孤峰独秀，巍然耸立，其沧桑无语，默默铭记着这个千古流传的美丽传说。

搜集整理：许化鹏

口述：林兰英（95岁，韶关大桥镇人）

王展堂（61岁，韶关大桥镇人）

吴仙华（60岁，韶关五指山人）

流传地区：南岭地区

附　录

广东省南粤古驿道线路保护与利用总体规划
（节选）

前　言

　　南粤古驿道，是指古代广东境内用于传递文书、运输物资、人员往来的通路，包括水路和陆路，官道和民间古道。我省迄今发现的古驿道及附属遗存 202 处，是历史上岭南地区对外经济往来、文化交流的通道。它们是军事之路、商旅之路，也是民族迁徙、融合之路，更是广东历史发展的重要缩影和文化脉络的延续。

　　以古驿道为纽带，整合串联沿线历史文化资源，将古驿道的保护利用与旅游业相结合，进一步促进南粤古驿道历史文化的传承与保护，让陈列在南粤大地上的遗产活起来，在提升广东历史文化遗产在"一带一路"的影响力、展示岭南地域文化特色、促进县域经济健康发展、实现"精准扶贫"和改善农村人居环境等方面具有深远的历史意义和重要的现实意义，也是落实习近平总书记关于"留住历史根脉，传承中华文明"的重要指示的具体举措。

　　为响应和贯彻 2016 年中央、国务院发布的《"健康中国 2030"规划纲要》以及省政府 2016 年《政府工作报告》提出的"修复南粤古驿道，提升绿道网管理和利用水平"要求，结合我省绿道提升工作，将古驿道蕴含的丰富文化内涵融入绿道建设中，形成"驿道网 + 绿道网"两张网，共建幸福广东的健康之路，为公众提供新的户外运动场

所，满足日益增长的健康休闲需求，同时带动沿线区域文化、旅游、体育产业的发展。

为了推动全省古驿道线路的建设工作，根据省委、省政府工作部署，由省住房和城乡建设厅牵头组织编制了《广东省南粤古驿道线路保护与利用总体规划》（以下简称《规划》），对南粤古驿道线路的发展目标、空间结构、线路布局、设施配套、功能引导、实施机制等方面做出了规划安排。《规划》是开展南粤古驿道线路规划建设的重要依据，各地应以《规划》为指导，制定本地区古驿道线路示范段规划和年度实施计划，切实推动本地区的古驿道线路建设工作。

第一章　总则

第一条　为响应国家"一带一路"倡议，贯彻落实"健康中国2030"规划纲要和广东省建设文化强省战略要求，提升广东省文化"软实力"，以南粤古驿道为纽带，整合串联沿线历史文化资源，弘扬岭南优秀文化，促进粤东西北欠发达地区的县域经济发展、美丽乡村建设和农村人居环境改善，制定本规划。

第二条　南粤古驿道的历史文化内涵

南粤古驿道，是指 1913 年以前广东境内用于传递文书、运输物资、人员往来的通路，包括水路和陆路，官道和民间古道，是经济交流和文化传播的重要通道。

南粤古驿道历史悠久、文化深厚、资源丰富、意义重大，为不同时期岭南地区对外联系的通道，于古是军事、商旅之路，民族迁徙、文化融合之路，于今是广东历史发展的重要缩影和文化脉络的延续，是一种历史人文景观。存在了 2 100 多年的南粤古驿道不仅是古代岭南地区"海上丝绸之路"的重要载体，且对维护中国历史版图完整性具有重要作用，因此南粤古驿道不仅是广东省历史文化遗产的重要组成部分，也是中国历史文化遗产的璀璨明珠。

第三条　南粤古驿道线路的定义

南粤古驿道线路是指以广东省古驿道历史文化遗产（物质和非物质文化遗产）的保护和利用为核心，通过古道、步道、绿道、风景道、水道等多元的线性载体，串联沿线的古驿道遗存、历史文化城镇村、文物古迹以及自然景观资源等节点，挖掘和展示非物质文化遗产，

为公众创造满足现代生活需求的线性文化空间。

第四条　规划依据

（1）《中华人民共和国城乡规划法》

（2）《中华人民共和国文物保护法》

（3）《中华人民共和国非物质文化遗产法》

（4）《历史文化名城名镇名村保护条例》（2008）

（5）《中华人民共和国自然保护区条例》（2011 年）

（6）《广东省城乡规划条例》（2013 年）

（7）《"健康中国 2030"规划纲要》及《全民健身计划（2016—2020 年）》

（8）《山地户外运动产业发展规划》

（9）《2011—2015 年全国红色旅游发展规划纲要》

（10）《广东省国民经济和社会发展第十三个五年规划纲要》

（11）《广东省农村人居生态环境"十三五"规划（2016—2020）（征求意见稿）》

（12）中共广东省委办公厅、广东省人民政府办公厅印发《关于2 277 个省定贫困村创建社会主义新农村示范村的实施方案》的通知（粤府办〔2017〕55 号）

（13）《广东省农村环境保护行动计划（2014—2017 年）》

（14）《广东省人民政府关于加快农村人居环境综合整治建设美丽乡村三年行动计划》（2016 年 6 月）

（15）《广东省人民政府关于加快特色小镇规划建设的指导意见》（送审稿）

（16）《关于印发〈新时期相对贫困村定点扶贫工作方案〉的通知》（粤扶组〔2016〕4 号）

（17）《广东省主体功能区规划》（2012 年）

（18）《广东省城镇体系规划（2012—2020 年）》

（19）《广东省土地利用总体规划（2006—2020）》

（20）《广东省绿道网建设总体规划（2011—2015 年）》

（21）《中长期铁路网规划（2016 年调整）》

（22）《广东省高速公路网规划（2004—2030 年）》

（23）《关于印发广东省高速公路 2015 年至 2017 年建设计划及中

远期规划的通知》（粤办函〔2015〕581号）

（24）国家、省有关规划建设的标准及规范

第五条 规划范围为广东省行政范围，包括全省21个地级以上市的全部行政区域，面积约17.98万平方公里。本次规划的重点为粤东、粤西和粤北地区。

第六条 规划期限为2016—2025年，远景规划至2030年。

第七条 本规划对象为广东省南粤古驿道线路。各市可参照本规划及《广东省南粤古驿道保护与修复指引》《广东省南粤古驿道标识系统设计指引》等相关要求，组织编制各县市古驿道线路专项规划和示范段详细规划，明确本市古驿道线路的规划目标、线路布局、设施配套、交通衔接、功能利用、实施保障等内容，并与本规划充分衔接。

第二章　目标与原则

第一节　规划目标

第八条　总体目标

以线性古驿道历史遗产空间的再利用为载体，弘扬岭南优秀文化，积极响应国家"一带一路"与广东"文化强省"战略，结合供给侧结构性改革，为公众创造满足现代生活需求的线性文化空间，为欠发达的小城镇和乡村发展注入新动能，促进古驿道沿线经济发展，实现驿道文化复兴。总体目标：

1. 展现岭南历史文化和地域风貌的华夏文明传承之路。系统整理和挖掘具有广东传统文化内涵和地理风貌特征的驿道文化，古为今用，推陈出新，让陈列在南粤大地上的遗产活起来，成为广东省响亮的文化品牌。同时，对接周边省市及全国古驿道网络，为申报国家遗产线路及世界文化遗产奠定基础。

2. 推动广东户外体育、乡村旅游的健康之路。响应国家全民健身计划，利用南粤古驿道线路及其沿线节点，开展形式多样的户外运动，满足全省人民日益增长的生活休闲需求，带动沿线户外运动产业的发展。

3. 促进粤东西北城乡经济互动发展、实现精准扶贫的经济之路。结合国家建设特色小镇、美丽乡村、精准扶贫等政策契机，推动古驿

道线路沿线特色镇村和扶贫村的建设，促进粤东西北贫困地区和全省区域经济均衡发展。

第九条　阶段目标

1. 至 2017 年底：两年试点，形成示范效应。完成"南粤古驿道典型线段及示范地区"建设，重点围绕示范地区的设施提升、遗产活化利用、村镇产业发展、农村人居环境改善等方面统筹规划，初步建立"南粤古驿道"品牌。

2. 至 2020 年底：五年成形，突出重点区域。初步完成"南粤古驿道重点线路及重点发展区域"建设，沿线文化、体育、服务、标识等设施逐步配套完善，古驿道综合功能和社会效益日益显现，使"南粤古驿道"在全国形成品牌效应。

3. 至 2025 年底：十年成网，塑造文化品牌。基本完成全省 6 条南粤古驿道线路建设，古驿道线路、发展节点、特色镇村互通互联，成为"一带一路"的文化品牌和经济发展走廊。

4. 至 2030 年：全省南粤古驿道线路的维护和管理规范化，保护与利用常态化和品牌化。不断完善和提升线路设施水平，形成多功能、网络化的南粤古驿道线路系统，实现遗产保护、健康休闲和村镇发展和谐共赢，最终成为世界知名的世界文化遗产。

第二节　规划原则

第十条　统筹规划，逐步推进的原则

南粤古驿道线路按照"重点优先、兼顾周边"的建设时序，优先保护和建设古驿道遗存及文化资源丰富、历史价值高的古驿道重点发展区域，在此基础上建设重点发展区域之间的古驿道线路，以点连线带面逐步推进全省古驿道线路的建设。

第十一条　尊重历史，保护文化遗产完整性和真实性的原则

古驿道沿线的文化遗产是线路的核心资源，保护其历史价值和原真性，是线路利用的重要原则和基础。尊重历史，全面保护体现古驿道线路的价值要素，包括古道、附属设施、水工设施、赋存环境、相关的物质文化遗存和非物质文化遗存等。

第十二条　古为今用，突出活化利用的原则

以古驿道文化为脉络，串联和整合沿线的古道历史遗存、历史文化城镇村、文物古迹等人文资源和风景名胜区、森林公园、自然保护区、湿地公园、旅游景区等自然资源，深入发掘并展示南粤古驿道线路的多元文化特色，探索灵活多样的文化遗产活化利用方式，发挥南粤古驿道线路的时代新价值。

第十三条　以人为本，改善镇村配套设施和交通可达性的原则

坚持以人为本，采用低成本、高效率的方式开展古驿道线路的规划建设工作。主要依托沿线村镇设置服务设施，改善人居环境品质，满足城乡居民文化体验、休闲健身、科普教育等多种需求。强化古驿道与各类交通设施及绿道网系统的衔接，引导公众便捷到达、使用古驿道。

第十四条　市场参与、强化运营管理的原则

在线路资源活化利用、活动组织策划等方面，由政府出台扶持政策，引导鼓励企业、社会组织、个人的积极参与。积极推进南粤古驿道线路的历史保护、文化展示、特色旅游、康体健身、惠民致富等功能，实现古驿道综合效益最大化。拓宽公众参与渠道，建立多部门联合、社会各界共同参与的古驿道管理维护机制；建立多元化的投融资体系，探索市场化、产业化的运营模式。

第三章　总体布局规划

第一节　空间结构

第十五条　空间结构

基于历史研究和综合调查，形成以广州为中心，向东、西、南、北四个方向延伸的南粤古驿道线路网络。结合资源分布、交通组织、城镇发展和精准扶贫等要素，南粤古驿道线路的空间结构为六条古驿道线路和四个重要节点。

1. 粤北秦汉古驿道线路：是秦汉时期开辟的岭南与中原沟通的重要通道，也是广东省最早的古驿道之一，以"古村、古道、古关、古洞、古陂"为主要特色，突出反映军事文化、邮驿文化、民系迁徙文化、宦游文化、瑶族文化的秦汉南拓之路。

2. 北江—珠江口古驿道线路：是岭南地区自唐代以来最重要的古驿道线路，分为北江段和珠江口段。北江段是以海丝文化、中原文化、广府文化、少数民族文化为特色的古瓷贸易之路和中原南迁之路。珠江口段是以广府文化、近代革命文化和侨乡文化为特色的南迁出洋之路。

3. 东江—韩江古驿道线路：是唐代之后粤、赣、闽三省商贸和文

化交流的主要通道，分为东江段和韩江段。东江段是以广府文化、客家文化、宦游文化、红色文化等为特色的客家迁徙之路。韩江段是以客家文化、潮汕文化、侨批文化、海洋贸易文化、宗教文化等为特色的潮客贸易之路、粤闽赣盐运之路。

4. 西江古驿道线路：以"古城、古村、古渡、古人类遗址"为主要特色，是突出反映广信文化、端砚文化、海丝文化、古人类文化、石刻文化等文化内涵的广府发源之路。

5. 潮惠古驿道线路：以"古港、古庵、所城、卫城"为主要特色，是突出反映海防文化、海洋贸易文化、潮汕文化等文化内涵的海防文化体验之路。

6. 肇雷古驿道线路：以海洋贸易文化、雷州原生文化、南江文化、六祖禅宗文化、宦游文化等为特色的海丝起源之路。

7. 海上丝绸之路重要出海口纪念地：广州黄埔古港、汕头樟林古港、台山海口埠和徐闻海丝始发港。

第二节 线路布局

第十六条 线网布局

六条南粤古驿道线路包含14条主线、56条支线，贯穿全省21个地级市、103个区县，串联1 200个人文及自然发展节点，全长约11 230公里，其中陆路古驿道线路长约6 900公里、水路古驿道线路长约4 330公里。

表3-1 南粤古驿道线路规划一览表

线路	主线/支线		城市	长度（公里）	线路类型	
					陆路（公里）	水路（公里）
粤北秦汉古驿道线路（总长：951公里）	主线580公里	西京古驿道（东线）	韶关 清远	194	668	283
		西京古驿道（西线）		255		
		茶亭古驿道		131		
	支线371公里	宜乐古驿道		231		
		阳山秤架古驿道		76		
		城口湘粤古驿道		64		

线路	主线/支线		城市	长度（公里）	线路类型	
					陆路（公里）	水路（公里）
北江—珠江口古驿道线路（总长：3 009公里）	主线 1 511公里	北江古驿道	韶关 清远 广州 佛山 中山 珠海 江门	580	1 427	1 582
		南雄—广州古驿道		368		
		广佛中古驿道		467		
		香山古驿道		96		
	支线 1 498公里	潖江古驿道		132		
		流溪河古驿道		142		
		乌迳古驿道		11		
		水口—南亩古驿道		69		
		始兴—清化古驿道		142		
		翁源桂花—龙马古驿道		41		
		翁源古驿道		123		
		佛冈古驿道		69		
		花县古驿道		96		
		崖门古驿道		120		
		潭江古驿道		141		
		台山古驿道		215		
		台恩古驿道		40		
		明鹤古驿道		129		
		肇鹤古驿道		28		
东江—韩江古驿道线路（总长：3 179公里）	主线 1 285公里	东江古驿道	广州 东莞 惠州 河源 梅州 潮州 汕头 汕尾 深圳 揭阳	476	1 797	1 382
		韩江—汀江—梅江古驿道		809		
	支线 1 894公里	广州—惠州古驿道		133		
		惠州—龙川古驿道		153		
		西枝江古驿道		132		
		增城—龙门古驿道		80		
		和平古驿道		209		
		新丰古驿道		65		
		紫金古驿道		90		
		枫树坝古驿道		126		
		梅州—平远古驿道		79		
		梅州—兴宁古驿道		92		
		梅州—潮州古驿道		302		
		丰顺—揭阳—潮州古驿道		142		
		梅州—蕉岭古驿道		57		
		石窟河古驿道		81		
		大埔—饶平古驿道		153		

历史上的韶关古道——韶关古道文献资料辑要

（续上表）

线路	主线/支线		城市	长度（公里）	线路类型	
					陆路（公里）	水路（公里）
西江古驿道线路（总长：988公里）	主线192公里	西江古驿道	肇庆 云浮 佛山	192	493	495
	支线796公里	肇庆古驿道		203		
		贺江古驿道		108		
		怀封古驿道		130		
		绥江古驿道		195		
		怀四古驿道		160		
潮惠古驿道线路（总长：757公里）	主线428公里	潮惠古驿道	惠州 汕尾 揭阳 汕头 潮州	428	757	—
	支线329公里	海丰—陆河古驿道		58		
		观音岭古驿道		29		
		陆丰—揭阳古驿道		104		
		潮阳—普宁古驿道		76		
		潮阳—揭阳古驿道		32		
		风吹岭古驿道		30		
肇雷古驿道线路（总长：2 350公里）	主线874公里	肇高廉古驿道	云浮 茂名 江门 阳江 湛江	460	1 761	589
		南江口—高州古驿道		207		
		梧雷琼古驿道		207		
	支线1 476公里	南江古驿道		200		
		新兴—恩平古驿道		71		
		新兴—阳江古驿道		185		
		阳江—茂名古驿道		185		
		阳江—遂溪古驿道		263		
		阳江—台山古驿道		143		
		鉴江古驿道		172		
		吴川—化州古驿道		32		
		云城古驿道		51		
		调丰古驿道		37		
		南渡河古驿道		85		
		徐闻古驿道		52		
合计	主线：4 870公里；支线：6 364公里			11 234	6 903	4 331

第十七条　路径载体

为保证线路的连贯性，路径载体由古道、步道、绿道、风景道和水道五部分组成，走向大致沿历史线位规划布局。线路规划应尽可能避让自然保护区，确因自然条件等因素限制无法避让的，要严格执行

环境影响评价等制度。

1. 古道：指现存的古（驿）道遗址，包括官道和民道。根据古道的保存情况进行分类与评价，对于保存良好、适合参观、游览的古道，可沿用其通道；对于历史价值高、破损严重或有安全隐患等不适于行走的古道，可在旁边建设观赏步道。

2. 步道：指位于山岳、水岸或郊野地区，穿越并连接具有代表性的人文与生态资源，具有文化体验、休闲游憩等功能的步行道路。

步道主要运用于以下几种情况。（1）穿越城镇、村庄内部的高密度、用地条件紧张的建成区，可结合步行街、人行道、巷道等形式设置；（2）途经山岳、水岸等地形地貌复杂的自然生态区域，可结合登山径、溯溪径、滨水栈道等形式设置；（3）途经景区、公园等区域，可结合景区、公园内部的步径系统进行设置。

3. 绿道：指走向与古驿道线路基本一致且已建设或已规划的省立绿道和城市绿道。

绿道是古驿道线路路径载体的重要组成部分，古驿道线路的规划应尽量结合绿道进行设置，主要应用于走向与古驿道线路基本一致的线路。

4. 风景道：指走向与古驿道线路基本一致的交通与观光游览功能相结合的景观公路。

在风景优美的乡村及郊野地区，将非干线、低等级或者废弃公路升级改造为风景道，建设集机动交通出行和观光游览于一体的景观廊道，配套建设观景平台、汽车露营地、汽车旅馆等设施，在提升古驿道通达能力的同时，满足自驾车出游需求。

古驿道线路在公共交通可达性较差、沿线自然景观资源优美的生态郊野区域，可结合走向与古驿道线路基本一致的低等级或废弃公路、山林巡逻道等道路进行设置，并结合自行车、马拉松等体育赛事场地的要求，以及自驾旅行的需求等进行建设。

5. 水道：古水道保存基本完整，以现有河、江、海为载体。为了加强水道的展示和游憩等功能，可根据实际建设条件采用滨水栈道、绿道、堤顶路等形式增设水路古驿道辅线。

第十八条 线路发展节点

南粤古驿道线路共规划 1 200 多处发展节点，其中人文节点 959 处，包括 202 处古驿及相关遗存，388 处历史文化城镇村，369 处其他

文物古迹；248 处自然节点，包括风景名胜区、森林公园、自然保护区、湿地公园以及旅游景区等。

1. 古驿道遗存：是指与古（驿）道直接相关的历史文化遗存，包括古驿道、古驿铺、古驿亭、古关隘、指路石、古碑刻、古码头、古渡口、古栈道和其他古驿道遗迹等。

古驿道遗存是南粤古驿道线路的核心资源，应以保护其原真性为主。通过评估，确定古驿道遗存的等级，并制定各级别的保护措施和要求。对于较重要的古驿道线路，要整体公布为各级文物保护单位，并划定保护范围进行保护；对于古驿道相关的历史文化遗存，应做好遗存标志树立和范围划定，对于未纳入文物保护范畴的遗存，应做好预保护工作。为充分展示和利用古驿道遗存资源，可适当发展古道观光、考古科研、徒步穿越等活动。

2. 历史文化城镇村：指古驿道沿线保存文物丰富且具有历史价值或纪念意义，能反映一定历史时期古驿道文化内涵的村镇，包括历史文化名城名镇名村、传统村落、传统风貌古城古镇古村等。

古驿道沿线的历史文化城镇村应做好各级名镇、名村、传统村落的认定工作，并做好保护规划，尽量纳入各级镇村保护体系。针对范围内的文物保护单位、历史建筑、传统风貌建筑等物质文化遗产，应划定保护范围，做好保护工作；针对非物质文化遗产，应建立档案，并提供展示空间载体，做好传承工作。在开发利用方面，适宜发展古镇古村游览、特色民俗与传统手工技艺展示、定向运动等活动。

3. 其他文物古迹：指人类各种活动遗留下来的古代建构筑物、古遗址、古墓，古塔、石刻、古人类遗址等。针对其他文化古迹，应划定保护范围，提出保护要求。通过古驿道线路进行串联和整合，形成有机整体，适宜开展古迹游览、考古科研等活动。

4. 自然节点：指沿线以自然风光为主的风景名胜区、森林公园、自然保护区、湿地公园、旅游景区等，适宜开展户外运动、体育休闲、科普考察、生态观光等活动。

第三节　线路重点发展区域

第十九条　线路重点发展区域

全省规划 24 处最具代表性的特色区域作为南粤古驿道线路的重点发展区域，包括 18 处重点人文发展区和 6 处重点自然发展区。主要发展文化旅游、生态观光、户外运动、都市休闲等功能。

表3-2　南粤古驿道线路重点发展区域一览表

文化线路	重点发展区域	线路及长度（公里）	发展节点（处）	发展方向
粤北秦汉古驿道线路	乳源—乐昌发展区	（1）西京古驿道（东线）（老坪石镇—大桥镇段），约45公里； （2）西京古道东线（罗家渡—乐昌城区），约200公里。	（1）人文节点：共34处，包括老坪石宜乐古道与码头、武阳司宜乐古道、火烧隘、黄金隘、黄金洞古道、梅花岗隘、高车岭隘、下开封桥村宜乐古道、猴子岭西京古道、腊岭西京古道、罗家渡西京古道和码头、庆云镇榴下村驿站遗址、蔚岭关等古驿道遗存13处；乐昌乐城、老坪石镇、罗家渡镇、梅花镇、云岩镇、红云村、大桥镇、应山村、户昌山村、榴下村、永乐村、廊田村、必背瑶寨村、九峰镇等历史文化城镇村14处；通济桥、心韩亭、仰止亭、观澜书院、杨东山十二渡、五汪谭氏宗祠、朱家紫阳书院等主要文物古迹7处； （2）自然节点：共4处，包括金鸡岭风景名胜区、九泷十八滩风景名胜区、红豆杉森林公园、通天箩景区等。	以西京古道遗迹及历史典故为主线，重点挖掘古代军事文化、邮驿文化、宦游文化、瑶族文化等内涵，结合人文和资源点，组织古道观光、徒步穿越、古迹游览、水上运动等活动。
	连州北发展区	（1）茶亭古驿道（丰阳古道—连州古城—阳山关段），约75公里； （2）西京古驿道（西线）（连州古城—南天门古道），约42公里。	（1）人文节点：共40处，包括丰阳古道、茶亭古道、石马径古道、东陂古道、龙潭古道、阳山关、南天门古道、顺头岭古道等古驿道遗存8处；沙坪村、丰阳村、白家城村、冲口村、石兰寨、马带村、沙坊村、楼村、连州古城、三排村、油岭村、南岗村、洽洸镇、企江村、星子黄村古堡、保安镇卿罢村、龙坪镇元璧村、星子镇峰园村、黎水村古堡、山洲村、顺头岭村等历史文化城镇村21处；冯达飞故居、燕喜山摩崖石刻、大云洞摩崖石刻、慧光塔、巾峰山摩崖石刻、惠爱医院旧址、额眉亭、广荫亭、怀清亭、峰园门楼、山洲村北门楼等主要文物古迹11处； （2）自然节点：共3处，包括广东天湖森林公园、火山峰森林公园、贤令山森林公园等。	结合丰阳古道、南天门古道、阳山关等古道遗迹，以秦汉古道历史体验为核心主题，结合优美山水资源和人文景点，组织古道观光、地理探险、古迹游览、水上运动等活动。
	南岭发展区	阳山秤架乡古驿道（南岭国家森林公园—秤架瑶族乡），约50公里。	（1）人文节点：共3处，包括秤架古道古驿道遗存1处；瑶族乡、杜菜村等历史文化城镇村2处； （2）自然节点：共3处，包括广东第一峰景区、天井山森林公园、南岭秤架森林公园等。	以户外运动和生态观光为核心主题，组织地理探险、户外徒步、生态观光、科普考察等活动。

文化线路	重点发展区域	线路及长度（公里）	发展节点（处）	发展方向
北江—珠江口古驿道线路	南雄发展区	（1）南雄—广州古驿道（梅关古道—珠玑古镇段），约21公里；（2）北江古驿道（南雄县城—乌迳新田村），约63公里。	（1）人文节点：共22处，包括梅关古道、珠玑古巷、乌迳古道等古驿道遗存3处；南雄府城、珠玑古镇、乌迳镇、南亩镇、水口镇、珠玑村、帽子峰镇、梅岭村、梅关村、新田古村、溪塘村、蓢过村、黄屋城村等历史文化城镇村13处；钟鼓岩摩崖石刻、梅关关楼与古城、里东戏台、回龙寺塔、三影城、广州会馆等主要文物古迹6处；（2）自然节点：共2处，包括南雄梅关森林公园、帽子峰森林公园等。	以梅关古道、珠玑巷等古道遗迹及历史人文轶事、名人典故为主线，重点挖掘民系迁徙文化、邮驿文化、军事文化、名人文化等内涵，组织古道观光、古镇古村游览等活动。
	丹霞山发展区	（1）北江古驿道（始兴南山—白土镇大村段），约77公里；宜乐古驿道（犁市当铺—北江农军学校段），约17公里；（2）南雄—广州古驿道（罗围城堡遗址—韶关南华森林公园段），约75公里；城口湘粤古驿道（文峰塔—曲江区曹角湾村），约114公里。	（1）人文节点：共27处，包括莲花山古道遗址、猪头岭古道、打锣寨上京古道等古驿道遗存3处；周田镇、犁市镇、小坑镇、沙溪镇、大坑口镇、周田镇张屋村、丹霞街道夏富村、曲江区黄洞、大村、曹角湾村、白土镇大村、始兴南山、东湖坪村、石下村等历史文化城镇村14处；南华寺、文峰塔、仙人塔、石峡遗址和马坝人遗址、余靖墓、北江农军学校旧址、韶州府学宫大成殿、张九龄家族墓地、犁市当铺、罗围城堡遗址等主要文物古迹10处；（2）自然节点：共3处，包括丹霞山风景名胜区、小坑国家森林公园、韶关南华森林公园等。	以丹霞山的独特地貌特色为主线，结合南华寺、上京古道等人文景点，重点发展户外运动、生态观光、文化体验等功能，组织户外徒步、地理探险、生态观光、科普考察等活动。
	清远发展区	（1）西京古驿道西线（浛洸古镇—湟溪关段），约46公里；（2）北江古驿道（广东英德国家森林公园—政江塔段），约88公里；（3）南雄—广州古驿道（广东英德国家森林公园—羊角山森林公园段），约47公里。	（1）人文节点：共20处，包括浈阳峡栈道、大庙峡状元路遗址、湟溪关等古驿道遗存3处；英城镇、横石水镇、连江口镇、飞来峡镇、石角镇、英城街道下寮村、黎洞村、社岗下村上岳古围村、大塘村、石牯塘村等历史文化城镇村10处；政江塔、鳌头塔、仙人城、峡山石刻、藏霞古洞、功垂捍御牌坊、蓬莱寺塔等主要文物古迹7处；（2）自然节点：共9处，包括英德草原天门沟景区、船底顶群山草原、峡谷湿地、广东英德国家森林公园、宝晶宫风景名胜区、羊角山森林公园、飞霞风景名胜区、龙牙峡、英西峰林等。	结合浈江古水道、浛洸古镇、大庙峡状元路遗址等古道遗存以及丰富的自然资源，组织古道观光、地理探险、古镇古村游览等活动。

文化线路	重点发展区域	线路及长度（公里）	发展节点（处）	发展方向
北江—珠江口古驿道线路	广佛发展区	（1）南雄—广州古驿道（钱岗古道遗址—北京路千年古道遗址段），约41公里；（2）流溪河古驿道（钱岗古道遗址—五羊水驿段），约75公里；（3）北江古驿道（思贤窖—佛山古城，佛山古城—黄埔古港—莲花山古采石场—龙江镇—佛山古城段），约183公里；（4）广州—惠州古驿道（荔城街—北京路千年古道遗址段），约75公里。	（1）人文节点：共64处，包括北京路千年古道遗址、钱岗古道遗址、影古古道、莲麻古道、东坑古道、黄埔古港、南海神庙及码头遗址等古驿道遗存7处；西樵镇、石湾镇、九江镇、龙江镇、沙湾镇、烟桥村、深井村、珠村、小洲村、紫坭村、三善村、西村、潭山村、大岭村、塘坑村、莲溪村、松塘村、烟桥村、汤南村、孔村西社、正果镇、东境村、新围村、荔城、蒙花布村等历史文化城镇村25处；清真先贤古墓、光孝寺、十三行、陈家祠、佛山奇石窑、大岗山窑址、康有为故居、灵龟塔、南越王墓、秦代造船遗址、广裕祠、九江吴家大院、莲花山古采石场、留耕堂、清晖园、青云塔、西山庙、九江吴家大院、金楼及古建筑群、东华里古建筑群、琶洲塔、南汉二陵、余荫山房、黄埔军校旧址、圣心大教堂、九列故居、佛山祖庙、正果寺、增龙博中心县委旧址、长寿寺、飞泉洞摩崖石刻、南山古胜等主要文物古迹32处；（2）自然节点：共6处，包括广州大夫山森林公园、广州滨海红树林森林公园、广州滴水岩森林公园、湖心岛景区、太寺坑森林公园、增江画廊景区等。	结合广州、佛山国家历史文化名城的丰富历史资源，组织古城观光、古迹游览、都市休闲、水上运动等活动。
	台山—开平发展区	（1）台山古驿道（开平水口镇—台山广海卫城段），约82公里；（2）潭江古驿道（开平水口镇—马降龙碉楼群段），约33公里。	（1）人文节点：共20处，包括海口埠、广海卫城等古驿道遗存2处；开平古城、三门里村、赤坎镇、自力村、台城、广海卫城、深井镇、端芬镇东宁村等历史文化城镇村8处；开平碉楼、风采堂、赤坎旧镇近代建筑群、司徒美堂故居、自力村碉楼群与村落、翁家楼、陈宜禧故居、梅家大院、浮月碉楼、汀江圩华侨近代建筑群等主要文物古迹10处；（2）自然节点：共4处，包括中华白海豚自然保护区、上川岛猕猴保护区、乌猪岛、中国农业公园等。	结合世界文化遗产开平碉楼、古镇、古村、侨墟、码头等节点资源，组织侨墟游览、滨海观光、田园体验等活动。

文化线路	重点发展区域	线路及长度（公里）	发展节点（处）	发展方向
北江—珠江口古驿道线路	中山—珠海发展区	香山古驿道（中山历史城区—前山寨城段），约96公里。	（1）人文节点：共30处，包括岐澳古道、长南径古道遗址、凤凰山古道遗址等古驿道遗存3处；南朗镇、南塘村、左步村、翠亨村、三乡镇古鹤村、中山历史城区、桂南村、雍陌村、南桥村、石鼓村、淇澳村、会同村、前山寨城、南屏镇北山村等历史文化城镇村14处；云迳寺遗址、云迳寺茶亭遗址、孙中山故居、珠江纵队司令部旧址、烟洲书院、烟墩山塔、马公纪念堂、后沙湾沙丘遗址、唐家三庙、万山海战遗址、东澳铳城、陈芳家宅、唐绍仪故居等主要文物古迹13处；（2）自然节点：共2处，包括凤凰山、淇澳—担杆岛等。	结合香山古道遗址及孙中山先生历史遗迹等节点资源，组织古道观光、近现代革命文化体验、近郊休闲等活动。
东江—韩江古驿道线路	惠州发展区	（1）东江古驿道（石龙镇—惠州历史城区），约70公里；（2）广州—惠州古驿道（罗浮山—旭日古村—惠州历史城区），约55公里。	（1）人文节点：共38处，包括东江古水道、东新桥古码头遗址、包公巷古码头遗址、西枝江淡水古码头、泊头古码头遗址、南坑村古码头遗址、宁济桥、保宁桥等古驿道遗存8处；石龙镇、塘尾村、南社村、超朗村、江边村、铁冈村、赤岗村、五村、林屋村、湖镇围村、旭日古村、大田村、苏村、罗阳老街历史文化街区、北门直街历史文化街区、金带街历史文化街区、水东街历史文化街区、铁炉湖历史文化街区等历史文化城镇村18处；苏屋岗遗址、明月寺遗址、罗浮山摩崖石刻、茶山观、宝积寺、冲虚观、银岗古窑址遗址、梅花墩窑址、合江楼、泗州塔、东坡井、东坡亭粮仓旧址等主要文物古迹12处；（2）自然节点：共3处，包括罗浮山风景名胜区、象头山森林公园、西湖核心景区等。	以东江文化、罗浮山宗教文化为主线，结合东江古水道沿线的古村、古城、古镇和自然景区，组织户外徒步、古镇古村游览、生态观光等活动。
	万绿湖发展区	1）东江古驿道（古竹镇—苏家围段），约52公里；（2）新丰古驿道（桥头圩古道—源城区—紫金老城），约94公里。	（1）人文节点：共13处，包括东江古水道、桥头圩古道、李田村古道、黄花古道等古驿道遗存4处；古竹镇、义和镇、苏家围、李田村、桥头圩村、下屯村、南园古村等历史文化城镇村7处；龟峰塔、石峡恐龙蛋化石埋藏地等主要文物古迹2处；（2）自然节点：共2处，包括新丰江国家森林公园、白溪省级自然保护区等。	依托万绿湖、白溪自然保护区等自然资源和东江两岸优美景观，组织水上运动、户外徒步、古镇古村游览等活动。

文化线路	重点发展区域	线路及长度（公里）	发展节点（处）	发展方向
东江—韩江古驿道线路	龙川发展区	（1）东江古驿道（龙川—枫树坝水库），约70公里；（2）东江古驿道（佗城镇—通衢镇），约32公里；（3）和平古驿道（大坝村—林寨村，大湖镇—青州镇—热水镇），约16公里。	（1）人文节点：共17处，包括东江古水道、壮坑龙潭古道、葛藤石径古道、黄石古盐道、五合径古道等古驿道遗存5处；佗城古城、老隆镇、通衢镇、黄岭村、大坝村、林寨村、黄石镇、枫树坝镇等历史文化城村8处；正相塔、龙川考棚、龙川学宫、老隆福建会馆等主要文物古迹4处；（2）自然节点：共1处，为枫树坝自然保护区。	以古道、古城和赵佗历史故事为主线，结合人文和自然资源，组织古道观光、古迹游览、水上运动、户外徒步等活动。
	梅州—饶平发展区	（1）韩汀梅古驿道，约130公里；（2）梅州—潮州古驿道（梅州城区—三河镇—茶阳镇），约88公里；（3）大埔—饶平古驿道（大埔县城—上饶镇、三饶镇—柏松关段），约80公里；（4）梅州—蕉岭古驿道（松口镇—横岗山明月古道），约35公里。	（1）人文节点：共79处，包括梅江古水道、松洪古道、锦山古道、西片古道、麒麟岭古道、横岗山明月古道、龙上口驿道遗址、西门桥驿道遗址等古驿道遗存8处；梅州古城、松口镇、玉水村、红杏坊、东郊村、坪坑村、金星村、桃源村、南下村、大黄村、梅教村、铜琶村、小黄村、雁下村、松坪村、桥溪村、石楼村、仙花村、万山村、侨乡村、响塘村、星耀村、茶山村、三河镇、茶阳镇、百侯镇、坑尾村、汇城村、群丰村、北塘村、车龙村、莒村村、古城村、龙岗村、茅坪村、双坑村、侯南村、坪山村、南山村、坎下村、联丰村、三饶镇、上饶镇、西片村等历史文化城镇村44处；张民达故居、元魁塔、宋湘故居、叶剑英故居、群丰大夫第、双龙村大夫第、灵光寺、林凤眠（编者注：林风眠）故居、邹鲁故居、"丝纶世美"牌坊、三河中山纪念堂、一斗堂、节烈坊、延庆堂、肇庆堂、丘逢甲故居、赖寿官夫妇墓、桂岭书院、谢晋元故居、林修明故居、韵楼、五全楼、泰华楼、晋荣楼、柏松关、饶平土楼、三善潮源楼等主要文物古迹27处；（2）自然节点：共4处，包括镇山国家森林公园、长潭省级自然保护区、王寿山风景区、关那山风景区。	以梅江、汀江等主要古水道为轴带，侨乡文化、客家文化、海丝商贸文化为主线，结合众多古村、古镇、古迹，组织古镇古村游览、水上运动、户外徒步等活动。

文化线路	重点发展区域	线路及长度（公里）	发展节点（处）	发展方向
东江—韩江古驿道线路	潮汕揭发展区	（1）韩江古水道（潮州古城—南港古港段），约80公里； （2）潮惠古驿道（潮阳古城—潮州古城—樟林古港），约83公里； （3）丰顺—揭阳—潮州古驿道（樟林古港—蓬州所城—揭阳古城），约75公里。	（1）人文节点：共66处，包括猷巷古道、九规岭古官路遗址、北炮台古港、先生路、婆姐岭古道遗址、樟林古港、八街六社、东里古城、沙汕头古港、南港古港、东湖古巷道、坑仔村古道、苏州街、东湖岭古道、赤港石狮巷古道等古驿道遗存11处（编者注：15处）；潮州历史文化名城、意溪镇、龙湖镇、李工坑村、象埔寨、孚中寨、古巷一村、高义村、井里村、龙湖古寨、垾头村、桂林村、八角楼村、汕头达濠古城、尚书村、龙美村、樟林村、程洋岗村、揭阳历史文化名城、朱厝洋村、雷浦村、长美村、槎桥村、西岐村、牌边村、车田村、钟厝洋村、广美村、塘埔村等历史文化城镇村27处（编者注：29处）；许驸马府、韩文公祠、广济桥、笔架山潮州窑遗址、开元寺、丁允元墓、孙默斋墓、林大钦墓、从熙公祠、秦牧故居、陈慈黉故居、龟山建筑遗址、大莱芜炮台、腾辉塔、西堤公园历史文化街区、崎碌炮台、妈屿岛古妈屿庙、达濠古城墙、郑大进府、锡场林氏宗祠、揭阳县署围墙、城隍庙等主要文物古迹22处； （2）自然节点：共7处，包括莲花山风景区、红树林公园、紫陌山风景区、牛田洋湿地、礐石风景区、双坑自然保护区、黄岐山森林公园等。	依托韩江古水道沿线众多的人文和自然节点，突出潮汕文化、古瓷贸易文化、海丝商贸文化、侨乡文化等文化内涵，组织古城古港观光、古镇古村游览、水上运动等活动。
西江古驿道线路	封开、怀集发展区	（1）贺江古驿道（封川古城墙—龙湾贺江拉纤遗址），约98公里； （2）怀封古驿道（封开石街—怀集古县城），约80公里。	（1）人文节点：共31处，包括封川石街、泰新桥、龙湾贺江拉纤遗址、岩旺鼎建岐岭路记碑、百步梯古道、梁村燕岭古道遗址等古驿道遗存6处；封川古城、杨池村、汶塘村、大旺村、孔村、南丰镇、大岗村、鸡爪村等历史文化城镇村8处；河儿口古人类遗址、封川古城墙遗址、开建古城墙遗址、塘角嘴古人类遗址、大岗村李氏宗祠、大梁宫大殿、罗沙岩遗址、垌中岩遗址、黄岩洞洞穴遗址、华光寺遗址、古泮水县遗址、六祖岩遗址、何屋古村、威州府遗址、扶溪古村、怀城文阁、陶然亭等主要文物古迹17处；	以古水道、古人类遗址和西江、贺江两岸优美的自然风光为特色，发展古人类遗址观光、户外徒步等活动。

文化线路	重点发展区域	线路及长度（公里）	发展节点（处）	发展方向
			（2）自然节点：共9处，包括麒麟山森林公园、黑石顶自然保护区、龙山风景名胜区、西江珍稀鱼类自然保护区、花石洞天、燕岩景区、状元湖森林公园、大坑山森林公园、燕都国家湿地公园等。	
西江古驿道线路	肇庆端州发展区	（1）西江古驿道（七星岩景区—后沥码头），约30公里；（2）肇庆古驿道（七星岩景区—鼎湖山景区），约32公里。	（1）人文节点：共14处，包括羚羊峡古道、后沥古码头等古驿道遗存2处；肇庆古城、白石村等历史文化城镇村2处；崇禧塔、高要学宫、石洞古庙、梅庵、七星岩摩崖石刻、肇庆古城墙、文明塔、端石老坑洞遗址、荣睿纪念碑、蚬壳洲遗址等主要文物古迹10处；（2）自然节点：共4处，包括星湖风景名胜区、龟顶山森林公园、羚羊山古栈道文化森林公园、鼎湖山自然保护区等。	以端砚文化、广府文化为主线，结合肇庆古城、七星岩景区、鼎湖山景区等特色资源，组织古城观光、西江水上运动、户外徒步等活动。
潮惠古驿道线路	海陆丰发展区	（1）潮惠古驿道（平政村—陆丰历史城区—碣石镇），约112公里；（2）通平古驿道（海丰历史城区—莲花山白盆珠省级自然保护区），约17公里。	（1）人文节点：共24处，包括羊蹄岭古道、通平古道、观音岭官道等古驿道遗存3处；平政村、范和村、瑶埠村、千秋塘古寨、新昔林村、洋坑古寨、海丰历史城区、陆丰历史城区、官田村、大楼村、白沙村、大塘村、碣石镇等历史文化城镇村13处；海丰红宫、红场旧址、彭湃烈士故居、赤山约农会旧址、方饭亭、马home顶林氏宗祠、广德禅院、元山寺等主要文物古迹8处；（2）自然节点：共3处，包括莲花山白盆珠省级自然保护区、海丰鸟类省级自然保护区、玄武山风景名胜区等。	以古寨、古村、古城、古道为特色，结合独特的滨海人文自然景观，组织滨海骑行、户外徒步、古道古寨游览、水上运动等活动。
肇雷古驿道线路	郁南罗定发展区	（1）南江古驿道（南江古码头—罗镜镇），约82公里；（2）南江口—高州古驿道（三圣宫—罗镜镇），约96公里。	（1）人文节点：共47处，包括南江口码头、古蓬码头、替葛村古码头、河口码头、六竹古码头、牛岗桥、陂勒桥、金山迳古道遗址、罗镜官渡头遗址、鸡柏岭古道等古驿道遗存10处；连滩镇、兰寨村、替葛村、大湾寨、五星村、罗定古城、倒流榜、凤阳村、六竹村、平南村、陀埇村、梁家庄园、替濮村、丰盛张屋村、赤坎村、金滩村、良官村、隋唐永熙、永宁、建水县古城、罗镜分州城、开阳县城等历史文化城镇村22处；三圣宫、玉虚宫、磨刀山遗址、文塔、菁莪	以南江文化、海丝商贸文化为主线，重点以南江古水道及沿线古镇、古村为核心资源要素，组织水上运动、古镇古村游览、滨水骑行等活动。

文化线路	重点发展区域	线路及长度（公里）	发展节点（处）	发展方向
肇雷古驿道线路			书院、罗定学宫、梁家庄园、平南村古建筑群、长岗坡渡槽、蔡廷锴故居、潭白故城址、古榄旧墟、三罗抗日指挥部旧址、龙龛岩摩崖石刻、白庙等主要文物古迹15处；（2）自然节点：共9处，包括大历山森林公园、连滩古建文化景区、天池庵生态旅游区、骆驼山风景区、龙湾森林公园、三叉顶森林公园、八排山森林公园、蒲洞风景区、金银湖国家湿地公园等。	
	新兴发展区	（1）新兴—恩平古驿道（水东村—洛洞古道遗址段），约50公里；（2）肇高廉古驿道（新兴县—独鹤山景区段）；约36公里；	（1）人文节点：共12处，包括水东古驿道、白鹿台遗址、洛洞古道遗址等古驿道遗存3处；新兴县城、水东村、腰古镇、布乾村、水湄村、高村等历史文化城镇村6处；水东村古建筑群、国恩寺、六祖阁等主要文物古迹3处。（2）自然节点：共8处，包括崖楼山森林公园、佛手岭森林公园、龙山旅游区、新兴飞天蚕景区、龙山森林公园、六祖故里旅游度假区、合河水库森林公园、独鹤山景区等。	以六祖禅宗文化为主线，围绕水东古驿道、洛洞古道及沿线资源，组织宗教文化体验、古镇古村游览、定向越野等活动。
	阳江发展区	（1）肇高廉古驿道（水寨村—东湖森林公园），约70公里；（2）阳江—台山古驿道（阳西月亮湾海洋公园—大澳渔村），约140公里；（3）阳江—电白海上古驿道。	（1）人文节点：共13处，包括莲塘驿城遗址、那旦圩等古驿道遗存2处；水寨村、西园村十八座、鸥村、大澳渔村、大洲村等历史文化城镇村5处；石觉寺、阳江学宫、灵谷庙、太傅墓、海上丝路博物馆、"南海I号"水下文物保护区等主要文物古迹6处；（2）自然节点：共21处，包括东湖森林公园、阳江温泉度假村、蛤山水库、阳江森林公园、金山公园、鸳鸯湖公园、金朗岛、银田水库、海投浴场、平冈镇廉村森林公园、西湖公园、大坎岭森林公园、龙高山森林公园、草王山水库、海陵岛风景名胜区、闸坡旅游度假区、阳西月亮湾海洋公园、阳江滨海公园、东平珍珠湾海洋公园等、双水银滩旅游度假区、东平湾森林公园。	以海丝文化为主线，组织海丝文化体验、滨海观光、休闲度假等活动。

文化线路	重点发展区域	线路及长度（公里）	发展节点（处）	发展方向
肇雷古驿道线路	高州发展区	（1）鉴江古驿道（约80公里）；（2）鉴江古驿道（梅岗森林公园—高州—化州），约78公里；（3）鉴江古驿道（高州—玉湖风景区），约25公里。	（1）人文节点：共25处，包括佛子岭古石径、文兴桥、丽山村官桥遗址、黄坡村猪脚砵桥遗址、州门铺等古驿道遗存5处；高州古城、镇隆镇、潭头镇、大井镇、八坊村、文明村、安良堡村、祥坡村、丽山村、旺罗村等历史文化城镇村10处；大洪国王宫旧址、起凤书院、电白郡县城旧址、高州中山纪念堂、高州冼太庙、广东省农民协会南路办事处旧址、宝光塔、广南医院旧址、化州学宫、灵慧寺等主要文物古迹10处。（2）自然节点：共5处，包括梅岗森林公园、笔架山森林公园、尖岗岭森林公园、玉湖风景区、浮山岭风景名胜区等。	以高州雕刻文化、冼夫人文化、年例文化、骑楼文化为主要特色，结合鉴江古驿道及沿线的历史人文和自然资源，组织特色民俗与传统手工技艺展示、户外徒步、古村古镇游览等活动。
	湛江霞山发展区	阳江—遂溪古驿道（吴阳镇—湖光岩风景名胜区），约56公里。	（1）人文节点：共17处，包括芷寮古港古驿道遗存1处；吴阳镇、霞街村、黄坡镇、岭头村、旧县村、东山圩村、村内村、樟山村等历史文化城镇村8处；水潭吴氏大宗祠、李汉魂故居、陈兰彬故居、湛江人民抗法斗争旧址、广州湾法国公使署旧址（海头炮台）、新坡村广济桥、彭清斋夫妇墓、硇州灯塔等主要文物古迹8处。（2）自然节点：共9处，包括吴阳金海岸旅游度假区、坡头森林公园、三岭山森林公园、湖光岩风景名胜区、南三岛旅游度假区、东山森林公园、龙水岭森林公园、东海岛森林公园、东南森林公园等。	以古港、古村、海岸为特色，充分利用优越的滨海景观资源，突出滨海度假、海上游览、古港历史体验等功能，组织滨海骑行、定向越野等活动。
	雷州发展区	调丰古驿道（七星岭公园—新村），约66公里。	（1）人文节点：共40处，包括流牛滩古道遗址、夏江港、南渡口、墨亭古官道、雷城大新街遗址、双溪港等古驿道遗存6处；雷州古城、调丰村、卜巢村、苏二村、庄家村、韶山村、东林村、和家村、东岭村、北劳村、邦塘村、新村、横山村、洋上村、双村村、关新村等历史文化城镇村16处；遂溪笛州窑窑址群、鲤鱼墩贝丘遗址、雷州窑址群、唐宋古窑、雷祖古庙碑刻、南山石桥、水闸、天妃庙碑刻、三元启秀塔、真武堂、伏波祠碑刻、医灵堂、超海宫、雷祖祠、莫氏宗祠、唐氏墓群、赤豆碉堡、乐民所城等主要文物古迹18处；（2）自然节点：共2处，包括七星岭郊野公园、坡正湾鹭鸟家园等。	以雷州文化为主要特色，围绕雷州古城、雷祖祠、雷城大新街遗址、墨亭古官道、夏江港、南渡口等发展节点，组织古镇古村游览、城郊休闲等活动。

文化线路	重点发展区域	线路及长度（公里）	发展节点（处）	发展方向
肇雷古驿道线路	徐闻发展区	徐闻古驿道（下桥镇—海安所城），约25公里	（1）人文节点：共15处，包括徐闻贵生书院与门前古道、云张墟古道遗址、徐闻二桥遗址、三墩古港、徐闻古港胺尾湾、沓磊古港等古驿道遗存6处；下桥镇、五里乡二桥村、海安镇等历史文化城镇村3处；广府会馆、登云塔、邓邦鉴夫妇墓、华丰岭汉墓群、博涨炮台、海安所城等主要文物古迹6处；（2）自然节点：共2处，包括龙泉森林公园、徐闻候鸟保护区等。	以海丝文化为核心，重点围绕徐闻二桥遗址、海安所城、博涨炮台、徐闻贵生书院与门前古道、云张墟古道遗址等古驿道和海丝文化代表遗迹，组织古镇古村游览、定向越野、水上运动等活动。

第四章　保护规划

第二十条　驿道遗存保护与修复原则

古驿道的保护与修复应遵循完整性、真实性、安全性、生态性、可持续性的原则，充分体现古驿道的历史和人文特色。

第二十一条　古驿道遗存分类保护与修复

1. 古驿道本体的保护修复，包括线路设计、附属设施修复、水工设施修复、材质选择、标识设计和安全防护六大要素。

2. 依据古驿道遗存所在区域自然环境特点分为山地型驿道、平原型驿道、滨水型驿道、村镇型驿道和古水道五种类型。根据不同类型的古驿道划定不同的保护区划。

3. 古驿道附属设施的保护：附属设施分为四级，一级为关隘、门楼，二级为驿站、驿铺、驿庵，三级为驿亭，四级为指路石、石碑、古树名木等其他设施。

4. 水工设施的保护：古码头、古桥的本体范围以码头、桥头的外边界（包括水下部分）向四周外扩不小于10米保护范围，以本体范围的外边界向外扩一定距离。

第二十二条　古驿道遗存分级保护与修复

1. 对于保存完好的通道，以现状修整为主，清理路面，清除杂草，并定期维护。

2. 对于轻度残损的通道，应采取必要修缮措施，归安修正松动、

移位的石板，补砌路面缺失部分，根据实际使用需求，平整路面并定期维护。路面的保护与修缮应在材质、施工技术等方面尽可能地与现有道路遗址保持一致。

3. 对于重度残损的驿道，应采取必要修缮和保护措施，有安全隐患的应设置绕行线路和防护绿化带，并设置路障，严禁各类机动交通工具通行。可在破损严重或有安全隐患等不适于行走的古驿道旁边建设观赏步道，或者古驿道沿线合适的位置增设观景平台。

4. 对于消失和城乡建设覆盖的驿道，应在建筑物、构筑物和道路上进行标记，设置信息标识予以说明，保证古驿道的完整性和连续性。

第二十三条　古驿道遗存保护范围的划定

为防止古驿道继续遭受自然侵蚀或人工损毁，应界定古道的本体范围和保护范围（详见《南粤古驿道保护与修复指引》）。本体范围应确保驿道的安全性和完整性，保护范围应确保古道环境的完整性和协调性，涉及文物保护单位、历史建筑的，按照文物保护及紫线控制要求执行。

第二十四条　古驿道遗存的保护要求

古驿道的本体范围内禁止取土、采石、拦河截溪、排放污水等损毁、破坏保护主体的行为；禁止擅自使用现代风格材料修缮、装饰、装修保护主体，明显改变保护主体原状；禁止现状位于本体范围内的其他建筑物、构筑物，擅自改建和扩建；禁止违章搭建和其他有碍观瞻、破坏环境风貌的活动；应清理乱堆乱放的生产生活垃圾。

古驿道的本体范围内允许对保护主体进行维护、修缮、配套（交通衔接设施、服务设施、基础设施、标识系统）而进行的建设工程，但必须经专家论证和市文物、规划主管部门审核、批准后才能进行；应严格控制配套设施的建设规模、密度、高度等，配套设施的设计应体现人性化要求。

保护范围应最大限度地保留原有植被，加强对原生环境的恢复、维护和保育，不宜进行大规模的绿化改造；禁止建设易燃、易爆等危及保护主体安全的设施；新建、扩建、改建建筑的，应当在使用性质、高度体量、立面材料、色彩等方面与传统风貌相协调不得破坏古道的整体环境风貌；允许并鼓励在限定条件下进行与古道功能不相冲突的低强度开发建设，如旅游设施、露营地、体育赛事活动设施与场馆、节庆民俗活动场所与设施等。

第二十五条 古驿道线路沿线其他历史文化遗产的保护

妥善保护古驿道线路沿线的历史文化名城、名镇、名村、传统村落、各级文保单位和历史建筑等物质文化遗产及传说典故、古音古乐、民风民俗等非物质文化遗产。根据《中华人民共和国城乡规划法》、《中华人民共和国文物保护法》、《中华人民共和国非物质文化遗产法》、《历史文化名城名镇名村保护条例》（2008）、《广东省文物保护条例》、《中国文物古迹保护准则》等国家相关法律法规进行保护。

第五章 设施系统规划（略）

第六章 功能利用策略

第一节 古驿道产业发展

第三十五条 古驿道产业带

加快推进古驿道与旅游产业、体育产业、文化产业、教育产业、现代农业、特色制造业等关联产业的融合，培育"南粤古驿道"综合品牌效益，优化整合沿线的"食、行、住、游、购、娱"等资源要素，加强配套设施建设、交通接驳和运营管理，带动文化旅游、体育运动、科普教育、文化创意等相关产业发展。

1. 建设古驿道特色文化廊道。在古驿道沿线积极开展古驿道遗存、历史文化古城、古镇、古村的保护与利用，打造古驿道沿线的古道文化特色乡镇节点，同时结合各种民俗节庆及庙会等大型文化节事，开展古驿道历史文化体验、古道遗存观光、古驿道摄影、文艺创作、民俗展示等文化活动，带动雕刻艺术品、草编织品等地方特色工艺品的营销，助推文化创意产业发展。

2. 强化古驿道旅游产业带。通过古驿道线路把历史文化资源、旅游景点、沿线镇村和农业生产基地串联起来，发展人文体验、自然观光、生态休闲、运动探险等类型旅游产业。通过步道、绿道、风景道、水上游线的建设，串联不同类型的旅游景点，构建古驿道沿线的徒步游、骑行游、自驾游和水上游等多种游览方式。引导沿线乡村发展休闲民宿、农家乐、休闲农场等配套服务，带动农民就业和创业，促进沿线镇村经济的发展。

3. 发展古驿道户外体育运动产业带。以古驿道线路及其沿线发展节点为依托，有效整合古驿道沿线休闲步道、登山道、绿道、古村、公园、景区等路径及体育场地，积极开发康体健身、生态休闲、户外运动等类型的体育活动，组织城乡居民开展徒步、慢跑、定向运动、绿道骑行、野外穿越、划船等为主题的古驿道品牌赛事，着力构建集体育、休闲、旅游于一体的古驿道体育带，促进全民健身服务业的发展。

4. 构建古驿道科普长廊。通过展示原生人文及自然场景、设置教育信息讲解牌、建立展示场馆、教育培训场地、周期性举办形式多样的科普教育活动等措施，建设集知识普及、环境教育、文化传承、科技宣传于一体的古驿道科普长廊，推动科普旅游业的发展。

5. 引导形成古驿道特色制造业走廊。积极引导地方在古驿道沿线发展特色产品制造产业，结合古驿道旅游开发，形成生产、参观、购物、科普于一体的新型旅游产品。通过构建生产、服务一体化的特色制造业走廊，更好发挥古驿道对当地经济的全面带动和促进作用。

第三十六条　古驿道主题文化遗产线路

整理和挖掘古驿道具有历史文化价值的事件、人物及与驿道往来联系紧密而富有吸引力的人文素材，策划 9 条特定主题的文化遗产线路，促进古驿道的活化利用与文化旅游产业发展。

1. 南北通融文化遗产线路。是我省历史最悠久、古驿道遗存保存最完整的线路。自秦始皇统一中国，古驿道成为武力和政治确保统一的基础交通条件和纽带，也为南北通融创造了交通条件。线路结合古道、古关、海防卫所、古遗址等军事设施和文化遗产，开展户外徒步、骑行和文化展览等活动，体验感知不同历史时期国家版图的演变历史，提升文化自信。

2. 葛洪与中医药文化遗产线路。以葛洪的炼丹和研究中草药为主题，深入挖掘葛洪的典故传说，结合利用罗浮山、南海西樵山和广州越岗院（即今三元宫）等历史文化遗产，策划中医药健康旅游、非遗展示、中草药种植与博览等活动。

3. 汤显祖岭南行文化遗产线路。该线路反映了明代戏剧大师汤显祖岭南远谪之行所发生的历史轶事。他在岭南的韶关、广州、湛江徐

闻、惠州罗浮山、深圳南头、端州、澳门等地均留下过足迹与众多不朽诗篇。结合徐闻贵生书院、深圳南头参里山等重要节点，策划戏剧节、文化论坛、参禅访道等活动。

4. 驿道古酒文化遗产线路。岭南美酒凝聚着岭南人农耕文化的智慧结晶，其中最具代表性的有韶关石塘村的"堆花米酒"、广州的"石湾米酒"、佛山的"九江双蒸"以及梅州、河源和潮汕等地的糯米酒等。结合沿线村落丰富的古酒品种、酿造工艺和酒器皿等内容，打造驿道古酒文化之旅，体验先民生活的智慧之道。

5. 西学东渐文化遗产线路。岭南地区自古是中西文化交流的窗口，南粤古驿道也随之成为中西文化交流的重要纽带和通道。智药三藏、菩提达摩、沙勿略、利玛窦和马国贤等重要历史人物均在岭南留下足迹。结合光孝寺、南华寺、西来庵、台山上川岛教堂、澳门圣母圣诞主教堂等文物古迹，开展宗教游览、文化远足等活动，体验历史地理场景，感受中西文化的交融。

6. 瓷器文化遗产线路。对外贸易的航海航线是南粤古驿道系统对外的拓展，用于古代丝绸、瓷器和茶叶运输的古驿道是体现南粤对外贸易历史记忆价值的重要载体。在南粤古驿道上至今仍保留有许多知名的窑址，如广州西村窑、潮州笔架山宋窑、惠州东平窑、新会官冲窑等。结合南粤古驿道沿线的古码头、古窑址、古商行、古瓷器等文化遗产，形成体验岭南瓷器文化的遗产线路。

7. 香山古道群英故里文化遗产线路。这是一条改变近代中国命运，英才汇聚的线路。沿线群英荟萃，涌现出了孙中山、郑观应、张文湛、容闳、唐绍仪、唐国安、肖友梅、苏兆征、古元、马应彪、唐翘卿、徐润、郭乐、唐廷枢、黄宽等名人，是南粤古驿道中最具有中国现代国家记忆历史意义的线路。活化利用沿线名人故居、古村古镇，策划徒步、骑行和文化展览等活动。

8. 《世界记忆》侨批和银信文化遗产线路。银信和侨批是海外华侨与国内眷属亲人情感联系的精神纽带与经济纽带。"侨批之旅"可以从汕头历史城区开始通过驿道一直延伸到梅州，串联樟林古港、西堤公园、汕头小公园、饶宗颐纪念馆、潮州古城、茂芝会议旧址、三河坝纪念馆、梅州松口移民纪念地、大埔侨批博物馆等重要节点。"银信之旅"将教堂、学校等公共建筑、碉楼群、近现代工业遗产、华侨名人故里和银信银号等串联起来，打造成为体验海内外华人的集体记忆情感空间的主题文化之旅。

9. 红色之旅文化线路。古驿道曾书写众多革命先烈们的不朽传奇。如毛泽东飞舟险渡韶关乐昌九泷十八滩、朱德主持召开"茂芝会议"、陈毅在梅岭写下著名诗篇《梅岭三章》、梅州大埔三河坝战役"、红七军"血战梅花，强渡武江"等。该线路将结合主题载体和节点形成红色主题文化之旅。

第二节　古驿道特色镇村发展规划

第三十七条　古驿道文化特色乡镇

结合南粤古驿道线路沿线的历史文化名镇、古镇及部分古驿道历史节点，建设251个融合文化、旅游、产业、生活等功能的南粤古驿道文化特色乡镇。通过挖掘、保护与活化利用古驿道文化资源，带动文化、旅游、体育、教育等产业发展，激活沿线古驿道特色乡镇的产业活力，促进小镇的经济发展。

第三十八条　古驿道文化特色村落

古驿道文化特色村落，是指历史上因古驿道而兴，传统风貌建筑数量较多、保存较好，或反映一定时期的古驿道历史文化的村落。

以古驿道线路为载体，串联沿线419个古驿道文化特色村落，结合广东省绿道建设、新农村连片示范建设和农村人居环境综合整治等工程，形成以线串点的古驿道文化乡村带，为沿线乡村发展注入新的活力，带动沿线村落经济的发展。

第三十九条　古驿道特色镇村发展指引

1. 与古驿道直接相关，尚有部分古驿道遗存或遗址，如古驿道线路穿越或驿铺所在的镇村。该类特色镇村应做好古驿道遗存或遗址的保护与修复工作，并通过古驿道、驿站的建设，串联沿线的文化节点，发展成为古驿道文化旅游特色镇村。

2. 位于古驿道周边，与古驿道历史事件具有一定的联系，如与古驿道军事、邮驿、商贸、迁徙、宦游等历史事件相关的镇村。该类型镇村应注重对古驿道历史文化资源的挖掘和展示，通过建设古驿道、名人、历史事件等主题展览馆，发展成为古驿道沿线的重要文化节点镇村。

3. 位于古驿道线路内，传统风貌保存良好的村落，如历史文化名镇名村、传统村落、历史古镇古村等。该类型特色镇村应结合镇村的整体保护与利用，充分融入古驿道文化内涵，注重镇区、村落内部的传统建筑的保护，游径系统、标识系统、交通衔接、配套设施等方面的建设。

第三节　古驿道精准扶贫规划（略）

第四节　古驿道户外运动发展规划（略）

第五节　古驿道旅游发展规划

第四十四条　多样化的主题游径

结合古驿道沿线地形地貌、自然资源、人文资源等条件，策划多样化的古驿道主题游径，并配套相应的旅游服务设施。

1. 历史文化径：是沿线现存古道、历史文化古城、古镇、古村等历史遗存集中，具有历史意义或游憩价值，以历史文化体验与展示为核心主题的游径。结合保护与活化利用，可开展古驿道历史展览、民俗体验、古城采风、古迹探寻、古建考察、主题摄影等活动。

2. 地理探险径：是沿线分布有山区、峡谷、河流、森林等典型地貌特色的自然景观资源，以地理探险为核心主题的游径。可开展徒步旅行、森林探险、野外生存体验、山地穿越、定向越野等活动。

3. 自然观光径：是依托古驿道途经的乡村田园、风景名胜、山水风光等景观优美的地区，以自然观光为主题的游径。可开展古村游览、自然观光、湿地体验、近海休闲等活动。

4. 近郊休闲径：是位于城市近郊，依托古驿道沿途主要历史古迹、郊野公园、田园湖泊、水岸岛屿等资源，以郊游休闲为主题的游径。可开展徒步骑行、滨海观光、田间垂钓、林果采摘等活动。

第四十五条　多元的古驿道旅游产品

以古驿道为依托，整合沿线的人文、自然等特色资源，开发多样化的古驿道旅游产品，形成"资源共享、客源互引、优势互补、特色突出"的产品体系。

1. 古驿道文化体验产品。加大对古驿道遗存、古驿道相关的历史城镇村，以及其他历史文化资源的保护性开发，通过修复、复原、展

示、演绎等方式，提供古驿道遗存主题公园、古驿道文化特色乡镇、古驿道文化展览馆、古驿道历史民俗表演等文化产品。

2. 古驿道游览观光产品。通过古驿道线路和连接线串联沿线发展节点，结合资源整合、改造提升、文化注入、场景再现等手段，提供古驿道文化探寻之旅、古驿道古风摄影之旅、古驿道游船之旅、古驿道骡马之旅、古驿站民宿体验之旅等旅游产品。

3. 古驿道户外运动产品。结合古驿道在历史上人类行走、运动以及亲近自然的特征，加大对古驿道线路及沿线资源的户外体育运动开发，通过完善运动场地、提供运动配套设施、加大体育活动组织力度等方式，提供包括"奔向广东第一峰铁人三项挑战赛""南粤古驿道定向大赛""穿越丹霞""古驿道骑行赛""古水道划船赛"等"南粤古驿道"户外运动品牌赛事和活动。

4. 古驿道生态休闲产品。结合古驿道深入郊野山川、森林、湖泊等环境特征，串联沿线生态资源，积极开发参与性强的森林公园、地质公园、湿地公园、自然保护区等产品，融入休闲观光、科学考察、科普教育、亲子娱乐等项目，增加古驿道的趣味性。

第七章　规划建设指引

第四十六条　粤北秦汉古驿道线路

粤北秦汉古驿道线路包括 3 条主线和 3 条支线，总长约 951 公里，其中陆路长约 668 公里，水路长约 283 公里，途经韶关、清远 2 个地级市及境内的乐昌市、乳源县、仁化县、连州市、阳山县与英德市等 6 个县市。主线包括西京古驿道（西线）、西京古驿道（东线）和茶亭古驿道，长约 580 公里；支线包括宜乐古驿道、城口湘粤古驿道、阳山秤架乡古驿道等，长约 371 公里。

表 7 - 1　西京古驿道（西线）规划建设指引

分项	规划建设指引
线路走向	西京古驿道（西线）经过清远市连州市、阳山县与英德市，以顺头岭古道为首为最初的秦朝南下线路，北连湖南省宜章县，经连州市顺头岭古道（南天门古道）经星子镇等汇入连江线路，溯连江而下经连州市区、阳山县至英德市。

（续上表）

分项	规划建设指引
线路类型	陆路：83 公里；水路：172 公里。
重点发展区域	连州北发展区、清远发展区。
发展节点	（1）主要发展节点：南天门古道、慧光塔、连州古城、龙潭古道、湟川三峡、广东贤令山森林公园、洽洸古镇、英德草原天门沟景区、湟溪关、铺头街古道遗址等； （2）次要发展节点：山洲村北门楼、黎水村古堡、星子镇峰园村、火山峰森林公园、龙坪镇元璧村、燕喜山摩崖石刻、大云洞摩崖石刻、广东天湖森林公园、巾峰山摩崖石刻、惠爱医院旧址、同冠峡、青莲镇、石牯塘村、蓬莱寺塔、英西峰林、功垂捍御牌坊等。
特色镇村	（1）特色乡镇：7 个，包括星子镇、大路边镇、连州镇、龙潭古镇、青莲镇、大湾镇、洽洸镇等； （2）特色村落：11 个，包括卿罡村、星子黄村、沙坊村、元璧村、顺头岭村、峰园村、山洲村、黎水村、百土脚村、南天门村、石牯塘村等。
主题游径	顺头岭历史文化径、星子河自然观光径、连州历史文化径、连江自然观光径。
功能指引	结合古道、古堡、古关遗址开展古道探秘、商旅文化体验、军事文化体验，结合燕喜山石刻、刘禹锡、韩愈相关遗址、诗文石刻寻迹发展宦游文化寻迹、城郊休闲、生态观光活动，结合古城遗址发展古城观光与文化体验等活动，结合连江、贤令山公园、天门沟公园等开展骑行运动、自然观光、徒步旅行等活动。
服务设施	（1）区域服务中心：3 个，连州镇、阳山阳城镇、洽洸镇等； （2）一级驿站：9 个，顺头岭景区驿站、星子镇驿站、麻步镇驿站、龙潭古镇度假区驿站、小江镇驿站、大湾镇驿站、青莲镇驿站、秤架乡驿站、芙蓉村驿站等。
交通衔接	（1）重点加强与武广铁路英德西站、京广铁路英德站等火车站的衔接；与连州汽车站、阳山汽车站等长途客运站的衔接；与清连高速的衔接。 （2）加强与连南千年瑶寨、乳源大峡谷等周边重要景区的交通衔接。

表 7-2　西京古驿道（东线）规划建设指引

分项	规划建设指引
线路走向	北至老坪石镇往湖南宜章方向，南下经梅花镇、云岩镇、大桥镇、乳源、凤田、江湾、罗坑至洽洸。

分项	规划建设指引
线路类型	陆路：194 公里。
重点发展区域	乳源—乐昌发展区、南岭发展区、清远发展区。
发展节点	（1）主要发展节点：老坪石宜乐古道与码头、金鸡岭风景名胜区、梅花岗隘、下开封桥宜乐古道、猴子岭西京古道、观澜书院、必背瑶寨、腊岭西京古道、广东南岭国家森林公园、云门寺等； （2）次要发展节点：武阳司宜乐古道、黄金洞古道、万古金城、火烧隘、黄金隘、高车岭隘、朱家紫阳书院、五汪谭氏宗祠、红豆杉森林公园、通天箩、通济桥、朱德元帅祖居朱家陇遗址、大富桥、镇溪祠古戏台、正觉寺遗址、天井山国家森林公园、乳源大峡谷等。
特色镇村	（1）特色乡镇：10 个，包括坪石镇、梅花镇、云岩镇、大桥镇、必背镇、乳城镇、桂头镇、罗坑镇、凤田镇、江湾镇等； （2）特色村落：6 个，包括武阳司村、罗家渡村、黄金洞村、红云村、梯下村、杨溪乡罗坑村等。
主题游径	西京古道历史文径、乳源近郊休闲径、船底顶地理探险径、天门沟自然观光径。
功能指引	沿西京古道沿线结合丰富古道与相关遗址资源发展邮驿文化体验、宦游文化寻迹，结合乳源瑶族特色历史村落与镇村发展少数民族文化体验，结合南水水库、南岭国家森林公园、温泉度假区、罗坑水库等发展生态探险、水库氧吧、古村体验、漂流探险、城郊休闲活动，结合船底顶、天门沟等发展山地探险、徒步运动、自然观光等户外运动。
服务设施	（1）区域服务中心：3 个，老坪石镇、乳源乳城镇、洸洸镇等； （2）一级驿站：6 个，云岩镇驿站、大桥村驿站、南水森林公园驿站、凤田镇驿站、罗坑镇驿站、天门沟景区驿站等。
交通衔接	（1）重点加强与武广高铁韶关站、京广铁路坪石站、韶关东站等火车站的衔接；与乳源汽车站、罗坑汽车站、洸洸汽车站等长途客运站的衔接；与京珠高速、乐广高速等高速公路的衔接。 （2）加强与必背瑶寨等周边重要景区的交通衔接。

表 7-3　茶亭古驿道规划建设指引

分项	规划建设指引
线路走向	北跨南风坳至湖南省蓝山县，南下经三水瑶族乡、丰阳镇、东陂镇、西岸镇至连州古城；支线自西岸镇经石马往江华县。
线路类型	陆路，长度 131 公里。
重点发展区域	连州北发展区。

分项	规划建设指引
发展节点	(1) 主要发展节点：东陂古道、茶亭古道、丰阳古道、石马径古道、连州地下河等； (2) 次要发展节点：丰阳镇丰阳村、冯达飞故居、西岸镇石兰寨、星子黄村古堡、保安镇卿罡村、沙坊村、西岸镇马带村、西岸镇冲口村、龙坪镇元璧村等。
特色镇村	(1) 特色乡镇：6 个，包括三水瑶族乡、丰阳镇、东陂镇、西岸镇、星子镇、大路边镇等； (2) 特色村落：8 个，包括丰阳村、茶亭村、白家城村、东陂村、石马村、冲头村、石兰寨、马带村等。
主题游径	连州历史文化段径。
功能指引	结合丰富的丰阳、东陂等古道，白家城村等古村，东陂古镇等资源开展古道骑行、民俗体验、徒步运动、古村体验、生态观光等体验活动。
服务设施	(1) 区域服务中心：1 个，连州镇； (2) 一级驿站：4 个，沙坪镇驿站、丰阳镇驿站、东陂镇驿站、西岸镇驿站等。
交通衔接	(1) 重点加强与连州汽车站的衔接；加强与二广高速的衔接。 (2) 加强与连州地下河等周边自然资源的交通衔接。

第四十七条　北江—珠江口古驿道线路

北江—珠江口古驿道线路分为北江段和珠江口段，包括 4 条主线和 15 条支线，总长约 3 009 公里，主线长约 1 511 公里；支线长约 1 498 公里。其中陆路长约 1 427 公里，水路长约 1 582 公里。

北江段包括 2 条主线和 9 条支线，总长约 1 773 公里，其中陆路长约 919 公里，水路长约 854 公里。线路顺北江而下，经过韶关、清远、佛山、广州等 4 个地级市及境内的南雄市、始兴县、翁源县、南海区、从化区、花都区等 20 个区县。主线包括北江古驿道和南雄—广州古驿道，长约 948 公里；支线包括流溪河古驿道、潓江古驿道、乌迳古驿道、水口—南亩古驿道、始兴清化古驿道、翁源桂花—龙马古道、翁源古驿道、佛冈古驿道、花县古驿道等，长约 825 公里。

珠江口段包括 2 条主线和 6 条支线，总长约 1 236 公里，其中陆路长约 508 公里，水路长约 728 公里。线路沿珠江口水系，水陆联运，南至澳门，西抵恩平，途经广州、佛山、中山、珠海、江门 5 个地级市及境内的 16 个区县。主线包括广佛中古驿道和香山古驿道，长约

563 公里；支线包括台山古驿道、台恩古驿道、明鹤古驿道、肇鹤古驿道、崖门古驿道、潭江古驿道等，长约 673 公里。

表 7-4 北江古驿道、南雄—广州古驿道规划建设指引

分项	规划建设指引
线路走向	北江古驿道是从南雄经北江上游浈江到韶关市区，再顺北江而下，经清远至佛山三水思贤滘，最终到达广州黄埔古港。 南雄—广州古驿道是从南雄经北江上游浈江到韶关市区，再顺北江而下，经清远至佛山三水思贤滘，最终到达广州黄埔古港。
线路类型	北江古驿道：水路，长度 580 公里；南雄—广州古驿道：陆路，长度 368 公里。
重点发展区域	南雄发展区、丹霞山发展区、清远发展区、广佛发展区。
发展节点	(1) 主要发展节点：梅关关楼与古城、乌迳新田村、回龙寺塔、珠玑古镇、广州会馆、三影城、南雄府城、打锣寨上京古道、韶关古城（芙蓉驿）、南华寺、犁市当铺、韶州府学宫大成殿、莲花山古道遗址、猪头岭古道、余靖墓、广东韶关国家森林公园、张九龄家族墓地、东京古道遗址、牛栏洞遗址、广东英德国家森林公园、英德古城、宝晶宫风景名胜区、湟溪关、浈阳峡栈道、藏霞古洞、飞霞风景名胜区、鳌头塔、政江塔、胥江祖庙、魁岗文塔等； (2) 次要发展节点：钟鼓岩摩崖石刻、里东戏台、南雄梅关森林公园、黄坑溪塘村、帽子峰森林公园、南雄苍石寨森林公园、南雄竹嵩坑森林公园、青嶂山、百顺黄屋城村、马市镇黄塘村、大安坪、罗围城堡遗址、始兴南山、石下村、东湖坪村、周田镇张屋村、丹霞山、走马岗遗址、北江农军学校旧址、小坑国家森林公园、仙人塔、石峡遗址和马坝人遗址、韶关南华森林公园、拱桥岭遗址、白土镇大村、滑水山、英城街道下寮村、观音岩摩崖石刻、功垂捍御牌坊、峡山石刻、龙牙峡、太和洞、大旗头村等。
特色镇村	(1) 特色乡镇：36 个，包括乌迳镇、南亩镇、水口镇、珠玑镇、帽子峰镇、马市镇、太平镇、罗坝镇、隘子镇、司前镇、周田镇、小坑镇、沙溪镇、大坑口镇、犁市镇、英城镇、横石水镇、连江口镇、高桥镇、飞来峡镇、石角镇、乐平镇、白坭镇、芦苞镇、西南镇、河口镇、大塘镇、太平镇、良口镇、温泉镇、鳌头镇、棋杆镇、龙潭镇、神岗镇、钟落潭镇、人和镇等； (2) 特色村落：42 个，包括梅岭村、梅关村、新田古村、溪塘村、翕过村、黄屋城村、黄塘村、廖屋村、白围村、石下村、东湖坪村、深渡水村、夏富村、黄洞、大村、曹角湾村、下寮村、黎洞村、石梨村、社岗村、井岭村、牛岗地村、旧岭村、迴岐村、大旗头村、长岐村、古灶村、连塘村、街口村、米埗村、钟楼古村、钱岗古村、缠岗村、乌石村、麻村、龙角村、隔塘、涇湖村、梅田村、鸦湖村、江村、鸦岗村等。

（续上表）

分项	规划建设指引
主题游径	梅关历史文化径、南雄近郊休闲径、始兴自然观光径、韶关历史文化径、英德近郊休闲径、清远历史文化径、佛山自然观光径、广州历史文化径、白云近郊休闲径、佛冈自然观光径。
功能指引	结合梅关古道、珠玑古道等开展古关古道文化体验，结合周边帽子峰、梅岭森林公园等开展银杏游览、生态旅游，结合南雄古城、韶关古城、广州会馆、犁市当铺等开展商贸文化体验、古城游，结合始兴满堂围等围楼、翁源湖光坝、八卦围等开展围屋文化观光、古村游览等活动，结合北江及其周边自然资源开展北江文化体验、军事文化体验、渡口观光体验、疍民文化体验、近郊骑行、温泉度假、生态观光等活动，结合古塔、南华寺等古寺、摩崖石刻等开展宗教朝拜、石刻文化观光等活动。
服务设施	（1）区域服务中心：5个，南雄珠玑镇、韶关浈江区、飞来峡景区、三水西南镇、从化区街口街道等； （2）一级驿站：11个，江口镇驿站、平埔村驿站、南华寺驿站、大坑口镇驿站、清溪村驿站、英城镇驿站、清城区驿站、迴岐村驿站、芦苞镇驿站、东高桥驿站、涩湖村驿站等。
交通衔接	（1）重点加强与赣韶铁路南雄站、始兴站、丹霞站、韶关站，京广铁路韶关东站、英德站、连江口站、飞来峡站、源潭站、广州北站、广州站，武广铁路韶关站、英德西站、清远站、广州北站，广茂铁路三水站、广州站，广珠轻轨广州南站，广深铁路广州东站，厦深高铁广州南站等火车站的衔接；加强与乌迳汽车站、珠玑汽车站、南雄汽车站、古市汽车站、马市汽车站、始兴汽车站、深渡水汽车站、韶关汽车站、曲江汽车站、白土汽车站、沙溪汽车站、乌石汽车站、清远新城汽车站、英德汽车站、三水汽车站等长途客运站的衔接；加强与赣韶高速、乐广高速等高速公路的衔接。 （2）加强与帽子峰等重要景区的交通衔接。

表7-5 广佛中古驿道规划建设指引

分项	规划建设指引
线路走向	广佛中古驿道是北江水道往珠江口几大城市出海的水道，包括广佛重要水道汾江、东平水道、横门水道、洪奇沥水道、蕉门水道等。经佛山市三水区、南海区、佛山市区、顺德区，广州市区、番禺区、黄埔区、南沙区，中山市等市区。
线路类型	水路：467公里。
重点发展区域	广佛发展区、中山—珠海发展区。

183

分项	规划建设指引
发展节点	（1）主要发展节点：佛山古城、佛山祖庙、南风古灶、黄埔古港、南海神庙及码头遗址、琶洲塔、广州古城、深井村、珠村、小洲村、黄埔军校旧址、南越王墓、怀圣寺、光孝寺、圣心大教堂、黄埔军校旧址、沙面、陈家祠、十三行、沙湾镇、留耕堂、余荫山房、石楼镇大岭村、黄圃古码头遗址及鳌山村古石径、中山黄圃镇等； （2）次要发展节点：东华里古建筑群、北滘镇碧江村、清晖园、金楼及古建筑群、西山庙、青云塔、明远桥、真武庙、聚奎阁、冰玉堂、清真先贤古墓、三元里平英团遗址、黄花岗七十二烈士墓、紫坭村、三善村、西村、化龙镇潭山村、莲花城、塘坑村、南汉二陵、莲花山古采石场、金锁排灯塔、舢舨洲灯塔、广州滴水岩森林公园、广州滨海红树林森林公园、广州大夫山森林公园、莲花山风景名胜区、黄阁镇莲溪村等。
特色镇村	（1）特色乡镇：12个，包括西樵镇、九江镇、北滘镇、南朗镇、三乡镇、太平镇、良口镇、温泉镇、鳌头镇、棋杆镇、龙潭镇、神岗镇等； （2）特色村落：18个，大旗头村、长岐村、古灶村、塱头村、蓝田村、藏书院村、茶塘村、高溪村、连塘村、街口村、米埗村、钟楼古村、钱岗古村、缠岗村、乌石村、麻村、龙角村、隔塘等。
主题游径	广佛历史文化径、南沙水道自然观光径、广佛近郊休闲径、中山水道自然观光径。
功能指引	结合广州古城、佛山古城、佛山祖庙、梁园、北京路等打造广府文化、古道文化、骑楼文化、岭南园林文化、古城文化和军事文化体验，结合松塘村、小洲村等岭南古村落打造古村落文化体验，结合珠江、汾江、出海口、灯塔、古桥等打造水道文化、海丝文化、军事文化体验与近郊生态休闲旅游活动。
服务设施	（1）区域服务中心：1个，广州越秀区； （2）一级驿站：4个，佛山祖庙驿站、番禺莲花山景区驿站、沙湾镇驿站、五桂山区驿站。
交通衔接	（1）重点加强与广茂铁路佛山站、三水站，广珠轻轨广州南站、顺德站，贵广高铁广州南站、佛山站等火车站的衔接；与顺德汽车站、佛山汽车站等长途客运站的衔接；与广明高速的衔接。 （2）加强与周边景区的交通衔接。

表 7 - 6　香山古驿道规划建设指引

分项	规划建设指引
线路走向	香山古驿道是从中山往澳门的古道，经过中山市、珠海市。
线路类型	陆路：96 公里。
重点发展区域	中山—珠海发展区。
发展节点	（1）主要发展节点：南朗镇、中山历史城区、五桂山区、孙中山故居、翠亨村、三乡镇古鹤村、唐家湾镇、陈芳家宅、前山寨城、凤凰山古道遗址、长南迳古道遗址、凤凰山、斗门镇、东澳铳城等； （2）次要发展节点：南塘村、左步村、珠江纵队司令部旧址、烟洲书院、烟墩山塔、马公纪念堂、桂南村、雍陌村、南桥村、金钟水库、中山三乡小琅环森林公园、中山长江水库、淇澳村、会同村、前山寨城、南屏镇北山村、排山村、后沙湾沙丘遗址、赤沙湾沙丘遗址、唐家三庙、万山海战遗址、唐绍仪故居、淇澳—担杆岛等。
特色镇村	（1）特色乡镇：5 个，包括三乡镇、南朗镇、南屏镇、唐家湾镇、斗门镇等； （2）特色村落：9 个，包括南塘村、左步村、翠亨村、桂南村、石鼓村、南桥村、三乡镇古鹤村、淇澳村、会同村等。
主题游径	香山古驿道历史文化径、香山古驿道近郊休闲径。
功能指引	结合古道遗址、凤凰山风景区等打造徒步旅行、登山运动、生态休闲活动，结合古村落、孙中山故居、中山历史城区等打造文化游览、古城体验、古村休闲活动，结合淇澳岛等打造户外休闲、生态观光项目。
服务设施	（1）区域服务中心：1 个，中山历史城区； （2）一级驿站：1 个，前山驿站。
交通衔接	（1）重点加强与广珠城轨中山站、中山北站、珠海北站、珠海站等火车站的衔接；与中山汽车站、唐家汽车站等长途客运站的衔接；与广澳高速的交通衔接。 （2）加强与周边景区的交通衔接。

第四十八条　东江—韩江古驿道线路

东江—韩江古驿道线路分为东江段和韩江段，包括 2 条主线和 15 条支线，总长约 3 179 公里。主线长约 1 285 公里，支线长约 1 894 公里。其中陆路长约 1 797 公里，水路长约 1 382 公里。

东江段包括 1 条主线和 8 条支线，总长约 1 464 公里，其中陆路长约 940 公里，水路长约 524 公里。线路从广州出发，沿东江经东莞、惠州至河源龙川，向北至江西赣州，向东转陆路接梅江、韩江。途经广州、东莞、惠州、深圳、河源 5 个地级市及境内的莞城区、博罗县、龙门县、龙岗区、东源县、龙川县等 14 个区县。主线为东江古驿道，

长约476公里；支线包括广州—惠州古驿道、惠州—龙川古驿道、西枝江古驿道、增城—龙门古驿道、和平古驿道、新丰古驿道和紫金古驿道，长约988公里。

韩江段包括1条主线和7条支线，总长约1715公里，其中陆路长约857公里，水路长约858公里。线路顺梅江、韩江而下，经梅州、潮州到达韩江出海口；溯韩江而上，可接汀江，达福建长汀县。途经梅州、潮州、汕头、揭阳4个地级市及境内的梅县、松口、大埔、饶平、潮安、澄海等30个区县。主线为韩江—汀江—梅江古驿道，长约809公里；支线包括梅州—平远古驿道、梅州—兴宁古驿道、梅州—潮州古驿道、丰顺—揭阳—潮州古驿道、梅州—蕉岭古驿道、石窟河古驿道、大埔—饶平古驿道，长约906公里。

表7-7　东江古驿道规划建设指引

分项	规划建设指引
线路走向	东江古驿道途径东莞、惠州、河源、龙川等县市，以东江古水道为主要线路，该线路自秦汉以来一直是岭南地区历史上重要的民系迁徙和海丝商贸的重要通道。线路西达广州，东接韩江古驿道。
线路类型	水路：435公里。
重点发展区域	惠州发展区、万绿湖发展区、龙川发展区。
发展节点	（1）主要发展节点：东莞莞城、石龙古镇、江边古村、苏村、罗浮山自然保护区、罗阳老街历史城区、惠州古城、白面石自然保护区、墨园古村、黄沙洞自然保护区、越王山自然保护区、梧桐山森林公园、源城历史城区、新丰江国家森林公园、东江画廊景区、苏家围古村、塘心古村、佗城古城、龙川老隆镇、大坝古村、黄石下盐道遗址、五合径古道遗址、枫树坝自然保护区等； （2）次要发展节点：可园、下坝古村、黄家山村、塘尾古村、南社古村、苏屋岗遗址、明月古寺、泊头古码头遗址、梅花墩窑址、银岗窑址、铁岗村、泗州塔、东坡井、包公巷古码头遗址、东新桥古码头遗址、西枝江古码头遗址、岚派古村、南坑村古码头遗址、龟峰塔、石峡恐龙蛋化石埋藏地、龙川学宫、壮坑龙潭古道遗址、欧江村、葛藤石径古道、增寨坑古栈道遗址、南园古村等。
特色镇村	（1）特色乡镇：12个，包括石龙古镇、园洲镇、龙溪镇、罗阳镇、横沥镇、芦洲镇、古竹镇、义合镇、蓝口镇、佗城镇、老隆镇、通衢镇等。 （2）特色村落：11个，包括黄家山村、南社村、塘尾村、江边村、铁岗村、墨园村、沐村、岚派村、李田村、苏家围村、塘心村等。
主题游径	东莞石龙—惠州古城历史文化径、白面石自然保护区—古竹镇自然观光径、河源源城区—苏家围古村历史文化径、苏家围古村—塘心古村自然观光径、龙川佗城—老隆镇历史文化径。

分项	规划建设指引
功能指引	结合罗浮山风景名胜区、旭日古村等开展生态观光、道教文化主题旅游活动；结合惠州历史城区、罗阳老街历史街区等景点，开展古城文化体验旅游；结合新丰江国家森林公园、河源历史城区、东江画廊景区等，开展生态观光、体育运动、文化旅游等功能；结合佗城历史城区、龙川老隆镇、塘心古村等节点，开展古城、古镇、古村文化体验游。
服务设施	（1）区域服务中心：5个，东莞莞城区、罗阳镇、惠州惠城区、河源义合镇、龙川佗城镇等； （2）一级驿站：11个，铁冈村驿站、黄家山村驿站、苏村驿站、横沥镇驿站、芦洲镇驿站、古竹镇驿站、仙塘镇驿站、义合苏家围驿站、蓝口镇驿站、老隆镇驿站、通衢镇驿站等。
交通衔接	（1）重点加强与京九铁路惠州西站、惠州站、河源站、龙川站等火车站的衔接；与东莞市汽车站、惠州市汽车站、河源市汽车站、龙川县汽车站等长途客运站的衔接；与广惠高速、长深高速、汕湛高速、龙河高速的交通衔接。 （2）加强与罗浮山自然保护区、新丰江国家森林公园、惠州古城、佗城古城等周边重要景区的交通衔接。

表7-8 韩江—汀江—梅江古驿道规划建设指引

分项	规划建设指引
线路走向	韩江—汀江—梅江古驿道经过五华县、兴宁市、梅州市、丰顺县、潮州市与汕头市，以韩江为主要通道的航道，从唐宋开始就承担潮汕地区往中原的沟通商贸作用，经三河镇之后，沿汀江往福建，沿梅江往梅州、惠州，过五华接陆路，往广州。
线路类型	水路：777公里；陆路：32公里。
重点发展区域	梅州发展区、潮汕揭发展区。
发展节点	（1）主要发展节点：蓝关古驿道遗址、华城镇、五华汤湖热矿泥山庄、水寨镇、梅州古城、阴那山风景区、松口古镇、三河古镇、留隍镇、凤凰山省级自然保护区、潮州古城、龙湖古寨、澄海老城、蓬州所城、大莱芜炮台、锦山古道遗址、茶阳古镇等； （2）次要发展节点：意溪镇、凤凰村、塔岗村、雄狮山塔、长乐学宫、大布村、顶巷村、上坝村、水口镇、杉里村、洋坑旅游风景区、垾坑村、红杏坊、东郊村、客家公园、仙花村、万山村、松坪村、雁下村、灵光寺、小黄村、铜琶村、元魁塔、"丝纶世美"牌坊、汇城村、群丰村、邹鲁故居、银滩村、党溪村、婆姐岭古道遗址、广济桥、韩文公祠、笔架山潮州窑遗址、开元寺、龙美村、陈慈黉故居、凤岭古港（程洋岗村）、龟山建筑遗址、鳌头村、南港古港、腾辉塔等。

分项	规划建设指引
特色镇村	（1）特色乡镇：10个，包括华城镇、水寨镇、水口镇、雁洋镇、松口镇、三河镇、潭江镇、留隍镇、龙湖镇、意溪镇等； （2）特色村落：19个，包括凤凰村、塔岗村、大布村、大坝村、杉里村、伴坑村、东郊村、仙花村、松坪村、雁下村、小黄村、铜琶村、汇城村、银滩村、党西村、象埔寨、高义村、龙湖古寨、鳌头村等。
主题游径	龙川—五华古驿道历史文化段、梅江自然观光段、梅州古城—三河古镇历史文化段、韩江自然观光段、潮州城区近郊休闲段、潮州古城历史文化段。
功能指引	结合蓝关古驿道遗址、华城镇等节点，开展古道观光、客家文化体验等功能；结合梅州古城、龙上口驿道遗址、西门桥驿道遗址等景点，开展古城古道游等功能；结合松口古镇、三河古镇、锦山古道遗址等节点，发展古镇古道体验功能；结合潮州古城、龙湖古寨等节点，发展潮州文化体验、古镇观光等功能。
服务设施	（1）区域服务中心：3个，梅州梅江区、潮州湘桥区、汕头老城区等； （2）一级驿站：12个，华城镇驿站、水寨镇驿站、小立村驿站、阴那山景区驿站、松口镇驿站、三河镇驿站、茶阳镇驿站、潭江镇驿站、留隍镇驿站、凤凰山景区驿站、龙湖古寨驿站、澄海区南门驿站等。
交通衔接	（1）重点加强与厦深高铁潮汕站，广梅汕铁路梅州站、大埔站、潮州站、汕头站等火车站的衔接；与汕头汽车站、金石汽车站、潮州汽车站、潮州汽车站、大埔高陂汽车站、三河汽车站、梅县区松口汽车站、梅县丙雁汽车站、梅州粤运江南汽车站、五华汽车站等长途客运站的衔接；与沈海高速、汕湛高速的交通衔接。 （2）加强与梅州古城、潮州古城、龙湖古寨、樟林古港、汕头西堤公园历史文化街区等周边重要景区的交通衔接。

第四十九条　西江古驿道线路

西江古驿道线路包括1条主线和5条支线，总长约988公里，其中陆路长约493公里，水路长约495公里。线路从湖南永州经灵渠南下，经漓江达广西梧州进入西江，顺西江而下，经肇庆封开县、德庆县、高要县、端州区、鼎湖区等区县，最后到达佛山三水思贤窖。向东可经东平水道到达广州。途经肇庆市的封开县、德庆县、高要区、端州区、四会市、广宁县、怀集县等7个区县。主线为西江古驿道，长约192公里；支线包括肇庆古驿道、贺江古驿道、怀封古驿道、绥江古驿道、怀四古驿道等，长约796公里。

表7-9　西江古驿道规划建设指引

分项	规划建设指引
线路走向	沿西江水道由西向东，沿线经封开县城、长岗镇；德庆新墟镇、县城、悦城镇；高要禄步镇、小湘镇；端州区；鼎湖区等。
线路类型	水路：长度192公里。
重点发展区域	肇庆端州发展区、封开发展区。
发展节点	(1) 主要发展节点：封川石街、杨池古村、德庆学宫、金林古村、罗洪古村、悦城龙母祖庙、七星岩景区、肇庆古城墙、崇禧塔、白石古村、羚羊山古栈道文化森林公园、鼎湖山自然保护区、燕岩景区等； (2) 次要发展节点：封川古城墙遗址、开建古城墙遗址、泰新桥、华表石摩崖石刻、三元塔、龙山宫、盘龙峡景区、牧野茶亭、三洲岩摩崖石刻、河六岗茶亭、武垄古村、古蓬古村、龟顶山森林公园、文明塔、坑尾古村、蚬壳洲遗址、鼎湖山摩崖石刻、九龙湖森林公园、黄金谷森林公园、蚬岗村、茅岗建筑遗址、华光寺遗址、古㳁水县遗址、六祖岩遗址、威州府遗址、花石洞天、状元湖森林公园、大坑山森林公园、燕都国家湿地公园等。
特色镇村	(1) 特色乡镇：6个，包括江口镇、新墟镇、悦城镇、禄步镇、小湘镇、端砚文化小镇等； (2) 特色村落：7个，包括下典口村、大旺村、杨池古村、金林古村、罗洪古村、白石古村、蚬岗村等。
主题游径	封川古城历史文化径、西江华表石自然观光径、德庆古城历史文化径、肇庆城区近郊休闲径。
功能指引	结合封开封川古城墙遗址、封川石街等开展古道探秘、广信文化体验等活动；结合德庆学宫、三元塔等景点，开展孔庙文化体验旅游；结合悦城龙母祖庙、罗洪古村，开展龙母文化体验旅游；结合肇庆古城、白石古村、七星岩风景区等景点，开展古城观光、端砚文化体验、城郊休闲等活动；结合鼎湖山自然保护区、羚羊山古栈道文化森林公园等景点，开展生态观光、城郊休闲等活动。
服务设施	(1) 区域服务中心：3个，包括封开江口镇、德庆德城街道、肇庆端州区等； (2) 一级驿站：4个，包括长岗镇驿站、悦城镇驿站、禄步镇驿站、鼎湖山景区驿站等。
交通衔接	(1) 重点加强与南广高铁郁南站、南江口站、肇庆东站等火车站的衔接；与封开汽车站、德庆汽车站、肇庆汽车站等长途客运站的衔接；与广梧高速的交通衔接。 (2) 加强与七星岩景区、鼎湖山自然保护区、羚羊山古栈道文化森林公园、肇庆古城等周边重要景区的交通衔接。

第五十条 潮惠古驿道线路

潮惠古驿道线路包括 1 条主线和 6 条支线，总长约 757 公里，均为陆路。线路从广州沿海岸线向东，经惠州、海陆丰、惠来、潮阳，最终到达潮州，向东可达福建。途径惠州、汕尾、潮州、汕头 4 个地级市及境内惠东、海丰、陆丰、惠来、潮南等 13 个区县。主线为潮惠古驿道，长约 428 公里；支线包括海丰—陆河古驿道、观音岭古驿道、陆丰—揭阳古驿道、潮阳—普宁古驿道、潮阳—揭阳古驿道和风吹岭古驿道等，长约 329 公里。

表 7-10　潮惠古驿道规划建设指引

分项	规划建设指引
线路走向	主要沿 324 国道，由西向东沿线经过惠州市惠城区、惠东县，汕尾市海丰县、陆丰市，揭阳市惠来县，汕头市潮南区、潮阳区，抵潮州。
线路类型	陆路，长度 428 公里。
重点发展区域	潮汕揭发展区、海陆丰发展区。
发展节点	(1) 主要发展节点：惠州历史城区、古田省级自然保护区、惠东历史城区、长坑古道、范和古村、平政古村、羊蹄峻岭古道、海丰历史城区、莲花山省级森林公园、陆丰历史城区、甲子镇、惠来县城、靖海镇、潮阳古城、达濠古城、桃山村、龙湖古镇、潮州古城、饶平县城、柘林镇等； (2) 次要发展节点：惠州西湖国家级风景名胜区、东坡井、泗洲塔、黄氏书室、归善学堂、邓演达故居、瓦窑岭窑址、霞角村、黄沙塘高桥、谭公村大夫第、田坑村、溪美村、平海古城、大星山炮台旧址、瑶埠村、千秋塘（方城）古寨、新圃林村、洋坑（方城）古寨、海丰红宫—红场旧址、彭湃烈士故居、赤山约农会旧址、方饭亭、坎下城城墙、官田村、大楼村、马路顶林氏宗祠、石寨村、广德禅院、元山寺、玄武山风景名胜区、白沙村、大塘村、新林村、新李村、赤山古院、堡内古寨、澳角炮台、京陇村、靖海风吹门关驿站遗址、靖海古城墙、东里寨、莲瑞流馨民居、沈所塔、东仙村、赤港石狮巷道、四序堂石刻、文光塔、莲花峰摩崖石刻、东湖岭古道、达濠古城墙、东湖古巷道、礐石风景区、潮海关旧址、崎碌炮台、揭东桑浦山—双坑省级自然保护区、紫陌山风景区、梅岗书院、林大钦墓、孙默斋墓、郑大进府、朱里洋村、丁允元墓、九规岭古官路遗址、猷巷古道、象埔寨、潮州西湖风景名胜区、开元寺、广济桥、广东红山省级森林公园、韩文公祠、己略黄公祠、笔架山潮州窑遗址、许驸马府、石坵头村、龙美村、八角楼村、桂林村、尚书村、黄冈丁未革命纪念亭、洋东瓦窑遗址等。

分项	规划建设指引
特色镇村	（1）特色乡镇：12个，包括平潭镇、稔山镇、悦城镇、吉隆镇、鹅埠镇、梅陇镇、可塘镇、甲子镇、隆江镇、靖海镇、炮台镇、钱东镇等； （2）特色村落：17个，包括霞角村、范和村、窑埠村、平政村、千秋塘古寨、洋坑古寨、大楼村、新林村、新李村、京陇村、下底村、桃山村、朱里洋村、井里村、高义村、古巷一村、八角楼村等。
主题游径	惠东古驿道历史文化段、羊蹄峻岭古道地理探险段、海陆丰历史文化段、陆丰近郊休闲段、惠来古驿道历史文化段、惠来近郊休闲段、靖海滨海自然观光段、潮州汕头历史文化段、潮州城区近郊休闲段。
功能指引	结合惠州古城等开展东坡文化、古城文化体验等活动；结合羊蹄峻岭古道遗址，开展古道体验旅游；结合海陆丰历史城区，开展古城文化旅游；结合靖海古镇、汕头老城等节点，开展海防文化、侨批文化体验游；结合大埠所城、风吹岭古道，开展海防文化体验、滨海观光等功能。
服务设施	（1）区域服务中心：7个，惠州惠城区、平海镇、海丰海城镇、陆河河田镇、惠来惠城镇、汕头老城区、潮州湘桥区等； （2）一级驿站：15个，平潭镇驿站、平山镇驿站、范和村驿站、平政村驿站、鲘门镇驿站、可塘镇驿站、博美镇驿站、南塘镇驿站、隆江镇驿站、武宁村驿站、田心镇驿站、潮阳区驿站、西胪镇驿站、桃山村驿站、白石岭水库驿站等。
交通衔接	（1）重点加强与京九线惠州站、惠州西站，厦深高铁鲘门站、潮阳站、潮汕站、饶平站等火车站的衔接；与惠州城北汽车站、惠州汽车站、惠东汽车站、海丰汽车站、陆丰汽车站、惠来汽车站、潮阳汽车站、龙湖汽车站、古巷汽车站、潮州汽车站、意溪汽车站、饶平汽车站等长途客运站的衔接；与沈海高速的交通衔接。 （2）加强与惠州历史城区、潮州古城、大埠所城等周边重要景区的交通衔接。

第五十一条 肇雷古驿道线路

肇雷古驿道线路包括3条主线和12条支线，总长约2 350公里，其中陆路长约1 761公里，水路长约589公里。线路分东西两路，东路从肇庆端州出发，途经新兴、恩平、阳江、高州、雷州、徐闻，越琼州海峡直抵海南岛；西路从肇庆德庆出发，经罗定、信宜，再到高州与东路汇合，直达徐闻、海南，途经云浮、阳江、茂名、湛江、江门5个地级市及境内郁南、信宜、高州、雷州、阳春、恩平等25个区县。主线包括肇高廉古驿道、南江口—高州古驿道和梧雷琼古驿道等，

长约 874 公里；支线包括南江古驿道、云城古驿道、新兴—恩平古驿道、新兴—阳江古驿道、阳江—茂名古驿道、阳江—遂溪古驿道、阳江—台山古驿道、鉴江古驿道、吴川—化州古驿道、调丰古驿道、南渡河古驿道和徐闻古驿道等，长约 1 476 公里。

表 7-11　肇高廉古驿道规划建设指引

分项	规划建设指引
线路走向	自肇庆高要区西江南岸向南，经马安镇、新桥镇、白诸镇达云浮市新兴县腰古镇与新兴县城，自新兴县城向东南方向，经布乾村、高村折南，经独鹤山至开平市苍城镇，向西南经歇马村至恩平市区，经大槐镇、合水镇至阳江市区，经白沙镇至乐安村折北，经茶水村、水寨村、潭水镇、三甲镇、乔连村、八甲镇、那霍镇、六符顶、石龙镇、安良堡村至高州市区，向西南经祥山镇、分界村至化州市区，向西经石湾镇、新安村、分界村至廉州市区，向西经龙湾镇、雅塘镇、青平镇、高桥镇、山口镇达广东、广西交界。
线路类型	陆路：460 公里。
重点发展区域	新兴发展区、阳江发展区、高州发展区。
发展节点	（1）主要发展节点：水东古驿道、歇马村、莲塘驿城遗址、阳江森林公园、水寨村、平云山旅游区、高州历史文化城区、化州学宫、新安村等； （2）次要发展节点：水东村、布乾村、石河村、崖楼山森林公园、独鹤山、冯如故居、鳌峰公园、恩平县公立图书馆旧址、东湖森林公园、阳江温泉度假村、金山公园、鸳鸯湖公园、阳江学宫、那旦圩、蛤山水库、落马墩拱石砖桥、仙家垌森林公园、那霍镇、电白郡、县城旧址、玉湖风景区、安良堡村、高州洗太庙、高州水库、宝光塔、笔架山森林公园、竹界村古径、中火嶂森林公园、墩湖古径、那霍镇、石龙镇、分界村（化州）等。
特色镇村	（1）特色乡镇：6 个，包括合山镇、潭水镇、三甲镇、八甲镇、那霍镇、石龙镇等； （2）特色村落：7 个，包括水东村、布乾村、石河村、水寨村、安良堡村、新安村、分界村（化州）等。
主题游径	新兴县近郊休闲径、独鹤山自然观光径、恩平—台山近郊休闲径、阳江—恩平自然观光径、阳江历史文化径、阳江—茂名自然观光径、飞龙山地理探险径、高州古城历史文化径、高州—化州自然观光径、茂名近郊休闲径、廉江自然观光径。

（续上表）

分项	规划建设指引
功能指引	新兴县结合水东村古驿道资源开展古道探秘、民俗体验、户外运动等活动，阳东县与阳江市区结合东湖森林公园、阳江温泉度假村、莲塘驿城遗址、阳江森林公园、阳江学宫开展古迹探寻、户外运动、健康养生等活动；阳春市结合漠阳江及沿岸水寨村、黄村温泉、蛤山水库、仙家峒森林公园等资源开展民俗风情体验、休闲度假、徒步旅行等活动；高州市结合玉湖风景区、电白郡、县城旧址、安良堡村、高州历史文化名城、宝光塔、笔架山森林公园等人文自然景点，开展古城采风、户外休闲、主题摄影等人文旅游活动；化州、廉州段结合化州学宫、竹界村古径、新安村、罗州故城遗址等资源，开展古城采风、古迹探寻、郊野踏青、城郊休闲等活动。
服务设施	(1) 区域服务中心：4个，恩平城区、阳江城区、高州古城、化州城区等； (2) 一级驿站：26个，包括新桥镇驿站、腰古镇驿站、新城镇驿站、高村驿站、苍城镇驿站、歇马村驿站、大槐镇驿站、东湖景区驿站、白沙镇驿站、乐安村驿站、那旦村驿站、水寨村驿站、潭水镇驿站、乔连村驿站、八甲镇驿站、那霍镇驿站、六符顶景区驿站、玉湖景区驿站、安良堡村驿站、黄坡镇驿站、新安镇驿站、廉江石城镇驿站、龙湾镇驿站、墩湖村驿站、青平镇驿站、高桥镇驿站等。
交通衔接	(1) 重点加强与广茂铁路阳江站、茂名站、化州站、廉江站，洛湛铁路高州站等火车站的衔接；与高要汽车站、新兴汽车客运站、恩平汽车站、阳春粤运汽车站、阳东汽车站、阳江城南汽车站、高州汽车站、化州汽车站、廉江汽车站等长途客运站的衔接；与广昆高速、深罗高速、深岑高速、沈海高速、西部沿海高速、罗阳高速、汕湛高速、包茂高速、兰海高速等高速公路的交通衔接。 (2) 加强与中火嶂森林公园、罗州故城遗址等周边重要景区的交通衔接。

表 7 - 12　南江口—高州古驿道规划建设指引

分项	规划建设指引
线路走向	自南江口向南经兰寨村、连滩镇、大湾寨达罗定市区，经罗平镇、罗镜镇、分界镇、茶山镇、怀乡镇达信宜市区，经镇隆镇、潭头镇、大井镇达高州市区。
线路类型	陆路：215公里。
重点发展区域	郁南发展区、高州发展区。

分项	规划建设指引
发展节点	（1）主要发展节点：兰寨村、连滩古建文化景区、罗定历史文化城区、金山迳古道遗址、镇隆镇、高州历史文化城区等； （2）次要发展节点：三圣宫、南江口码头、古蓬码头、河口码头、天池庵生态旅游区、磨刀山遗址、䅳葛村、大湾寨、五星村、文塔、菁莪书院、罗定学宫、平南村古建筑群、倒流榜、凤阳村、陀垌古村、长岗坡渡槽、罗镜官渡头遗址、潭白故城址、三叉顶森林公园、蔡廷锴故居、龙湾森林公园、梅岗森林公园、八坊村、大洪国王宫旧址、文明村、高州冼太庙、大井镇、佛子岭古石径、宝光塔等。
特色镇村	（1）特色乡镇：4个，包括连滩镇、罗镜镇、镇隆镇、大井镇等； （2）特色村落：9个，包括兰寨村、䅳葛村、大湾寨、五星村、倒流榜、凤阳村、陀垌古村、八坊村、文明村等。
主题游径	南江—罗定历史文化径、罗定近郊休闲径、信宜北分界地理探险径、高州古城历史文化径。
功能指引	南江沿岸结合连滩镇、兰寨村、䅳葛村、大湾寨、五星村、古码头等历史村落、古建筑群、古码头群开展南江古水道寻踪、南江文化体验活动，充分展现南江流域丰富的人文魅力；罗定市结合罗定历史文化名城及周边倒流榜、平南村古建筑群、凤阳村、陀垌古村、潭白故城址等丰富的历史文化遗迹，开展古城采风、古迹探寻、古建考察等活动，展现罗定深厚的历史沉淀；高州至信宜结合沿线崇山峻岭开展山地越野、林地徒步、生态观光等户外运动；高州市结合高州历史文化名城、高州冼太庙、宝光塔等丰富的人文遗迹，开展古城采风、近郊休闲等活动。
服务设施	（1）区域服务中心：2个，连滩古镇、高州古城等； （2）一级驿站：13个，包括南江口驿站、古蓬村驿站、兰寨村驿站、大湾五星村驿站、罗定文塔公园驿站、罗平镇驿站、罗镜镇驿站、分界镇驿站、茶山镇驿站、怀乡镇驿站、梅岗公园驿站、镇隆镇驿站、大井镇驿站等。
交通衔接	（1）重点加强与广茂铁路罗定站、洛湛铁路高州站等火车站的衔接；与信宜汽车站、高州汽车站、罗定汽车站等长途客运站的衔接；与广昆高速、罗阳高速、深罗高速、包茂高速、汕湛高速等高速公路的交通衔接。 （2）加强与骆驼山风景区、天池庵生态旅游区、潭白故城址、三叉顶森林公园、龙湾森林公园、天马山风景区、西江温泉度假村、荷花温泉、大洪国王宫旧址、佛子岭古石径等周边重要景区的交通衔接。

表7-13 梧雷琼古驿道规划建设指引

分项	规划建设指引
线路走向	自广西梧州向南经陆川进入广东省境内，经兰山镇、鹤地水库、苏村、黄竹山村达廉江市区，经老鸦塘、头铺塘达遂溪县，经岭北镇、城月镇、客路镇达雷州市，经南兴镇、龙门镇、英利镇、下桥镇、徐闻县、海安镇达徐闻古港，渡海至海南岛。
线路类型	陆路：207公里。
重点发展区域	雷州发展区、徐闻发展区。
发展节点	（1）主要发展节点：罗州故城遗址、遂溪森林公园、客路镇、雷州历史文化城区、三元启秀塔、雷祖祠、夏江港、南渡口、徐闻贵生书院与门前古道、海安所城、博涨炮台、英利镇、徐闻候鸟保护区等； （2）次要发展节点：三合水库、鹤地水库、马头岭森林公园、麻章森林公园、七星岭郊野公园、城月镇、雷州窑址群、坡正湾鹭鸟家园、邦塘村、雷城大新街遗址、墨亭古官道、关新村、新村、昌竹园村、登云塔、广府会馆等。
特色镇村	（1）特色乡镇：4个，包括城月镇、客路镇、英利镇、海安镇等； （2）特色村落：4个，包括邦塘村、关新村、新村、昌竹园村等。
主题游径	化州—廉江—遂溪自然观光径、遂溪—雷州近郊休闲径、雷州古城历史文化径、雷州—徐闻近郊休闲径、海安历史文化径。
功能指引	化州、廉江、遂溪结合三合水库、鹤地水库、罗州故城遗址、马头岭森林公园、七星岭郊野公园等沿线资源，发展自然观光、生态休闲、城郊休闲、户外运动等活动；雷州结合历史文化名城及周边多个历史文化镇村与历史文化遗存，开展古城采风、古迹探寻、古建考察活动，全面展示雷州历史人文内涵及古驿道的商旅文化、宦游文化及军事文化；徐闻结合海安所城、博涨炮台、徐闻二桥遗址、广府会馆、登云塔等古驿道相关遗迹，开展古港探寻、海丝寻踪、古城采风、摄影比赛等活动，展示徐闻作为海丝始发港的历史地位与文化内涵。
服务设施	（1）区域服务中心：3个，遂溪县城、雷州古城、徐闻老城等； （2）一级驿站：12个，包括石角镇驿站、鹤地水库驿站、苏村驿站、廉江石城镇驿站、马头岭驿站、七星岭公园驿站、城月镇驿站、坡正湾村驿站、南兴镇驿站、英利镇驿站、下桥镇驿站、沓磊湾驿站等。
交通衔接	（1）重点加强与黎湛铁路廉江站、遂溪站，湛海铁路湛江西站、雷州站、徐闻站等火车站的衔接；与廉江汽车站、遂溪汽车站、雷州汽车站、徐闻汽车站等长途客运站的衔接；与沈海高速、兰海高速、汕湛高速等高速公路的交通衔接。 （2）加强与白鸽水寨（通明村）、乐民所城、解元巷古道遗址、禄切村、石狗巷遗址、海康所城及炮台、雷州珍稀水生动物自然保护区、乌石旅游区等周边重要景区的交通衔接。

第八章　建设时序与行动计划

第一节　建设时序

第五十二条　行动计划包括三个时间周期，近期至 2017 年，中期至 2020 年，远期至 2025 年。

第二节　行动计划

第五十三条　行动一：试点先行，典型示范

规划根据"逐步推进"的原则，近期至 2017 年，选择具有代表性的古驿道段落进行建设。依据古驿道遗存的保存情况、历史文化的代表性、沿线资源丰富度、地理地貌特征等条件，在全省范围内选取 19 处古驿道示范段，作为广东省古驿道线路的建设试点，推进古驿道线路的建设工作。包括乳源西京古道、北江古驿道梅关古道—珠玑古巷示范段等 19 处，长度约 364 公里。

表 8－1　近期（至 2017 年）行动计划一览表

序号	批次	示范段	长度（公里）	城市	线路
01	第一批	乳源西京古道示范段	13.6	韶关	粤北秦汉古驿道线路
02		梅关古道—珠玑古巷示范段	25		北江—珠江口古驿道线路
03		饶平西片古道、麒麟岭古道示范段	9.8	潮州	东江—韩江古驿道线路
04		樟林古港示范段	2.4	汕头	
05		从化钱岗古道示范段	12	广州	北江—珠江口古驿道线路
06		郁南南江古水道示范段	28.5	云浮	肇雷古驿道线路
07		台山梅家大院—海口埠示范段	7.5	江门	北江—珠江口古驿道线路
08		香山古驿道珠海示范段	29.8	珠海	北江—珠江口古驿道线路
小计		—	128.6	—	—

（续上表）

序号	批次	示范段	长度（公里）	城市	线路
09	第二批	东陂古道—丰阳古道示范段	25	清远	粤北秦汉古驿道线路
10		顺头岭—星子镇示范段	30		
11		阳山秤架乡古驿道示范段	30		
12		丹霞山—城口古秦城示范段	50	韶关	
13		蕉岭县城—松溪古道示范段	40	梅州	东江—韩江古驿道线路
14		大埔三溪村古道示范段	10		
15		饶平明清古道示范段	5	潮州	
16		羊蹄岭示范段	15	汕尾	潮惠古驿道线路
17		洛洞古道示范段	5	云浮	肇雷古驿道线路
18		贵生书院古道—徐闻二桥村示范段	10	湛江	
19		七星岩—鼎湖山示范段	15	肇庆	西江古驿道线路
小计		—	235	—	—
合计		—	364	—	—

第五十四条　行动二：勾勒雏形，成线联片

中期至 2020 年，选取 23 条重点古驿道线路及 18 个重点发展区域，形成全省具有代表性的古驿道线路及古驿道发展区域，构建古驿道"重点线路＋重点发展区域"的雏形。至 2020 年末，古驿道线路长度约 4 900 公里。

表 8－2　中期（至 2020 年）行动计划一览表

序号	古驿道线路	长度（公里）	重点发展区域	城市
一、粤北秦汉古驿道线路				
01	西京古驿道东线	195	西京古道发展区、南岭发展区	韶关、清远
02	西京古驿道西线	255	连州古道发展区	韶关、清远
03	茶亭古驿道	130	—	清远

序号	古驿道线路	长度（公里）	重点发展区域	城市
04	宜乐古驿道	230	—	韶关
05	阳山秤架乡古驿道	75	—	清远
06	城口湘粤古驿道	65	—	韶关
二、北江—珠江口古驿道线路				
07	北江古驿道	580	丹霞山发展区	韶关、清远、广州
08	南雄—广州古驿道	370	梅关古道发展区	韶关、清远、广州
09	流溪河古驿道	140	—	广州
10	广佛珠江古驿道	200	广佛发展区	广州、佛山
11	香山古驿道	100	中山珠海发展区	中山、珠海
12	潭江、台山古驿道（恩平—开平段—广海卫段）	100	开平—台山发展区	江门
三、东江—韩江古驿道线路				
13	东江古驿道	475	惠州发展区、万绿湖发展区	惠州、河源
14	枫树坝古驿道	125	龙川发展区	河源
15	韩江—汀江—梅江古驿道 梅州—潮州古驿道	810	梅州发展区	梅州、潮州、汕头、揭阳
16	石窟河古驿道（松溪河段）	80	—	梅州
四、潮惠古驿道线路				
17	潮惠古驿道	350	潮汕揭发展区	惠州、汕尾、揭阳、汕头、潮州
五、西江古驿道线路				
18	西江古驿道	190	封开发展区、肇庆发展区	肇庆
19	肇庆古驿道	200		肇庆
20	怀封古驿道	130	—	肇庆
21	贺江古驿道	110	—	肇庆
六、肇雷古驿道线路				
22	肇雷古驿道	530	雷州发展区、徐闻发展区	云浮、茂名、湛江
23	南江古驿道	100	南江发展区	云浮
合计	—	4 900	18 个	—

岭南文化书系

历史上的韶关古道——韶关古道文献资料辑要

第五十五条　行动三：全面建设，构建系统

远期至 2025 年，全省古驿道网全部建成并投入使用。全省建成14 条古驿道主线、56 条古驿道支线，古驿道线路长度约 11 230 公里。同时，建成 24 个重点发展区域，1 200 多处人文和自然发展节点，59个区域服务中心，255 个一级驿站；带动 251 个古驿道文化特色乡镇、419 个古驿道文化特色村落、1 320 个贫困村的建设和发展。最终全面打造成全国具有影响力的文化品牌和经济发展走廊。

第九章　实施机制与保障措施（略）

参考文献

1. 【南朝宋】范晔：《后汉书》，中华书局，2000 年。

2. 【北魏】郦道元：《水经注》，中华书局，2009 年。

3. 【唐】张九龄：《张九龄集校注》，中华书局，2008 年。

4. 【唐】李吉甫：《元和郡县图志》，中华书局，1983 年。

5. 【宋】乐史：《太平寰宇记》，中华书局，2007 年。

6. 【宋】欧阳修：《新唐书》，中华书局，1975 年。

7. 【宋】余靖：《武溪集校笺》，天津古籍出版社，2000 年。

8. 【宋】郭祥正：《青山集》，北京图书馆出版社，2004 年。

9. 【宋】洪适：《隶释—隶续》，中华书局，1985 年。

10. 【宋】杨万里：《杨万里集笺校》，中华书局，2007 年。

11. 【元】脱脱：《宋史》，中华书局，1985 年。

12. 【明】解缙：《永乐大典》，中华书局，1984 年。

13. 【明】杨正泰：《明代驿站考》，上海古籍出版社，2006 年。

14. 【明】李贤：《大明一统志》，三秦出版社，1990 年。

15. 【明】陈献章：《陈献章集》，中华书局，1987 年。

16. 【明】谭大初：《嘉靖南雄府志》，岭南美术出版社，2009 年。

17. 【明】胡居安：《嘉靖仁化县志》，岭南美术出版社，2009 年。

18. 【明】湛若水：《湛甘泉先生文集》，广西师范大学出版社，2014 年。

19. 【明】汤显祖：《汤显祖集》，中华书局，1962 年。

20. 【明】吴邦俊：《万历乳源县志》，岭南美术出版社，2009 年。

21. 【清】顾祖禹：《读史方舆纪要》，中华书局，2005 年。

22. 【清】顾炎武：《肇域志》，上海古籍出版社，2012 年。

23. 【清】王士禛：《粤行三志》，齐鲁书社，2007 年。

24. 【清】廖燕：《廖燕全集》，上海古籍出版社，2005 年。

25. 【清】屈大均：《屈大均全集》，人民文学出版社，1996 年。

26. 【清】朱彝尊：《曝书亭集》，上海古籍出版社，2010 年。

27. 【清】查慎行：《敬业堂诗集》，上海古籍出版社，1986 年。

28. 【清】张进贤：《康熙保昌县志》，岭南美术出版社，2009 年。

岭南文化书系

历史上的韶关古道——韶关古道文献资料辑要

29. 【清】秦熙祚：《康熙曲江县志》，岭南美术出版社，2009 年。

30. 【清】张洗易：《康熙乳源县志》，岭南美术出版社，2009 年。

31. 【清】马元：《康熙韶州府志》，岭南美术出版社，2009 年。

32. 【清】彭定求等：《全唐诗》，中华书局，1960 年。

33. 【清】袁枚：《小仓山房诗集》，上海古籍出版社，1988 年。

34. 【清】杭世骏：《杭世骏集》，浙江古籍出版社，2015 年。

35. 【清】全祖望：《全祖望集汇校集注》，上海古籍出版社，
2000 年。

36. 【清】穆彰阿、潘锡思等：《大清一统志》，上海古籍出版社，
2008 年。

37. 【清】鹤和堂：《周行备览》，清乾隆三年刻本。

38. 【清】李调元：《童山诗集》，上海古籍出版社，2010 年。

39. 【清】李梦松：《歉夫诗文稿》，上海古籍出版社，2010 年。

40. 【清】张始然：《张始然上京会试日记》，抄本。

41. 【清】阮元：《挛经室集》，中华书局，1993 年。

42. 【清】董诰：《全唐文》，中华书局，1983 年。

43. 【清】余保纯：《道光南雄直隶州志》，中国文化出版社，
2011 年。

44. 【清】林则徐：《林则徐全集》，海峡文艺出版社，2002 年。

45. 【清】额哲克：《同治韶州府志》，岭南美术出版社，2009 年。

46. 【清】袁翼：《邃怀堂诗集》，上海古籍出版社，2010 年。

47. 【清】林佰桐：《公车见闻录》，广州出版社，2015 年。

48. 【荷】包乐史、【中】庄国土：《〈荷使初访中国记〉研究》，
厦门大学出版社，1989 年。

49. 赵尔巽：《清史稿》，中华书局，1998 年。

50. 杨镰：《全元诗》，中华书局，2013 年。

51. 白寿彝：《中国交通史》，商务印书馆，1937 年。